城市与生态文明丛书

俞孔坚 主编 **陆小璇** 副主编

一座城市，一部历史

[韩国] 李永石 等著

吴荣华 译

译林出版社

图书在版编目（CIP）数据

一座城市，一部历史 / （韩）李永石等著 ；吴荣华译. -- 南京 : 译林出版社, 2024. 10. --（城市与生态文明丛书 / 俞孔坚主编）. -- ISBN 978-7-5753-0149-7

Ⅰ. K915

中国国家版本馆CIP数据核字第2024SS0079号

著作权合同登记号　图字：10-2024-129 号

一座城市，一部历史 ［韩国］李永石等／著　吴荣华／译

责任编辑　张海波
装帧设计　胡　苨
校　　对　梅　娟
责任印制　董　虎

原文出版　西海文集出版社，2011
出版发行　译林出版社
地　　址　南京市湖南路 1 号 A 楼
邮　　箱　yilin@yilin.com
网　　址　www.yilin.com
市场热线　025-86633278
排　　版　南京展望文化发展有限公司
印　　刷　江苏凤凰通达印刷有限公司
开　　本　652 毫米 × 960 毫米　1/16
印　　张　16.5
版　　次　2024 年 10 月第 1 版
印　　次　2024 年 10 月第 1 次印刷
书　　号　ISBN 978-7-5753-0149-7
定　　价　69.00 元

主编序

中国过去三十年的城镇化建设，获得了前所未有的高速发展，但也由于长期以来缺乏正确的指导思想和科学的理论指导，形成了规划落后、盲目冒进、无序开发的混乱局面；造成了土地开发失控、建成区过度膨胀、功能混乱、城市运行低效等严重后果。同时，在生态与环境方面，我们也付出了惨痛的代价：我们失去了蓝天（蔓延的雾霾），失去了河流和干净的水（75%的地表水污染，所有河流的裁弯取直、硬化甚至断流），失去了健康的食物甚至脚下的土壤（全国三分之一的土壤受到污染）；我们也失去了社区，失去了自由步行和骑车的权利（超大尺度的街区和马路），我们甚至于失去了生活和生活空间的记忆（城市和乡村的文化遗产大量毁灭）。我们得到的，是一堆许多人买不起的房子、有害于健康的汽车及并不健康的生活方式（包括肥胖症和心脏病病例的急剧增加）。也正因为如此，习总书记带头表达对“望得见山，看得见水，记得住乡愁”的城市的渴望；也正因为如此，生态文明和美丽中国建设才作为执政党的头号目标，被郑重地提了出来；也正因为如此，新型城镇化才成为本届政府的主要任务，一再作为国务院工作会议的重点被公布于众。

本来，中国的城镇化是中华民族前所未有的重整山河、开创美好生活方式的绝佳机遇，但是，与之相伴的，是不容忽视的危机和隐患：生态与环境的危机、文化身份与社会认同的危机。其根源在于对城镇化和城市规划设计的无知和错误的认识：决策者的无知，规划设计专业人员的无知，大众的无知。我们关于城市规划设计和城市的许多错误认识和错误规范，至今仍然在施展着淫威，继续在危害着我们的城市和城市的规划建设：我们太需要打破知识的禁锢，发起城市文明的启蒙了！

所谓“亡羊而补牢，未为迟也”，如果说，过去三十年中国作为一个有经验的农业老人，对工业化和城镇化尚懵懂幼稚，没能有效地听取国际智者的忠告和警告，也没能很好地吸取国际城镇规划建设的失败教训和成功经验；那么，三十年来自身的城镇化的结果，应该让我们懂得如何吸取全世界城市文明的智慧，来善待未来几十年的城市建设和城市文明发展的机会，毕竟中国尚有一半的人口还居住在乡村。这需要我们立足中国，放眼世界，用全人类的智慧，来寻求关于新型城镇化和生态文明的思路和对策。今天的中国比任何一个时代、任何一个国家都需要关于城市和城市的规划设计的启蒙教育；今天的中国比任何一个时代、任何一个国家都需要关于生态文明知识的普及。为此，我们策划了这套“城市与生态文明”丛书。丛书收集了国外知名学者及从业者对城市建设的审视、反思与建议。正可谓“以铜为鉴，可以正衣冠；以史为鉴，可以知兴替；以人为鉴，可以明得失”，丛书中有外国学者评论中国城市发展的“铜镜”,可借以正己之衣冠;有跨越历史长河的城市文明兴衰的复演过程,可借以知己之兴替;更有处于不同文化、地域背景下各国城市发展的“他城之鉴”,可借以明己之得失。丛书中涉及的古今城市有四十多个,跨越了欧洲、非洲、亚洲、大洋洲、北美洲和南美洲。

作为这套丛书的编者,我们希望为读者呈现跨尺度、跨学科、跨时空、跨理论与实践之界的思想盛宴:其中既有探讨某一特定城市空间类型的著作,展现其在健康社区构建过程中的作用,亦有全方位探究城市空间的著作,阐述从教育、娱乐到交通空间对城市形象塑造的意义;既有旅行笔记和随感,揭示人与其建造环境间的相互作用,亦有以基础设施建设的技术革新为主题的专著,揭示技术对城市环境改善的作用;既有关注历史特定时期城市变革的作品,探讨特定阶段社会文化与城市革新之间的关系,亦有纵观千年文明兴衰的作品,探讨环境与自然资产如何决定文明的生命跨度;既有关于城市规划思想的系统论述和批判性著作,亦有关于城市设计实践及理论研究丰富遗产的集大成者。

正如我们对中国传统的“精英文化”所应采取的批判态度一样,对于这套汇集了全球当代“精英思想”的城市与生态文明丛书,我们也不应该全盘接受,而应该根据当代社会的发展和中国独特的国情,进行鉴别和扬弃。当然,这种扬弃绝不应该是短视的实用主义的,而应该在全面把握世界城市及文明发展规律,深刻而系统地理解中国自己国情的基础上进行,而这本身要求我们对这套丛书的全面阅读和深刻理解,否则,所谓“中国国情”与“中国特色”,就会成为我们排斥普适价值观和城市发展普遍规律的傲慢的借口,在这方面,过去的我们已经有过太多的教训。

城市是我们共同的家园,城市的规划和设计决定着我们的生活方式；城市既是设计师的，也是城市建设决策者的，更是每个现在的或未来的居民的。我们希望借此丛书为设计行业的学者与从业者，同时也是为城市建设的决策者和广大民众，提供一个多视角、跨学科的思考平台，促进我国的城市规划设计与城市文明（特别是城市生态文明）的建设。

俞孔坚
北京大学建筑与景观设计学院教授
美国艺术与科学院院士

序　言
闲谈世界城市文化

据统计，截至2007年5月23日，世界全部人口的一半以上都集中在城市里。“城市化”（glurbanization）已然成为世界发展大趋势，而这种现象的出现意味着始于古代城市的人类文明正面临新的挑战。如今不管是政治还是经济，也不管是社会还是文化，哪一个生活因素也离不开城市，于是有关城市的所见所闻已经成了人们茶余饭后的热门话题，世界各地也在不断地编织各种各样的城市奇闻。

在这种形势下，韩国的城市史研究学者们于2008年秋创立了“韩国城市史学会”（Korean Society for Urban History），旨在进一步搞好与城市有关的各种实践性学术活动。学会创立以后，学者们以韩国城市所固有的社会问题为切入点，结合韩国史和东西方史，协调微观史和宏观史，从综合比较的角度展开了卓有成效的学术研究活动。编写本书就是这个学术研究活动的一部分。

学会推出这本《一座城市，一部历史》的目的只有一个，那就是以通俗易懂、深入浅出的文笔向读者讲授世界主要城市的起源、发展、空间结构、社会问题、城市文化、城市形象的演变历史（这里说的读者当然是指对城市史、城市文化以及整个人类文明史感兴趣的读者）。学会希望这本书能够成为广大读者了解城市形成和发展的教材，以便他们积极参与城市的各项日常活动，从而达到建设更加人性化的未来城市的目的。

作者们在编写这本书的时候将重点放在了以下三个方面：首先，本书的内容通俗易懂、深入浅出，使读者们读起来会产生一种茶余饭后在大街、广场、市场、博物馆等场所边散步边闲聊的轻松感觉；其次，本书整体上以包括韩国在内的东亚、美洲和欧洲等散落在地球村各地的几座代表性城市为对象，介绍它们不同的文明，使读者在比较当中更好地理解各大城市文明的形成过程；再次，详细叙述每座城市形成、发展过程中的空间结构、社会问题、城市文化、主要事件等，进一步突出城市结构与城市居民这两个城市主体的相互作用。当然，本书回避按年代顺序介绍的史书性记叙法，从人文角度讲述了每个城市在特定年代发生过的空间变化、社会矛盾以及文化现象。

有关城市的著书普遍存在着一个顾虑，即在有限的篇幅内到底选择哪些城市的问题。包括东西方在内，具有悠久的历史和灿烂文化的古都多得很，要是罗列起来恐怕仅其目录也要占好几页，于是，本书仅选择了东方的五座历史古都和西方的五座历史古都。本书列举的这十座城市是东西方主要国家最具代表性的城市，是最能反映城市自身的历史和文化、特定国家的历史与文化的城市，是与世界史和人类文明史融为一体的城市，也是现今仍在变化发展的城市。

第一章由韩国光云大学金百永教授编写，分五个阶段，即韩国首都首尔在朝鲜王朝时期的定都过程、朝鲜王朝末期的破坏和重建过程、开化时期的变化过程、日本统治时期的城市殖民化过程、朝鲜战争以后的飞速发展过程。作者通过这几个历史过程考察了首尔的发展和变化，也指出了现代首尔快速发展所带来的各种副作用。

第二章由韩国建国大学朴三宪教授编写，讲述了东京的前身，即德川幕府时期江户的诞生过程，幕末维新时期江户逐渐移至东部最终变成京城的过程，以及东京作为近代天皇的居所而被打造成整个国家的象征空间的过程。

第三章由韩国仁川大学朴真涵教授编写，讲述了大阪在16世纪后期，由丰臣秀吉建造的城郭发展成经济繁荣的日本第二大城市的过程。早在明治维新后期就已经成为近代城市的大阪，在开放的市场和市民的参与下于1930年重建“天守阁”，并最终被建设成了一座融入历史和传统的公园化城市。

第四章由韩国延世大学申圭焕教授编写，讲述了北京古老的历史和19世纪末20世纪初的城市管理体制以及城市环境变化。这一部分还通过北京人的居住空间四合院以及市民的城市文化空间天桥广场等，考察了城市空间造就的北京特有的城市文化。

第五章由韩国首尔市立大学金胜宇教授编写，讲述了上海的起源和发展、由19世纪中期开埠以来形成的租界、租界的近代城市文化和殖民城市遗留的痕迹、上海人口的多样性结构和上海人自成体系的形成过程、上海在现代中国发展中所起的重要作用，以及凭借20世纪90年代对浦东的开发而一跃跨入国际化城市行列的过程。

第六章由韩国光州大学李永石教授编写，讲述了由古罗马兵站起步的伦敦在18—19世纪发展为英帝国的首都和国际化城市的过程。这里重点讲述了英国政治行政中心威斯敏斯特、19世纪代表性的贫民区东伦敦、郊外扩张过程、19世纪为强化帝国首都的形象而建造的各种公共建筑和纪念物、20世纪末对东伦敦的开发过程等。

第七章由韩国光云大学闵有基教授编写，讲述了巴黎从形成到绝对专制王政时期的历史，侧重介绍法国大革命后19世纪的各种革命所产生的革命城市的形象、奥斯曼的近代城市重组、19世纪末文化艺术城市形象的形成过程、巴黎公社、人民阵线、1968年革命等发生在巴黎的主要历史事件和20世纪末法国社会党政府的城市完善等内容。

第八章由韩国高丽大学崔浩根教授编写，讲述了普鲁士王国和德意志第二帝国的首都柏林的诞生过程、20世纪20年代柏林的扩张过程、20世纪30年代希特勒妄想构建日耳曼世界城市的过程、第二次世界大战以后柏林变成冷战中心的过程、柏林墙的形成和拆除过程、20世纪90年代德国统一以后的变化等内容。

第九章由韩国外国语大学金洙焕教授编写，讲述了18世纪时俄国彼得大帝建造圣彼得堡的历史、为吸收西欧近代文化而突击打造的圣彼得堡各种神话、文学作品中的圣彼得堡经典城市形象、俄国革命和第二次世界大战时期被德军包围的城市、比莫斯科更开放的城市文化等内容。

第十章由韩国庆熙大学朴振斌教授编写，讲述了“最美国式”和“最能展示美国历史”的城市芝加哥，侧重观察19世纪城市的发展和1871年大火灾之后的快速恢复过程、工人运动与暴力、1893年纪念哥伦布发现美洲大陆四百周年博览会、20世纪初的种族暴动、现代芝加哥的变化等内容。

以上十个章节中，八个章节是根据《开创明天的历史》季刊的相关内容改编的。《开创明天的历史》是注重现实性和大众性的刊物，本书中的“首尔”章节取自该刊“城市历史”专栏35期（2009年秋刊）、“上海”章节取自37期（2009年冬刊）、“北京”章节取自38期（2010年春刊）、“东京与大阪”章节取自39期（2010年夏刊）、“巴黎与柏林”章节取自40期（2010年秋刊）、“芝加哥”章节取自41期（2010年冬刊）。“圣彼得堡”章节取自刊登在城市史学会的会刊《城市研究：历史、社会、文化》第4期上的论文，“伦敦”章节则是作者对自己的几篇论文与专著的内容改编而成的。

在编写过程中，本书的编写组得到了各方的关怀与帮助。《开创明天的历史》编委向编写组提供了“城市历史”专栏连载过的有关城市历史的诸多资料。正是有了这些宝贵的资料，城市史学会才能大胆地设计和筹划旨在观察和了解我们社会城市问题的这本书的编写。出版《开创明天的历史》季刊的西海文集出版社还亲自修改了两个章节，为这本书的问世助了一臂之力。

历史是以正确的历史观指导实践活动的人民大众创造的。城市也不例外。打造未来人性化城市、和谐城市、具有文化活力的城市的不是别人，正是那些平时参与城市日常实践活动的人民大众。作者希望这本书能够缓解发生在我们城市的各种矛盾，使我们的城市更趋完善、和谐，也希望读者朋友们向城市史学会提出更多充满爱心的激励和批评。

2011年春

作者代表：闵有基

目　录

第一章
首尔，从隐者的古都到国际化城市

金百永

21世纪，对未来城市的展望

最近城市人口问题已经成了人们热议的话题，这在以前是从未有过的现象。人们对城市问题的忧虑就像传染病一样迅速蔓延世界各地，可以说这是不同寻常的历史变化的征兆。随着交通和信息通讯的飞速发展，我们正在走进“全球本土化”(glocalization)和“时空压缩”时代，我们在日常生活中已经感觉到每个人都在成为全球性文明共同体的一员。纽约和伦敦的SOHO商业街北京和首尔也有，迪拜和上海的神话在松岛和海云台也正变成现实展现在我们的眼前。19世纪的铁路革命和产业革命改变了人类的距离感、视觉感和生活体系以及对世界的认知感，而这一改变又导致所有地球人的世界观和生活环境来了个一百八十度的大转变。可以预言，如今的全球性城市化和信息化的浪潮早晚也将导致一场人类历史巨变的漩涡。

然而，城市与我们的生活变得如此熟悉和亲近，并不是十分遥远的事情。直到半个世纪以前，居住在朝鲜半岛上的居民大多数只是农民或移民群，而不能称之为市民。在农耕社会条件下开始出现商业苗头的也只是朝鲜王朝末期，到了日本统治时期，在殖民地城市化的进程中才出现了人口从农村流入到城市的倾向。然而，要在农民占总人口80%以上，且长期以部落为中心的农耕社会结构中引发城市化的大变革，这些变化实在微不足道。朝鲜半岛城市人口剧增的现象是在朝鲜战争结束后，背井离乡、无家可归的大量难民定居于城市而引发的。这说明今天我们觉得那么熟悉、那么久远的城市其实是不久前出现的，也是由偶然事件引发的一场血腥暴力史的产物。为了进一步了解貌似熟悉又亲切的城市，我们有必要思考一些以前从未关心过的陌生的问题。

眼下的“城市”至少在以下三个方面存在着难以回避的问题点。第一，如何从城市和地域的角度正确应对目前我们所面临的“全球化”(globalization) 这个历史性大转变；第二，长期以来支配20世纪韩国史框架的是国家主义和狭隘的一国史观念，现在的问题是如何摆脱这些观念的束缚，以客观的历史视角和城市、地域的角度解除或重组支配性的历史，确保地方志 (local history) 的独立性和整体性；第三，如何以从下至上的、以市民为主导的多元地域发展战略，去代替产业化和高速增长时期形成的、自上而下的、以政府为主导的单元地域发展政策。这个问题还关系到如何以从下至上的微观、本质层面上的文化发展与环境保护观念，来代替主导了整个20世纪的宏观、量化层面上的发展、进步观念。

本章试图带着上述三个现实问题和我们的城市将来的去向问题

去了解韩国城市的形成史。所有的历史都是现实的参照物，脱离现实问题去谈论历史只不过是空谈。同样，城市史也不应该是出于单纯的回忆和关心的历史，而应该是立足于现实问题的历史。考察韩国城市的形成史，是我们正确把握21世纪伊始城市所面临的诸多历史性问题，了解现状确定未来前进方向所必需的前提条件。我们在这里将以首尔为中心考察朝鲜半岛上的城市形成和发展历史。因为首尔既是拥有昌德宫、宗庙、王陵等联合国教科文组织认定的人类文化遗产的历史城市，也是人口超过千万的国际规模的超级大城市，同时又是朝鲜半岛上唯一一座能够与北京、上海、东京、京都、纽约和华盛顿等国际大城市相媲美的“城中之城”[1]。首尔作为一国之都已经走过了六百多年的历史，这个过程可大致分为如下五个阶段：随着朝鲜王朝的开创，王朝定都首尔的过程；朝鲜王朝后期的破坏与再建过程；开化期城市的变化过程；日本统治时期城市殖民化的过程；朝鲜战争以后“汉江奇迹”形成的过程。

---

1 包括首都首尔在内的首都圈占韩国整个国土面积的12%，占全国人口的约48%。这个人口密度远远高于英国伦敦的12%，法国巴黎的19%以及日本首都圈的32%。在韩国，向首都圈集中的现象不仅是人口，政治、经济、社会、文化等方面同样存在着向首都圈集中的倾向。

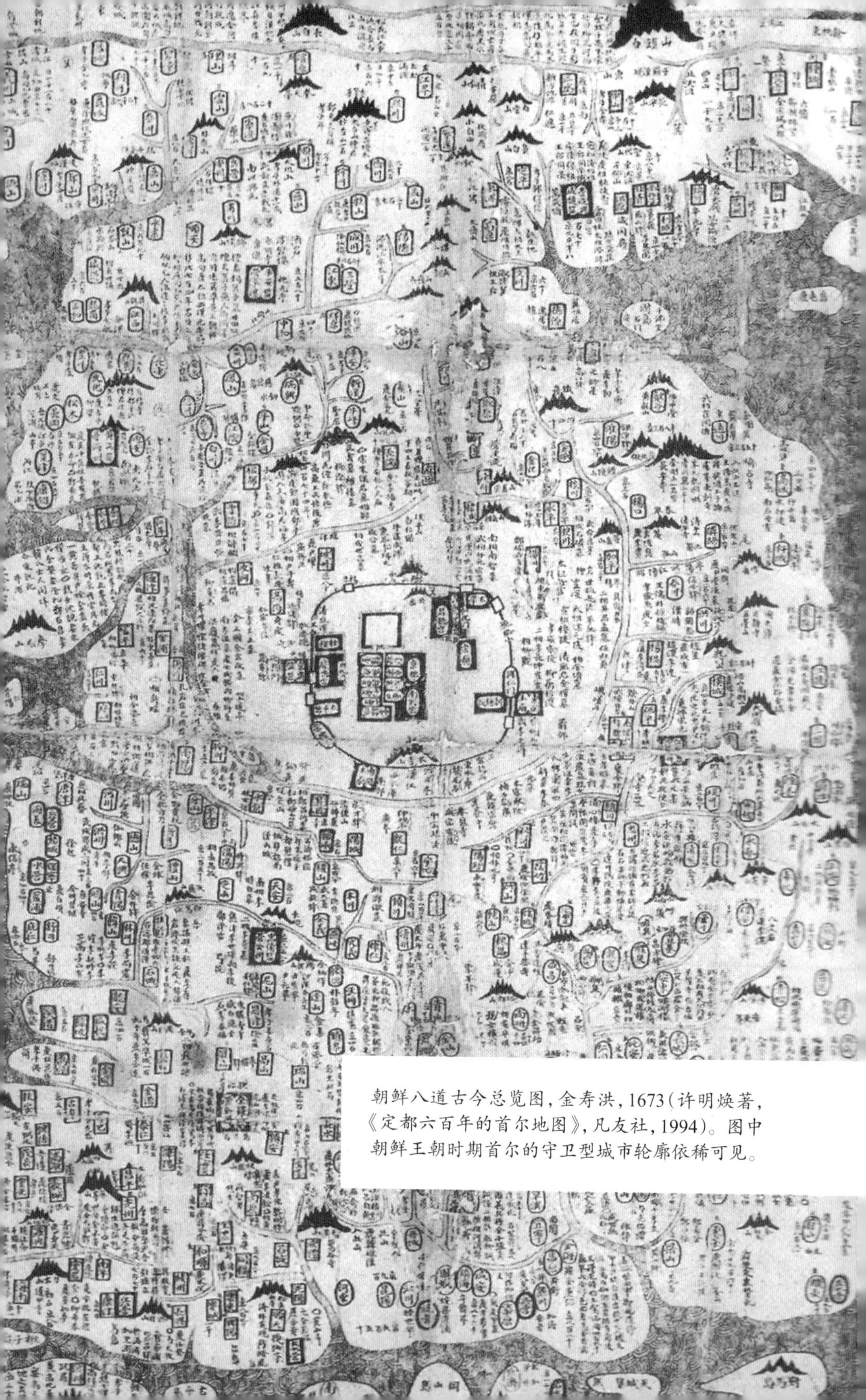

朝鲜八道古今总览图，金寿洪，1673（许明焕著，《定都六百年的首尔地图》，凡友社，1994）。图中朝鲜王朝时期首尔的守卫型城市轮廓依稀可见。

汉阳，首都的诞生

“首尔”在韩语里有广义和狭义两层意思，广义的“首尔”泛指一个国家的首都，狭义的“首尔”单指韩国现今的首都。韩国首都首尔曾被称为“汉阳”、“汉城”等。“首尔”一词之所以拥有两重性，是因为首尔作为一国之都的特殊地理位置。古朝鲜曾把“首尔（首都）”定在平壤、扶余[1]、庆州、开城等地方，可后来人们在汉江边上发现了北靠北汉山、南临汉江的依山傍水的地方[2]，于是将首都迁到了那里。那个地方就是古称“汉阳”、“汉城”的现今首尔。从地理位置看汉江横穿朝鲜半岛中部，历史上始终把汉江视为半岛中心。三国鼎立时期[3]流行着“支配汉江者乃半岛之霸主”之说，而真兴王[4]占领三角山[5]一带之后还特意建造巡守碑，以示北汉山—汉江一带的地理重要性。高丽时期高丽国王将国都定在开京（朝鲜的开城），而把现今的首尔称为“南京”，高丽文宗王曾在首尔建造过宫阙（1067年），到了高丽肃宗王时期（1095—1105年）甚至制定过迁都首尔的计划。由此来看，开创朝鲜王朝的太祖李成桂定都汉阳并非出自他一个人的想法。

---

1 位于韩国全罗北道的一座古城。——译注

2 “汉阳”指的是位于北汉山以南、汉江以北的古首尔地名，古朝鲜时代的正式名称是“汉阳府”。在古朝鲜三国时代这个地域叫作“慰礼城”、“汉山”、“汉城”、“阿且城”、“南平壤”、“北汉山州”、“汉阳君”等，高丽时代又叫作“汉阳府”、“南京”等，李朝时期有“汉城府”、“汉阳”、“汉京”、“京兆”、“京师”、“都城”等多个名称。

3 公元4世纪到7世纪期间朝鲜半岛上形成高句丽、百济、新罗“三国鼎立”时代。——译注

4 新罗第二十四代国王。——译注

5 三角山又称北汉山，是首尔的护城山，也是首尔一带最高的山（海拔836米）。三角山的名字源自海拔高度七百米以上的三座花岗岩山峰白云台、仁寿峰和万镜台。

高丽末期的“易姓革命”导致了“定都汉阳”的结果，这一结果的出现虽然在很大程度上受到“风水图谶说”的影响，可实际上起到决定性作用的还是为抵抗女真族和倭寇的侵扰奔波于整个半岛的太祖李成桂的“国土观”和空间观念。因为汉阳不仅位于整个半岛的中心地带，而且还夹在南汉江和北汉江的中间，可以充分利用南北的水运优势抵挡外来势力的侵扰，作为统治整个半岛的都城是再好不过的地带。过去的六百年间一直统治朝鲜半岛的“事实上的唯一都城”首尔的历史就是这样开始的。

从空间结构看，汉阳既是按照风水空间观和儒教理念规划的城市，同时也是一座象征王朝权力的城市，这是众人皆知的事情。[1]汉阳是个外围以“外四山”为远界，内围以沿“内四山”山脊修筑的城墙为近界的都城。[2]作为连接城墙内外的通道，城墙上共设八道城门，东西南北的城门分别为“兴仁之门”、“敦义门”、“崇礼门”、“肃清门”，每个大城门之间又设“光熙门”、“昭义门”、“彰义门”、“惠化门”四道小城

---

1 据最近的研究，汉阳并不是立足于统一的理念建成的城市，而是在不同的时期根据不同朝代的自身需要而建造的城市，因此整个城市建设没有什么连贯性，也没有统一的设计理念。定都以后汉阳城市空间的营造过程可分为三个时代，即以高丽时代的开京（即现今的开城）为标本试图建设“皇都”的太祖时代、按照周礼试图建设“诸侯都市”的太宗时代和试图在中华体制内建设诸侯都市的世宗时代。最容易把握这三者差异的是街道的宽窄，即太祖时代建设的景福宫前的六曹街宽度相当于天子之都规模的九轨宽度（即九辆马车并行通过的宽度），而太宗时代建设的昌德宫前街道相当于诸侯都市规模的七轨宽度。有关不同时期不同的建设理念问题可参照高东焕著，《古朝鲜时代首尔都市史》（大学社，2007），第二章；有关围绕都市建设而引起的太祖和太宗的矛盾对景福宫和昌德宫的建设产生的影响可参照洪淳民著，《古朝鲜宫阙的故事》（青年社，1999），第56—72页。

2 “内四山”指的是北部的白岳山（342米）、南部的木觅山（亦称南山，265米）、东部的骆驼山（亦称骆山，123米）、西部的仁王山（338米）；“外四山”指的是北部的北汉山（836米）、南部的冠岳山（829米）、东部的龙马山（348米）、西部的德阳山（125米）。“外四山”山脊以内的面积约为627平方千米，与现今的首尔市面积相似。

门。四大城门再加上城中央的“普信阁”[1]等五个大城门的连接处分别刻有“仁”、“义”、“礼”、“智”、“信”等儒教德目，使整个都城变成儒教理想主义产物，成为君子们现实乌托邦梦想的理想空间。然而，这座以儒教宇宙论装扮的中世纪行政都市也卷入历史巨变的漩涡，没有维持两个世纪的时间便遭到了毁灭性的破坏。

朝鲜王朝后期首尔的变化

朝鲜王朝统治朝鲜半岛长达五百一十八年，在这期间居然经历了“壬辰战乱”、“丁酉战乱”、“丙子战乱”、“丁卯战乱”四次大规模的战乱，战乱时间也长达四十四年。值得注意的是这些战乱都集中在16世纪末至17世纪初的时间段里。发生在16—17世纪的堪称“东亚世界大战”的大战乱[2]都以朝鲜半岛为主战场而展开，从而使朝鲜半岛变成一片焦土，大量人口死于战乱，短短几十年内人口剧减四分之一。通过这几次的战乱中国由新兴的清朝代替了没落的明朝，日本也结束长期的战国时代进入了德川幕府时代，只有朝鲜半岛仍然维持着原来的王朝体制。然而，当时的朝鲜王朝已经内外交困，腐朽的体制也开始动摇了。战乱虽被平定，整个社会却发生了很大的变化。因长期战乱而荒废了的耕地，连年的饥荒与疾病，背井离乡的难民潮，已趋瓦解的儒教道德规范和身份秩序，被女真和倭寇蹂躏的文明古国的自尊心，所有这一切使朝鲜王朝受到了不可言状的物质创伤和精神创伤。

---

1 “普信阁”指1715年（肃宗41年）作为首尔以及北汉山的防御设施而修建的包括五间水门、荡春台城在内的弘智门。

2 有关16—17世纪围绕朝鲜半岛而展开的国际战争，和由此引起的国际关系的诸多变化，可参照李京顺、郑斗熙编，《壬辰倭乱·东亚三国战争》（人文出版社，2007）；韩明基著，《丁卯·丙子胡乱与东亚》（蓝色历史，2009）。

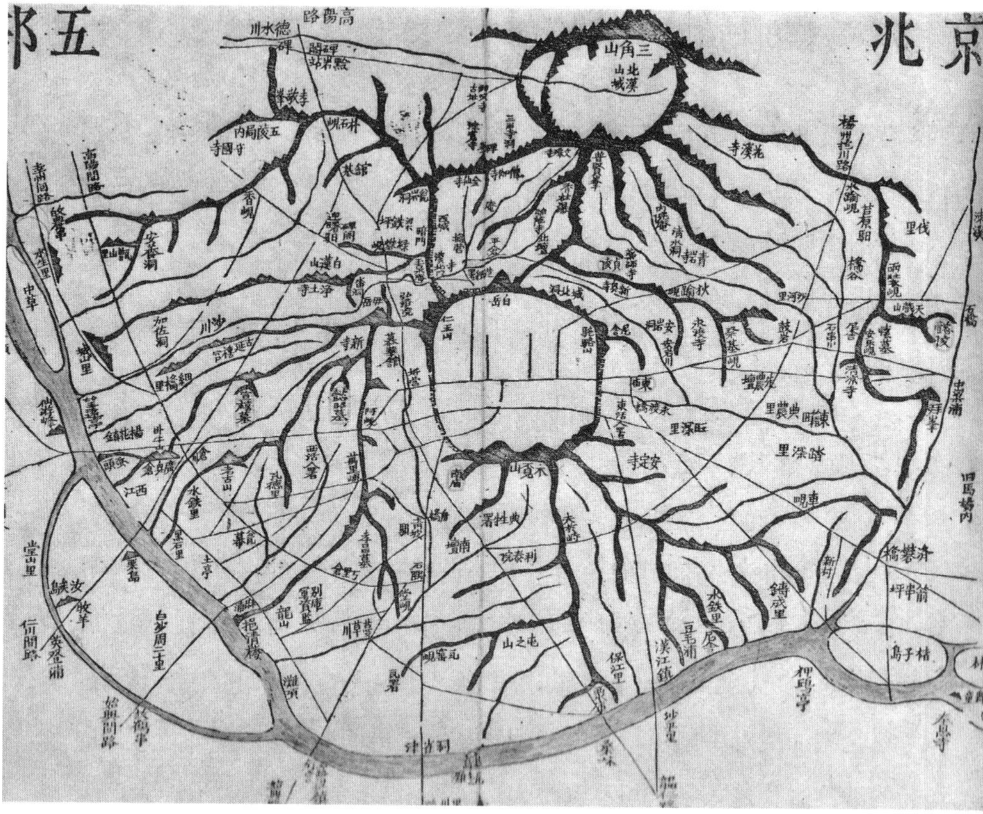

京兆五部图，金正浩，1861（许明焕著，《定都六百年的首尔地图》，凡友社，1994）
被内四山和外四山围住的京城首尔地理特征。

为了维持摇摇欲坠的王朝政权，朝鲜王朝同时推进了追求实利与名分、挽回经济损失与重整社会秩序两大方略。作为追求实利与名分的措施，王朝首先实施了新的农法，即普及移秧法和畎种法[1]，引进红薯、马铃薯、辣椒等外来作物，扩大烟叶、人参等经济作物的种植面积。随着荒废的耕地重新得到开垦，耕地面积增加了，土地利用率和劳动生

1 改变过去的垄上种植法，根据不同的谷种和土壤成分将种子播撒在垄沟的种植法。——译注

产率提高了，人口也就随之增加起来。到了英祖年间（1694—1776年）人口已经恢复到战乱之前的水平，呈增长趋势，而剩余农作物的增加促进了商业的发展，从农村游离出来的剩余劳动力也加快了城市人口的增加速度。当时开城、汉阳等商业城市已经开始出现富商大贾，随之雇农、雇工群体也应运而生。定都之初按十万人口设计的汉阳已经聚集了三十万以上的人口，一时间这些人口以谷物运送中心龙山、木材集散地纛岛、海产品集散地麻浦等“京江边”的商业基地为中心[1]，散居在汉阳城“城底十里”（城墙外的十里低洼地）的“字内”（设置在城墙内外的巡察兵营区）各个地方。[2]到了朝鲜王朝后期，汉阳从“君子与两班（文武官员）的都城”急剧转变为“商人和庶民的都城”。

随着商业的发达和城市人口的增加，“君君臣臣”的儒教价值观受到冲击，王朝的统治势力也面临前所未有的挑战。身份制的瓦解极大地动摇了旧体制下的社会秩序，然而既得势力者们为了强化旧体制出台了种种“逆行”措施，如将男女均分继承制改换为长子继承制，进一步加强地主雇农制等。王朝势力执着于与时代潮流逆行的名分论，不顾当时国际秩序的剧变肆意操起了“北伐论”和“小中华思想”的精神枷锁。在19世纪末的“西势东渐”的时代背景下，王朝的这个精神枷锁最终导致了到处竖立“斥和碑”[3]的闭关锁国政策。

---

1 “京江边”的人口增加也可以说是朝鲜王朝施行限制城市人口政策的结果。所谓的“京江边”从朝鲜王朝初期的东湖、汉江、西江等“三江”开始，后期又加上麻浦、龙山两条河流扩大为“五江”，到了王朝末期再加以松坡、纛岛、杨花等三条江扩大为“八江”。

2 “字内”指城外除“京江边”以外的区域，是朝鲜王朝时代近郊农业和畜牧业相对集中的地方。朝鲜王朝后期字内地方逐渐扩大到了包括首尔的佛光、葛玄、鸿恩、鸿济、松坡、蚕室、芦原、中溪等在内的广阔区域。

3 朝鲜王朝高宗时代为排斥洋人而竖立的石碑，寓意抵制西方思想的渗透和侵袭。——译注随着朝鲜王朝后期以儒教性理学为主的名分论得到强化，“士林派”的“朋党政治”变成极端的权力争斗，而以废除朋党政治为目的所导入的“荡平策”又导致了“势道政治”这个意料不到的结果。首尔的势力阶层为世袭垄断他们在首尔的荣华富贵，通过血缘关系和学缘关系强化人脉网络，从而产生了由首尔的特权阶层组成的“京华士族”这么一个新的统治集团。“老论”（强硬派老人组成的朋党）、“阀阅”（有功之臣组成的家族集团）等权势阶层聚集在离宫廷不远的北村黄金地带，通过“荫叙制”和“代加制”（一种世袭制度）丧心病狂地世袭官职、敛财聚富，过上了奢侈腐化的生活。就这样，汉阳由刚刚起步的商业城开始沦落为由少数特权阶层依仗垄断权力敛财聚富、封官加禄的腐败都城。朝鲜王朝后期发生在汉阳的这些本末倒置的现象与其说是“社会近代化”，不如说是“城市堕落化”。

皇城的开化

1876年的《江华岛条约》的签订给历史古城汉阳带来了新的开化风潮。开化期的朝鲜王朝对内陷入“文明开化”与“卫正斥邪”两种思潮的对立和纠结之中，对外陷入清朝和日俄等周边列强围绕朝鲜半岛的主权而展开的明争暗斗之中。开化期的朝鲜王朝政局动荡、社会不安，先后发生了壬午兵变、甲申政变、东学农民战争、清日战争、二次甲午改革、乙未事变、俄馆播迁等重大事件，使整个朝鲜半岛变成周边列强在东北亚争夺霸权的要塞。首尔这个过去的“隐者的古都”被迫登上世界舞台，开始引起了世人的注目。短短几年间贞洞一带西方列强的公馆到处可见，大街上西装革履的洋人比比皆是，古老的首尔一夜间变成了到处充斥着洋人洋货的洋场。

1897年朝鲜王朝高宗王宣布脱离清朝而独立，改国号为“大韩帝国”。大韩帝国受西方文明的影响以富强的文明帝国为目标，曾试图以国家的力量改造皇城的城市景观。当时大韩帝国对城市空间的“文明开化”措施大体上有两项，一是以“修缮街道”为主的市容市貌的改造，即拆除钟路—南大门通道沿线的“假家”(临时搭建的棚户区)[1]，开凿水渠和水井，以树立“文明开化”的帝国首都整洁、卫生的形象；二是以城市基础设施建设为主的引进“文明设施”措施，如铺设电线和自来水管道以及电车轨道、修筑公园绿地等。

值得一提的是大韩帝国对汉城府的改造措施并没有局限于简单引进西方文明之上。他们在模仿西方的同时也没有忘记“传统的变容”。大韩帝国并没有急于用近代化市容来改变具有传统象征的城市空间，而是采取了转移或重建传统城市空间的战略。如庆运宫（现德寿宫）的重建和园丘坛的建设就是其中一例。一方面为建设近代西式文明帝国而模仿西方城市文化，另一方面为保存传统的城市空间而极力采用中华帝国的样式和礼仪，我们该如何解释朝鲜王朝这一相互矛盾的城市理念才好呢？

身负五百年闭锁历史包袱的王朝城市汉城，还要为建设一座开放的国际化近代帝都而苦苦挣扎，这就是开化期的首尔所面临的问题。然而，这座一开始就不是以“市民的城市”，而是以“皇帝的城市”而设计的“皇城”到头来还是沦落为“日本人的城市”——京城。大韩帝国梦想建造的“近代化帝都”的计划随着日本人的入侵而胎死腹中。汉

1 朝鲜王朝时期的“假家”形式多样、用途多种。对此可参照于东先著，《对假家的文献研究》(《大韩建筑学会论文集》，2003，19—8)。

阳不仅没有建成“近代化帝都”，反而成了日本殖民统治下的极端“殖民城”。

京城，殖民统治下的近代首尔

1904年的日俄战争，日本奇迹般地打败了强大的俄国。战争结束后日本迫不及待地与朝鲜王朝签订《乙巳条约》，强夺朝鲜王朝的外交权，并于1910年完成“日韩合并”，使朝鲜半岛终于变成附属于日本帝国的殖民地。与西方列强相比较，日本帝国主义不仅拥有种族色彩的帝国主义、后来居上的帝国主义、近邻帝国主义、军事帝国主义等诸多特征，还拥有在殖民地大力推行工业化政策的特征，尽管后者是20世纪30年代发生的事情。日本在已经沦陷为殖民地的朝鲜半岛大搞工业化，其目的昭然若揭，就是为侵略大陆而在半岛上架设一个跳板。然而，借助日本人20世纪30年代的“满洲建设热”，朝鲜王朝的城市社会人口剧增，迎来近代消费文化全盛期也是不争的事实。那么我们该如何看待日本帝国主义对殖民地城市的建设呢？说那是“掠夺”好呢，还是“开发”好呢？[1]

如果把日本对殖民地朝鲜的城市开发看成是“日本人的”，或者“以日本人为主的”，或者“为了日本人”而开发的[2]，那么对上述提问的回答无疑是宗主国对殖民地的“歧视与暴力”、“侵略与掠夺”。这是不可否认的历史事实，这段历史作为朝鲜民族不可治愈的创伤将永远留在史册上。可如果以城市和地域为单位重新编写历史，那么我们就

---

1 对这个问题的正确答案可参照许秀烈著,《没有开发的开发：日本统治时期朝鲜经济开发的现象与本质》(银杏树出版社,2005)。

2 参照孙正木著,《日本占领时期城市计划研究》(一志社,1990),第175页。

会发现一个刻骨铭心的事实，即朝鲜半岛上诸如釜山、仁川、大田、元山、木浦、新义州等城市的"出生证明"只能在"近代殖民时期"的历史中去寻找。这不能不说是一件令人痛心的事情，但同时又是不可否认的事实[1]。作为一座城市，首尔也从日本人的"京城"进一步变为"大京城"，大街小巷到处都能看到摩登绅士、摩登女郎的身影，仅在京城就有五座大型百货商场，日本统治末期城市人口也达到一百万。殖民化的首尔俨然成了一座大城市。

然而，尽管在日本统治下朝鲜半岛上生成了"帝国第七大都市"[2]，尽管在日本统治末期首尔街面上不断涌现地铁、高架桥、外环路、缆车等近代城市设施，可从整个首尔的空间结构上看，却分为日本人居住的辉煌灿烂的南村和朝鲜人居住的简陋肮脏的北村。这是民族歧视的真实写照，也是宗主国对殖民地的赤裸裸的欺压。从这一点看，日本帝国主义对朝鲜半岛的殖民统治与其说是"维持秩序、健兵健民总动员"名义下的对居民生活的管理和训导，不如说是以民族歧视来压制殖民地人不满和抵抗的暴力统治，更确切一点说是殖民统治者近似于野蛮的"独裁体制"。将王朝的首都汉阳改变为象征殖民权力的占领城市京城，日本帝国主义的目的虽说不是"破风水、断龙脉"的心理战和出于灭绝种族的恶意阴谋的产物，但也不是为朝鲜社会的发展和朝鲜人生活质量的提高而采取的措施。这一点是再

1 随着1914年"府制"的实施，朝鲜总督府制定的十二个府（现今的市）除了京城、平壤、大丘以外的其他城市（仁川、群山、木浦、马山、镇南浦、新义州、元山、清津）都是港口城市，朝鲜王朝时期的传统都城全被排在了"府"外。

2 根据1936年颁布的京城市区规划令，清凉里、王十里、鹭梁津、永登浦一带也被划入府域，京城府面积扩大了约三倍，成了继东京、大阪、名古屋、神户、横滨、京都之后的"帝国第七大都市"。

清楚不过的事实。

从这个角度看，评价日本帝国主义者留下的殖民地遗产时，我们的研究不能仅仅停留于“殖民地掠夺论”和“殖民地近代建设论”的对立上，我们应该更深入一步去分析隐藏在其背后的本质问题。日本人在朝鲜半岛上进行的城市建设，就其开发过程来看是按照近代城市计划原理与资本主义城市开发原理进行的，可从其目的来看，却是随着日本民族和日本帝国的膨胀，为了达到军国主义政策目标而进行的开发和建设。事实上，这一开发过程和开发目的并不矛盾，只不过是殖民扩张这一核心目标的两个方面而已。进入21世纪以后，韩国曾发生过“大丘地铁纵火案”、“龙山开发拆迁案”等令人难以置信的惨剧，可以说这是韩国现代城市开发近似于野蛮的、“扭曲的面孔”。然而追根寻源，我们不得不与历经半个世纪的“近代殖民地开发”相比较，也就是说韩国现代城市开发的“扭曲的面孔”，正是受半个世纪前“压缩性近代化”和“近代殖民地开发”影响而产生的后果。还有，20世纪90年代将全国的国土卷入投机狂潮的“乱开发热”、20世纪80年代以“迎接奥运、美化城市”的名目发生在全国各地的“暴力拆迁潮”、1971年京畿道广州开发园区事件……别说是居民的利益，就连最起码的人权也被蹂躏，这种野蛮开发、暴力开发的历史根源离开野蛮的殖民地独裁权力和殖民地“开发逻辑”，还能上哪去找呢？

“汉江奇迹”与江南开发

要说“脱离殖民时期”的首尔，有必要制定一个有关“历史延续和中断”问题的准确对照表。这个对照表的起始点无疑是日本统治者遗留下来的近代殖民地时期的京城。就像日本统治时期的总督府大楼

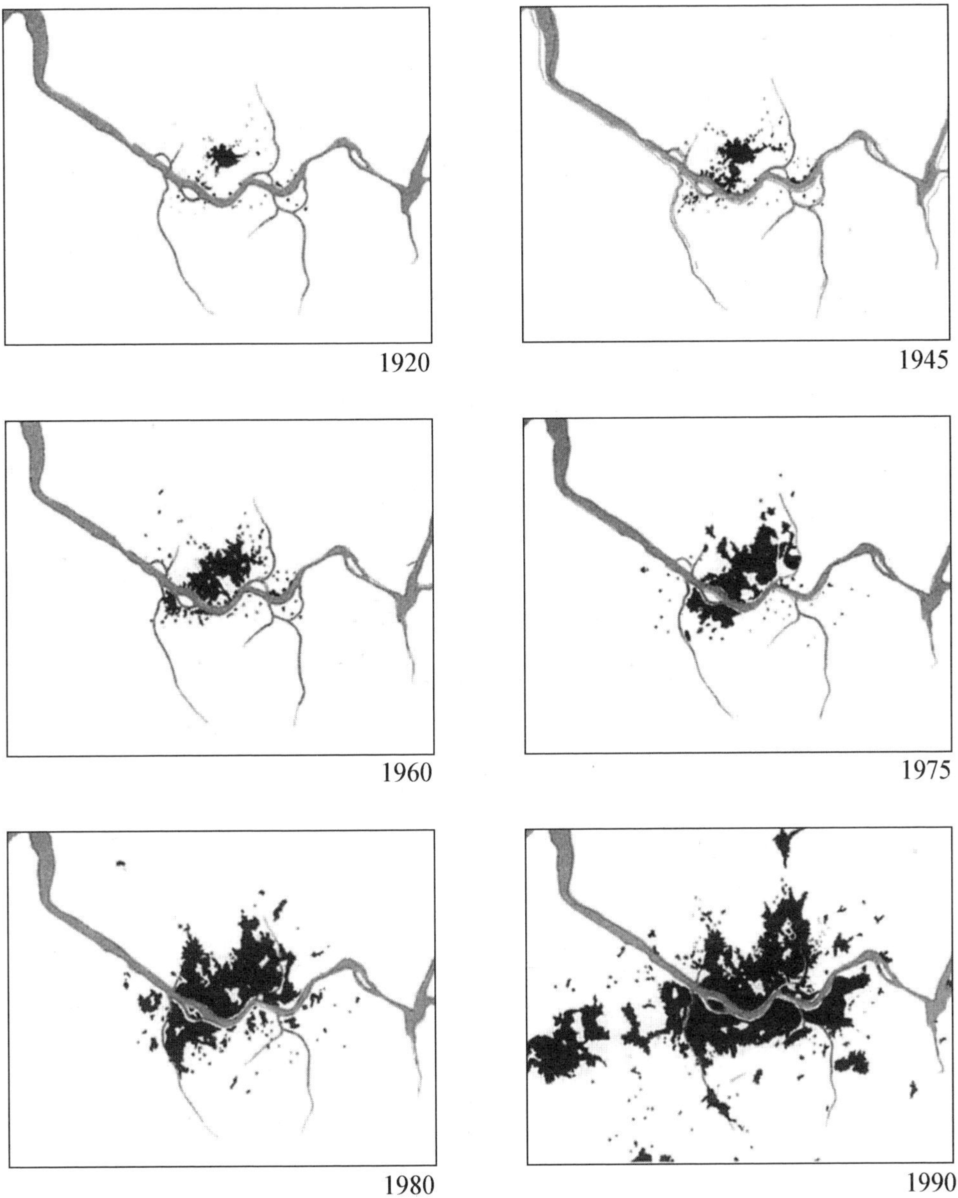

20世纪首尔市区的膨胀(《美丽的首尔》,国立现代美术馆城市环境展图录,1991)

变成现今的中央厅大楼一样，京仁城市规划（首尔—仁川城市规划）也以殖民时期的城市规划为基础得到了进一步的扩张；殖民总动员体制期的皇民化国家礼仪和居民统治组织，在光复以后一跃变身为“打造国民”的组织而活跃于各地。不幸的是日本统治者遗留的几乎所有物质遗产都在紧随而来的一场内战中化为灰烬，首尔只好在一片废墟上重新起步。然而就是在这个重新起步的过程中，各种有形无形的殖民地残存因素仍旧产生了巨大的影响力。太平洋战争时期日本人划定的“战时防空空地”，在战后变成了首尔的贫民板棚村，后来随着“钟三公娼”（钟路三街的妓院区）的废止，这里修建了由金寿根[1]设计的集规模与技术于一身的顶尖摩登建筑物——世运商厦。此外，在日本人建造的南山朝鲜王朝神宫旧址上，也曾有人提议过竖立李承晚铜像和修建国会议事堂。可见表面上口口声声强调要彻底“消除”和“断绝”殖民地痕迹，可事实上我们还是沿袭了殖民权力的“惯行”，继承了殖民时期的扩大再生产方式。“日本式的近代化”给20世纪后期的韩国近代化建设投下的阴影实在是过于浓厚，挥之不去。

然而光复以后，这个阴影并没有达到左右首尔命运的程度。20世纪60年代开始，首尔正式走上经济发展轨道，带来了世人称道的快速发展和膨胀，这在殖民地时期是从未有过的事情。首尔行政区域由1936年的133.49平方千米扩大为1949年的268.35平方千米，到了1963年进一步扩大为613.04平方千米。人口除了从1945年的148万减少到1953年的100万以外，1967年为400万，1970年为550万，1980年突破840万，1990年超过了千万。城市人口除了因朝鲜战争而引发的短暂的

1 金寿根（1931—1986年），韩国现代建筑家。——译注

“城市化退步”时期以外一直急剧增长，呈现出“人口爆炸”趋势。这是20世纪60年代末开始突显的经济高速发展的后遗症。尽管行政区域在不断扩大，但与爆炸性的人口增长相应的住宅供给却远远跟不上，城市政策实质上已经处于麻痹状态，整个城市在贫困、拥堵、垃圾等诸多问题中苟延残喘。当时也有人曾提出对汉江流域“白纸状态”的低洼地进行“填洼造地”，以供城市住宅基地用的设想。这种提法也是出于首尔财政“捉襟见肘”的窘境。的确，就当时的首尔来说，要做的事情多如牛毛，可就是贫弱的财政状况不允许。总之，这个时期的首尔处于以“城市非重要领域”的爆炸性增长为特征的典型的第三世界“过剩城市化”(over urbanization) 的窘境。

可到了20世纪70年代，随着持续保持10%的经济增长率，首尔终

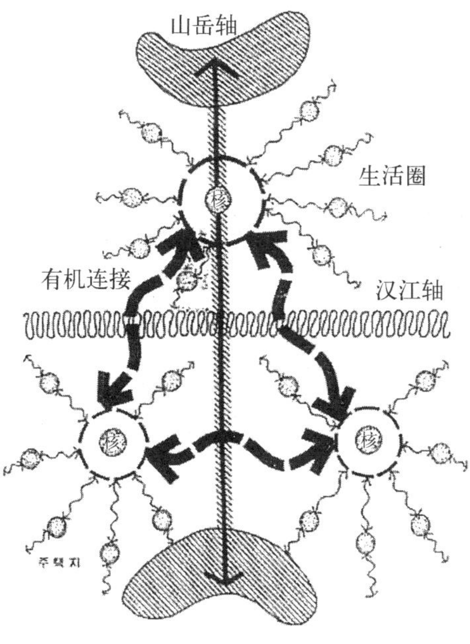

1974年提出的三核城市案概念图(《首尔六百年史》第6卷)

于跨越第三世界的所有大城市都未曾跨越过的“低速发展”门槛，开始走上了独特的城市发展轨道。为了进一步提升经济增长总量，朴正熙政权提出了摆脱人口密度超限的江北旧城区，在周边郊区建设新城区的“多核城市”开发构思。[1]总统的这个构思以开发江南为目标很快付诸实践，而开发江南的前提条件就是对汉江的“综合治理”。综合治理的步骤是：首先修筑汉江堤坝，填平堤外低洼地作为宅基地来开发，然后在堤坝上面修筑环城公路以解决住宅与交通问题，最后通过宅基地的出让解决开发费用。可以说这是一石三鸟的良策。于是，在短短的几年内旧机场汝矣岛变成第二城区的中心，铺设了首尔第一条循环地铁（二号线），汉江上修筑了二十七座大桥连接江北和江南。江南的永东地区摇身一变成为首尔的“新天地”。

开发初期江南城市基础设施极其匮乏，是个百分之百依赖江北的“卧城”[2]。[3]可随着以“江南第八学群”[4]的形成为主的维新政权“抑制江

---

1 作为具体对策提到的是1974年金亨万提出的“三核城市”议案。他在议案中主张，首尔长期的城市规划应该从以江北为中心的“单核城市”改变为以江北中心（行政中心）—永登浦中心（工业中心）—永东中心（金融中心）等三个地方为中心的“三核城市”体系。后来根据这个提案，立法部搬到汝矣岛，司法部搬到了瑞草区。1968年发生的“1·21北朝鲜武装分子袭击青瓦台事件”对朴正熙的政策路线产生了极大的影响，由此朴正熙也提出了从政权安保角度看也应该把首都的主要部门迁移到江南地带的意见。于是20世纪70年代政府当局制定了一系列行政首都迁移计划。后来随着1979年维新体制的终结（即由朴正熙被刺而导致的朴正熙时代的结束）和1980年新军政势力的掌权而破产了。

2 又称通勤者城镇，即大城市周边以居住为主而形成的卫星小城。——译注

3 初期的江南开发并没有一帆风顺，这是众所周知的事情。为此政府当局制定了将钟路、龙山、城北、西大门区等江北四大区的人口分散到江南的计划。政府还规定限制江北的大型百货商场、市场、大学、大型餐饮店等公共设施的建设，对江南建设则采取减免所得税的措施。政府的这些措施促进了江南的公寓建设进程，加快了名牌中学等文化设施向江南迁移的进程。

4 学群制度：学群，又称学校群、学校区，即首尔教育厅指定的初中和高中的聚集区。学群制度是由韩国教育部制定的为各校的水平均等化而指定初中、高中聚集区的教育制度。江南被开发以后，江南的初高中学校群成为首尔第八学群。——译注

北，开发江南”的强制政策渐渐收效，从20世纪80年代开始，江南独占首尔的经济增长成果，变成了首尔又一个核心地带。从20世纪70年代到1999年的三十年间首尔人口由550万增加到1030万，几乎增长了一倍，其中江北人口由430万增加到520万，增长约两成，相比之下江南人口由120万增加到510万，增长约3.2倍。这个时期首尔人口总共增加480万，而其中的81%都是在江南增加的。

江南，这个闲置在汉江边上的低洼地，从现代化公寓楼群和古时的牛马车隔着一条灌溉渠共存的“非城非村”的时代，不知不觉变成了炫耀“不动产不败”神话的“汉江奇迹”现场。20世纪60—70年代，以石油美元向世界炫富的伊朗被西方国家冠以“邪恶轴心”的恶名而受到国际社会的排斥，无独有偶，几乎在同一时期首尔的德黑兰路[1]一带打破田园的寂静，发生了桑海沧田的变化，一跃提升为OECD经济大国韩国的心脏地带。然而，江南的崛起从另一方面又展示着韩国经济只求高速增长的畸形发展趋势。就像日本统治时期本町和钟路、南村和北村一样，眼下的首尔变成双重性质的城市。江北被疏远，江北居民对江南“新区”的羡慕展露无遗，江北居民的这一迫切心理充分说明，“汉江奇迹”的催眠效果把人们逼进了单纯追求量上的增长速度的误区之中。江南与江北，对这同一个城里形成的经济上极不均衡的两个区域，我们能否根据两地的文化多样性和文化差异性寻找两地的经济均衡呢？能否使江北在不蹈江南覆辙的前提下，利用拥有历史性和国际化两副面孔的优势，在空间上具备与江南抗衡的功能呢？

1 首尔江南区的主干道，有名的金融街、贸易街，1977年为纪念韩国首尔和伊朗德黑兰结交姊妹城而命名。——译注

高速增长的副产物，“公寓共和国”

可以说“汉江奇迹”是国内外多种变数复合反应的生成物，但我们仍不能忽略专制政权出台的城市与国土开发“高速增长”策略所产生的影响。这是以军事政变掌权的权威主义政府与在优惠政策的扶持下膨胀的财阀集团联手的“快速增长联合体”的开发设想在空间上的具体体现。由首尔周边的城市和地域形成的永登浦—九老—富平—富川—仁川为一条线的“首都圈工业带”，由东部城市和地域组成的浦项—蔚山—釜山—马山—昌原为一条线的“东南部工业带”，由沿京釜高速组成的天安—大田—金泉—龟尾—大丘为一条线的“内陆工业带”，韩国以这些工业带为中心形成了一个巨大的产业城市回廊。结果是在整个韩国国土上呈现令政府的“地域均衡开发”口号尴尬得无地自容的地域差距和不均衡开发。包括低谷期—低收入政策在内的工业优先政策使农业陷入“突然死亡”的险境，经济增长的甜头理所当然地集中在了大城市地域。就在电视连续剧《田园日记》以超长的剧集安慰背井离乡的城市移民的时候，韩国农村已经陷入死亡绝境而奄奄一息。

在农村失去土地的农民像潮水一样涌入城市，形成一个庞大的产业后备军队伍。然而，进城以后的他们也不过是三十年来日夜不停地运转的韩国型经济增长机器的润滑油和零部件而已。城市是他们谋生的地方，同时也是他们生存的空间，可如今形成韩国城市居住主流文化的是以共同居住为模式的“公寓”，而这个公寓可以说是这个时期为保证经济增长机器的正常运转而出台的“居住机器”。被外国人称为“兵营式居住模式”的韩国清一色的公寓文化，从某一层面上可以说是高速增长逼迫城市居民走进千篇一律的劳动中毒性生活方式的真实写照。

殊不知我们目前正在享受的“丰饶的物质生活”是我们每一个人通过付出巨大的代价而得到的。就像以衣食住近代化为目标的新农村运动将“居住即生存”的旧思维清除干净一样，如今紧凑的生活节奏和密集得毫无缝隙的居住机器完全控制了我们社会的日常生活。这就是我们为高速增长而付出的代价。这里只有个人和家庭安乐的私生活保障，这里追求的只有自我财产增值的愿望，可在这里却找不到像“村庄”或“共同体”那样的脱离自我意识和疏通非利益情感的空间。公寓这个居住机器虽然使人们从季节、气候等自然制约中解脱出来，虽然使人们的私生活不再受到来自外部的干涉和侵扰，可这里

开发初期的江南。1976年首尔狎鸥亭洞全景（全敏朝著，《首尔1969—1990》，目光，2006）

没有温馨，没有邻里之间的情感交流，也就是说公寓机器从人们的生活文化中夺走了未被污染的净土和纯朴的情感，使居民陷入了处处以戒备的目光审视邻里乡亲的无情、冷漠的原始世界。薄弱的公共空间和简陋的公共设施使人们越来越依附于市场，迫使人们走进受金钱和财物支配的拜金主义泥坑。为实现“全民中产阶层生活水平”的梦想，韩国政府出台了人均居住面积“33坪”以上的奋斗目标，把无数人赶入了残酷的生存竞争中。那么这到底是一个切实可行的目标呢，还是乌托邦式的空想呢？

住房等公共消费品本应是城市生活必需品，而20世纪后期的韩国城市开发模式却是将这些公共消费品当成商品看待的“自由放任”的模式，其实现过程是由国家与大资本强强联手的“增长联合体”来主导的。在上命下达的政策体制下，底层居民的声音被忽略，地方自治制不健全的情况下地方行政完全从属于中央行政，政府的城市政策完全游离于城市居民之外，计划（planning）与设计（design）也完全脱离，韩国的城市开发就是在这种“开发乱象”中进行的。随着经济增长由政府主导型转向财阀主导型，垄断开发时代横行霸道的国家公权力被削弱，然而代之以出现的又是以利益极大化为目标的大资本垄断了城市开发，这就不可避免地导致了建筑过密化和公共空间被严重侵害的恶果。席卷全国的城市建设潮使不动产收入超过工资收入，分配不公作为深刻的社会问题也被提到议事日程上来了。与此同时，土地投机使得不劳而获的寄生阶层迅速膨胀，进一步扩大贫富差距，加重了阶层之间的不信任感。在高速增长时期形成的中产阶层成了城市开发中最大的受益者，他们追求资产的增值，利用不动产投机等非法积累的资本进行扩大再生产。政府成为中产层的政治保护伞，政府的这一放纵政策实际上就是导致韩国“泡沫经济”的直接要因。[1]

道德缺失症还没有治愈，我们的社会又患上了增长中毒症，我们不禁要问我们的社会是不是已经进入了畸形发展的恶性循环？我们是不是不知不觉之间变成全球化城市文明的既得利益阶层，以享受眼下的小康生活为代价向整个自然生态和地球村的众多居民行使暴力呢？我们的城市生活对世界市民主义和人类文明的持续发展到底能不能负起自己的责任呢？

依附在怪物身上的古都灵魂

以上我们分五个时代观察了首尔的变迁史。从定都汉阳初期的规划性理学城市到后期转变成商业城市，经过开化期和日本统治时期的殖民地城市化过程到光复以后高速增长时代的首尔，本质上截然不同的五个时代开发经历按时间顺序一件一件地埋藏在历史古都首尔的地层深处。就像人们谁都没有料到六百年前人口不足十万的城郭汉阳竟然成长为一口吞下一千万人口的巨大的恐龙城市一样，我们仍旧不知首尔未来的命运。值得庆幸的是，首尔这座百年前的“隐者的古都”如今已经提升为连接“北首东”（BESETO，即北京、首尔、东京）的东亚新文明的地理轴心，身负划世代的历史使命。

殖民化与战乱，经济增长与民主化运动，尽管经历了波澜万丈的百年成长过程，可首尔却忘记自己“六百年古都”的历史骄傲，以被支配、求生存、高增长的排头兵身份变成了国籍不明的超级大城市。民主化

1 参照金元培著，《开发理念与泡沫城市》（韩国城市研究所编，《韩国城市论》，博英出版社，1999），第156—157页。

运动使516广场恢复了汝矣岛公园的原貌，市政府楼前的战时备用广场回到市民的怀抱里，还有拆除清溪川高架桥并在河流边（虽说这不是对历史遗迹的深谋远虑的复原）修建了江边休闲散步小径，世运商厦拆除的地方铺设了连接仁王山和南山的绿地长廊，城里公共休闲场所和绿地的增设对市民来说无疑是一大福音。然而，回顾首尔过去半个世纪成长过程中所出现的种种不愉快的事情，在新自由主义城市开发浪潮风靡世界的今天，任何一个人都不能乐观地预测首尔未来的面貌。

我们已经习惯于高速增长的节奏，我们已经习惯于顺应全面破坏、全面开发的逻辑。可我们还应清楚地认识到首尔为三一路大厦和清溪川高架桥以及63大厦、贸易中心等摩天大楼而感到自豪的时代已经一去不复返了。我们更应该知道已经化为灰烬的崇礼门是任何东西都代替不了的。怀抱千万人口的巨大城市的外四山的雄姿，经历六百年风霜雪雨的江北旧城，环绕墙郭古城的内四山美丽的身影，我们从这里依稀看到“久违了的首尔未来”。在这个全球城市化的时代，为了给首尔这座国际化城市赋予新的生命力，我们必须找回被巨大的怪物所蒙上的古都灵魂。这已经成了迫在眉睫的事情。

首尔必须改变过去政府和大资本主导的从上到下的开发模式，成为以市民的创意性为主导的充满生机的城市，成为富有文化气息的人性化城市。在这个因贪食症而肥胖起来的城市空间，我们有权利享受能够治愈高速增长所导致的创伤的，富有人情味的广场、公园以及街道。然而，人们的这些期待只有在全体市民主宰这个巨兽般的、不明国籍的灰色空间的时候才有可能实现。因为把握21世纪首尔命运的不再是政府和大资本，而是这个时代的市民创造的新的主体力量和智慧。

第二章
东京，近代天皇的空间

朴三宪

现代日本的迁都论

日本社会进入泡沫经济时代，东京地价随之暴涨，日本的现代迁都论就是在这种背景下由媒体和地方自治团体率先提出来的。所谓“现代迁都论”就是要把集中在东京的立法、行政、司法机关分散在东京圈以外的各个地方的主张。

日本社会曾经经历过被日本人称为“被遗忘的十年”的十年经济萧条期。为了解决长期以来困扰日本经济发展的痼疾，即东京人口过密问题以便使经济早日复苏，迁都论一出台便得到了人们的认可，1990年日本众参两院也采纳了《关于国会等机关搬迁的议案》。1992年众参两院正式制定《关于国会等机关搬迁的法律》，在此基础上着手进行了选址等准备工作，1999年12月最终选定“枥木·福岛”、“岐阜·爱

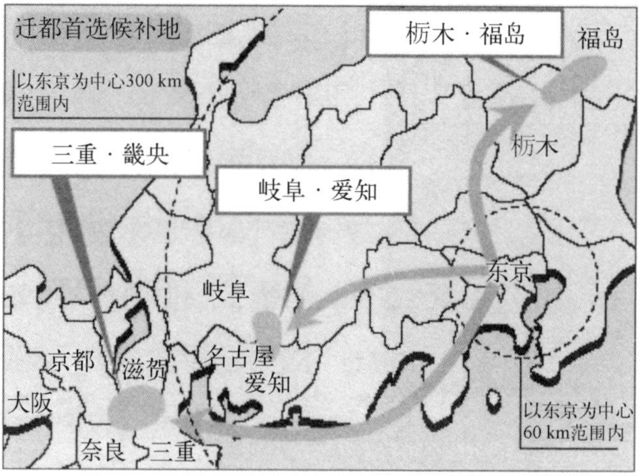

迁都候选地址（东京都政策企画局调整部编，《为泡沫时代的负遗产打上终止符》，东京都，2003，第2页）

知”、“三重·畿央”三个地域为候选地址。

2002年5月众参两院又提出了分设国会城市、行政城市、司法城市的“分都案”。这个时候东京地价已经开始回落，对迁都方案的批判潮也随之升温，再加上总理官邸和总务省、外务省等大楼的建设，沸沸扬扬的迁都热急剧降温了。到了2003年设在众参两院的“国会迁移特别委员会”提出报告说“迁都是必要的，可暂时不做三个候选地址中哪一个地址最合适的决定”。这个报告实际上是对迁都论的冻结宣言。至此迁都论彻底销声匿迹了。

值得关注的是在迁都论沸沸扬扬的时候谁都没有提及天皇居住的皇居搬迁问题。比如三个候选地址中最早出台的“三重·畿央新都规划”，国会和主要中央官厅设在三重，最高裁判所等司法机构设在滋贺，驻日外国使馆和驻日国际机构分别设在三重、京都、奈良，可就是没有皇居的名字。

迁都论的支持者们为什么没有提及皇宫的搬迁问题呢？对此迁都论的反对者们认为：

> 迁都会给天皇陛下的国事活动产生严重的影响。因为迁都会使形成三权中枢的国会、中央官厅、最高裁判所与东京分离，结果天皇陛下和国会、政府的大多数人往返于皇居和新的迁移地之间，给天皇的国事活动和政府的政务活动带来很大的不便。[1]

言外之意就是想要提高政务活动的效率，天皇居住的皇居与三权机关必须聚集在一个地方。迁都论的反对者们还认为尽管日本的国家制度是三权机关负责办理国家的所有政务而天皇只起国家象征作用的象征天皇制，可天皇毕竟是现代日本国家体系中掌握一方政权的存在，因此皇居与三权机关必须集中在一个地方。

重视国政运营效率的这一逻辑从某些层面看确实有一定的道理。可在象征天皇制的体制下天皇所履行的活动只停留于亲任式、进讲（给天皇讲述学术报告的事情）、认证官[2]任命式、新年祝贺、递交国书仪式、天皇生日宴会、会见、接见、园游会等象征性活动，因此三权机关与皇居的距离远近实际上对国家政务的运营效率并没有多大的影响。这是连

1 参照东京都政策企画局调整部编，《为泡沫时代的负遗产打上终止符》（东京都，2003），第3页。

2 认证官指在宫中直接从天皇手里得到官职任免认证的官吏。组成内阁的国务大臣等属于这类官职。根据日本宪法第7条第5款规定“天皇直接下发任免认证”属于国事行为之一。被任免的对象是各项法律规定的内阁成员，天皇只是对其进行“任免认证”。而对内阁总理大臣和对最高法院长官则在任命之前由国会和内阁分别“指命”。由于“对内阁总理的任命”和“对最高法院长官的任命”在形式上是以认证的名义由天皇实施，因此在宫中仪式上不叫“认证官任命式”，而叫作“新任式”。法律上内阁总理大臣和最高法院长官不属于被认证的官吏之列。

迁都论的反对者也都知道的事实。

那么为什么会出现迁都论呢？可以说这是由近代形成的日本人对“首都”的特定观念，即与国家的政务活动有关的所有机关必须集中在首都的观念决定的。而这个特定观念又引发既然日本的首都是东京，因此包括三权机关在内的与国家政务活动相关的所有机关必须聚集在东京的逻辑。在荷兰，政府机关、国会和最高裁判所位于海牙（Den Haag），国王的宫殿在乌特勒支（Utrecht），而荷兰的法定首都却是阿姆斯特丹（Amsterdam）。荷兰的这个布局对日本国民关于首都的特定观念来说恐怕是一个难以理解的事情。

如果说迁都论的支持者们仅仅把“首都”东京的功能从国家行政层面上去理解的话，那么迁都论的反对者则更多地考虑了“首都”东京历史上一直充当着国家象征的因素。东京千代田区的永田町和霞关的俯瞰图证明了这一点（见下图）。位于图中央的大楼是国会议事堂，周围的大厦则是总理官邸和各主要官厅，右上角由树林包围的宽广的空间就是皇居。早在近代日本国家体系形成的时候，人们就有意给东京这个城市的中心赋予了国家行政意义上的首都定义和国家象征意义上的首都定义。

那么东京是从什么时候开始成为日本“首都”的呢？事实上，日本从未发表过日本国的首都就是东京的法令。在1945年投降之前，日本人对东京的称呼比起“首都”来说反而更多地使用了“帝都”一词。当然他们那里也不是没有“首都”概念，只是在日常用语上和公式用语上习惯性地用“帝都”来代替了“首都”。“帝都”一词源自1869年的明治天皇东巡御驾。所谓东巡实际上就是前往东京去视察。从那个时候开始包括明治天皇在内的近代日本天皇都滞留在东京。为了

永田町和霞关

更加突出天皇的存在，人们把东京称为“帝都东京”，以便与过去的东京区别开来。即使是1945年战败以后，人们仍把东京认为是日本的“首都”。

本文先了解东京的前身德川幕府时代江户的形成过程，然后再了解幕末维新时期江户变成“东部都城”(即东京)的过程，最后再了解明治维新以后东京代替从公元794年的平安时代直到1869年为止的天皇都城京都成为“帝都”的过程，从中看一看东京作为一个首都是如何制造出代表国家的象征性空间的。

德川幕府将军的空间，江户

最早的江户是12世纪初关东豪族江户重继眺望江户湾的地方。江户重继不仅在这里眺望江户湾，还在这里修建了自己的居所。这个地方便是现今东京的千代田区。江户的历史是由此开始的。到了1192年源赖朝开创镰仓幕府，江户重继便与源赖朝结成主从关系统治这个地方约三百多年。可江户重继当时建造的仅仅是一个居所而已，还谈不上都城。

第一个修筑江户城的人是日本室町时代中期取代江户家族支配这个区域的太田道灌。从1454年开始，居住在这一带的足利家族和上杉家族为争夺地盘打起仗来了。当时上杉家族的家老太田道灌在江户家族修建居所的地方修筑城墙当作抵抗足利家族势力的据点。然而，随着太田道灌以通敌嫌疑被同家族人处死，江户城再次易主，落入了后北条家族的手里。由于当时后北条把江户城仅仅看成是一个枝城[1]，因此没有加以修筑，规模上也没有扩大。

江户城真正开始扩大则是1590年后北条家族被丰臣秀吉灭亡，受命开拓这一地带的德川家康决定把江户城当成自己居城后的事情。

当时的江户城南有海潮进出的“日比谷入江”[2]，东有像半岛一样突出的海岬“江户前岛”[3]。德川家康首先填平已经干涸的壕沟以扩大江户城领地，接着于1603年设置幕府，命令各路大名（日本的领主）大搞土木工程。后来德川家康又挖掘江户城城北的神田山，利用神田山大量的土木填埋“日比谷入江”，以“填海造田”的方式进一步扩大了江户城的规模。结果江户变成了由神田、日本桥、京桥、新桥连接起来的“江户下町”。

---

1 用来辅助防御主城的要塞城。——译注

2 即现今的日比谷公园、霞关、新桥一带。

3 包括现今的丸内和大手町在内的地域。

江户城的土木工程一直进行到1636年外壕挖掘为止。在17世纪绘制的“江户图屏风”上，江户城以右侧的五层天守阁为中心，四周建有本之丸、西之丸等宫殿，众多宫殿周围还设置内壕和外壕，有多座桥梁连接内外壕和宫殿。江户城的这个范围实际上就是现今东京千代田区的大部分地域。

到了18世纪初，江户城已经成了人口超百万的世界第一大城。可由于生活在江户城里的人70%以上是武士及其家族，因此，从严格的意义上说江户又是当时世界最大的“消费”城市。这是由幕府为控制大名阶层而实施的“参勤交代制”引起的。所谓参勤交代制，是规定所有藩[1]的大名们必须定期来往于各自的属地与江户之间，而其家属（妻儿）则必须留在江户以便当作人质的制度。定期来往于两个地方，大名们就得支付庞大的路费，这就迫使他们在巨大的财政压力下无法积攒战争费用。大名们的频繁旅行形成了以江户为中心的公路网，促进了沿途商业活动的发展。结果，此时的江户城已经超越德川家康时期的“城下町”规模，起到了全国政治、经济中心的作用。

与此同时，在江户服务一年以上的大名必须定期到江户城去拜见将军（日本幕府时期武士政权里元首级的固定官职），这也是大名们对幕府的一项重要的公务活动。此外，如果江户城或者将军身边发生什么事情，大名们必须立刻进城救助。为此，后来幕府政权给大名们分封领地的时候都选择了离江户城最近的地方，并命令部下在那里修筑供大名及其家属居住的邸宅。大名们居住的这个邸宅叫作“大名屋敷”。

1 古时封建王朝设置的属地、属国或给部下分封的土地，也指边防重地。如藩属、藩镇、藩国等。——译注

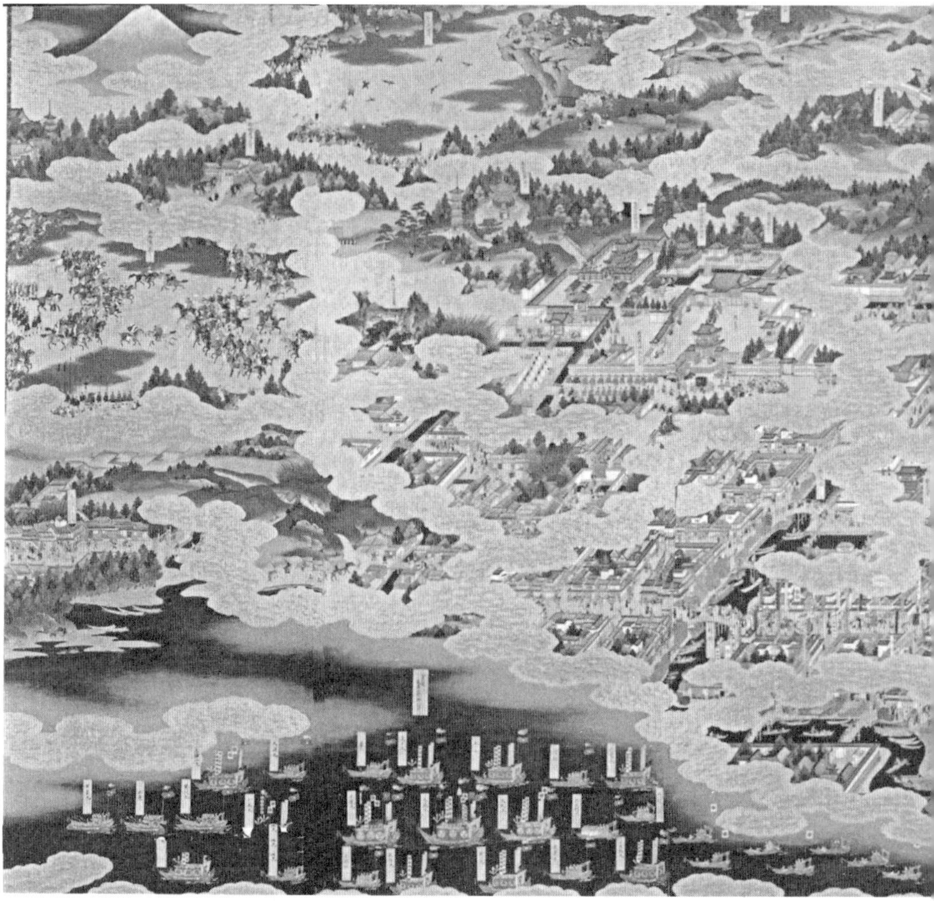

江户图屏风（日本国立历史民众博物馆藏画）

大名屋敷大多集中在江户城东侧和南侧，就现在的位置来说是日本资本主义体制的心脏部位“丸之内”和“日比谷”以及国会议事堂、内阁总理官邸、各政党总部等所在的“永田町”和“霞关”一带。这是堪称日本“政治1号番地”的地带。谁曾料到当初为防御江户城而修筑的“大名屋敷”竟然成了当今日本国的政治经济中心。

然而这个变化并不是一朝一夕形成的。随着1853年的佩里舰队

事件、开国、“尊王攘夷运动”等幕府末期的剧变，江户人口锐减，城市外观也受到了极大的损坏。其决定性的原因就是幕府于1862年以后废止了参勤交代制度。除此之外，在1868年发生的上野战斗（发生在江户上野的旧幕府军和新政府军之间的一场战斗）中吃了败仗的幕府率领人马退至一处小领地——静冈。随着幕府政权的将军和大名以及他们的家眷纷纷退出江户，原先依赖这一巨大的消费阶层而生存的町人和工人等阶层的人数也急剧减少，到了1869年江户人口由19世纪初的一百五十万减少到五十多万。这场人口大迁移对江户影响非常大，二十年后的1889年江户也仍未恢复过去人口全盛期的水平。[1]

那么，幕末维新期如此衰败的江户是通过什么过程变成东部首都（即东京）的呢？为了寻找其答案，我们还是先看一看这个时期提出的各种迁都论。

幕末维新期的迁都论

大阪迁都论

1853年佩里舰队事件后发生的尊王攘夷运动奉孝明天皇之命将重点放在了攘夷上。可到了1858年幕府政权未经天皇的许可擅自签订《日美通商条约》，并制造“安政大狱事件”试图镇压尊王攘夷运动。事态已经发展到这个地步，尊王攘夷运动开始转向了带有反幕府性质的运动。可由于孝明天皇一再坚持攘夷必须在幕府的统领下进行，因此违背天皇意志的“尊王攘夷运动”遭到一片批判声。而幕府却以攘夷为借口促使天皇的妹妹与将军结成连理，试图恢复幕府的权威。

与此同时反幕府派也开始暗地里研究实现尊王攘夷的具体方案。1863年7月，尊王攘夷运动的理论领导者之一真木和泉向朝廷递呈的《五事献策》就是其中之一。在那里真木和泉提出“为了实现大事业（即攘夷），天皇必须离开京都的御所迁移到浪华大阪”[2]。可以说真木和泉的这个意见真实地反映了当时以尊王攘夷派一直主张的“大阪亲征

1 参照藤谷隆史著，韩石正译，《灿烂的君主》（牙山出版社，2003），第69—79页。

2 参照冈部精一著，《定都东京的真相》（仁友社，1917），第41页。

行幸论”的观点之一。虽然没有明确提出迁都的说法，可真木和泉的意思并没有仅仅停留于天皇在大阪亲征后再回京都的“行幸”之上，而是进一步主张将天皇的居所干脆从京都的御所迁移到大阪城。在真木和泉看来大阪作为天下第一要塞，是抵御“夷狄”最有利的地方，同时也是全国商业和流通的中心，方便于牵制众诸侯国。

1866年7月，幕府将军家茂死于长期居住过的大阪城，一直居住在京都的德川庆喜接替了家茂。随着德川庆喜当上幕府将军往返于京都和大阪之间从事政务活动，日本的政治活动中心已经不再是江户，而是京都和大阪。在这种政治环境下，居住在京都的德川庆喜于1867年10月14日实施了旨在把将军的政权返还给天皇的“大政奉还”政策。德川庆喜的目的非常明确，即不管采取什么方式也要掌握国政运营的主导权，以重新构筑幕府将军统治天下的政治局面。

事实上，于同年11月下旬西周提出的国家体制改革方案也是实现德川庆喜之目的的一种策略。西周的方案包括“德川庆喜历任全国政府(即现今中央政府)的‘公府’元首，将公府和议政院(即立法机关议会)设在大阪，江户只留下管理德川家族领地的政府”[1]。在这里，西周虽然没有明说“迁都”一词，其观点的实质却是要求大阪代替江户行使行政和立法中心的作用，即以大阪为首都。

就在西周以幕府的角度谈论大阪首都论的时候，尊王攘夷运动的中坚人物，萨摩藩[2]出身的伊地知正治却从反幕府的角度提出了迁都大

1 参照西周著，《(表纸)别纸　议题草案》(田皮彰校注，《日本近代思想大系1：开国》，岩波书店，1991)，第312页。

2 日本江户时代的一个藩属地，位于日本列岛的最西端，因地域感情在内的各种原因长期以来与亲幕府的大名藩不和，到了幕末时期他们与其附近的长州藩等强藩结成倒幕联盟，抵制幕府势力的复辟。——译注

阪的主张。他在同年11月发表“迁都浪华”等言论，主张：

> 现在的京都地势狭窄且封闭，因此作为堂堂的皇国首都实在是言之有愧。夷人已经看过各诸侯国的首都，也看过江户城，如果再让他们看到我们现在的皇居，等于是不知日本高低的，有损于日本名声的一件耻辱的事情。（中略）因此必须将（大阪城的）本之丸为皇居，二之丸为官厅，（中略）到明年9月在浪华皇城举行即位仪式，从而树立坚固的政治框架。[1]

与没有特殊的理由将大阪设为行政、立法中心的西周不同，伊地知正治以京都不可能成为“皇国首都”为由提出了迁都大阪的意见。西周和伊地知正治争论的焦点是把大阪规定为“首都”还是“王都”的问题。伊地知正治认为大阪不仅仅是政治中心，还是天皇居所和政治中心共存的象征性的中心都城。“王政复古政变”[2]成功以后，1868年1月同藩出身的大久保利通也提出与伊地知正治同样观点的“大阪迁都论”[3]。

江户迁都论

作为明治维新的有功之臣、初期明治政府的主要核心人物，大久保利通提出的大阪迁都论不仅在政府内受到极大的关注，在社会上也引

---

1 参照冈部精一著，《定都东京的真相》，第53页。

2 日本江户时代后期废除江户幕府、将政权移交朝廷的一次政变，是明治维新的一个高潮。——译注

3 大久保的迁都建议书实际上是从旧体制上限制年幼的明治天皇的权力，改革天皇的执政体制，构筑名副其实的天皇亲政的天皇论。可参照藤谷隆史著，韩石正译，《灿烂的君主》，第74—76页。

起了强烈的反响。再加上西乡隆盛与胜海舟的谈判成功让江户城“无血开城”[1]，江户城也代替大阪成为了迁都论的中心议题。

其中最具代表性的是幕府大臣出身的前岛密对“江户迁都论”的论证。前岛密首先提出，为了开拓整个“虾夷地”（现今日本北海道）以至使之完全领土化，“大政府所在的帝都必须位于帝国中央”，而江户正好位于“帝国中央”，因此作为“帝都”江户远比大阪优越。接着，前岛密还提出了江户比大阪更适合成为“帝都”的其他几条理由：大型船舶的可出入性；四通八达的陆路和美丽的都市景观；辽阔的市区面积；宫阙、官衙、学校等发达的公共基础设施等。[2]

前岛密的这个江户迁都论是综合分析行政、经济、政治、文化等诸多方面的因素后提出的，在当时的众多“江户迁都论”中可以说是最具理论体系和说服力的“首都论”。随着江户的和平解放，“关东经营”这个敏感的政治问题开始提到议事日程上来了，而这个问题也加速了迁都对象由大阪转移到江户的过程。[3]这也是不亚于前岛密主张的重要因素。尽管如此，由于江户迁都论很容易引发当时尊王攘夷运动中心的京都公家阶层（相对于“武家”的贵族、皇族阶层）的不满，因此很难成为公论的话题。后来两次实行天皇的“东幸”也是出于这个原因。在当时，“江户迁都论”被人们热议的同时，有人还提出过“东西两都

1 当时幕府刚经历大败，如果继续抵抗，江户城很可能毁于战火。——译注

2 参照前岛密著，《鸿爪痕》（《日本人的自传》，平凡社，1981），第380—381页。

3 由于前岛密在自己的自传中将江户迁都论出台的日期写为“1868年3月某日”，至今无人知道准确的日期。可佐佐木克却主张，既然迁都论中已经明确规定将江户城当作“宫阙”来使用，那么迁都论不可能在江户城解放一个月之前出台。由此佐佐木克推定迁都论出台时间应该是从庆应4年4月11日江户城解放到4月12日前岛密为向天皇递交信任状与英国公使帕克斯、翻译官埃内斯特·萨道义一起离开横滨期间。可参照佐佐木克著，《江户成为东京之日：明治二年的迁都东京》（讲谈社，2001），第94—95页。

论”。事实上，“东西两都论”也是迫于上述的政治压力而提出的一种折中的迁都论。

东西两都论

江户和平解放以后，对德川家族处分的议论刚刚开始的1868年阴历闰四月，江藤新平和大木乔任便提出了“东西两都论”。他们的说法是与其将首都从京都迁移到江户，不如将江户定为东部首都使之作为统治东日本的据点。如果这个说法成立，那么京都就自然而然地成为西部的首都。如果将来修建铁路，那么天皇将往返于东部首都（东京）和西部帝都（京都）之间处理政务。[1]表面上看这个主张是以东部首都（东京）为统治东日本的国家行政中心，西部帝都（京都）为以全国为对象的国家行政中心，可事实上却意味着相反的意思。江户和平解放以后在对德川家族处分议论刚刚兴起的时候，“江户迁都论”和“东西两都论”同时出台，反倒意味着将来成为国家行政中心的城市更可能是江户，而不是京都。这说明京都虽然从公元794年平安迁都后一千多年来一直都是天皇居住的国家层面上的“帝都”，可从国家行政层面来看，人们的意识更加倾向于江户，普遍认为作为首都江户比京都更适合。换句话说，京都作为“帝都”的绝对权威性开始崩溃，变成了与别的城市相互对比的对象。

几乎在同一个时期，政府内的又一个权力派人物木户孝允提出了“以京都为帝都、以大阪为西京，把德川家族迁移到静冈，将江户改名为东京”的意见。这个说法证明政府内部对以京都为首都的想法已经有

1 参照冈部精一著，《定都东京的真相》，第116—122页。

了改变。[1]到了庆应4年5月15日，通过上野战斗彰义队等幕府残余已被消灭，同月24日对德川家康的处分也已终了，“东西两都论”在政府内部急剧升温。7月17日政府发表的天皇“东幸”和将江户定为东京的公告证实了这一点。

根据公告，9月20日离开京都的天皇于10月13日到达了江户。这一天，天皇发布了将江户城改称为东京，并将东京定为皇居的布告。由于天皇的御所仍在京都，皇居就算分设在东西两个地方。可这并不等于说东京和京都是平起平坐的两座城市，因为政府的最高权力机关“太政官”[2]仍在京都。这就是天皇不得不先往京都“还幸”而翌年重又“东幸”的理由。[3]

近代天皇的空间

“帝都”东京的诞生

1869年2月18日政府下达了天皇重新“东幸”东京的布告。与此同时，同月24日又下发了天皇滞留东京期间将太政官搬到东京，京都只留下留守官的布告。由于通过王政复古政变国家体制已经改成天皇亲政制，因此从原则上讲政府的最高权力机关太政官必须紧随天皇身

---

1 参照冈部精一著，《定都东京的真相》，第135—138页。

2 明治时期使用的“太政官”一词有两层意思，一是对从1867年12月9日《王政复古大号令》的宣布至1885年12月22日内阁制设立为止施政十八年的中央政府机构的统称，二是对1869年7月8日为改编中央政府机构而发布的《职员令》中与“神祇官”一同设置的最高行政机构的统称。对明治时期太政官制的变迁过程可参照朴三宪著，《明治初年太政官文书的历史意义》(《独岛、郁陵岛研究》，东北亚历史财团，2010)。

3 参照佐佐木克著，《江户成为东京之日：明治二年的迁都东京》(讲谈社，2001)，第158—159页。

边。这就意味着天皇从京都移到东京，太政官自然也应迁移到东京。[1]

于3月7日离开京都的天皇按照预定时间于同月28日准时到达了东京。这一天政府发布了将东京城称为皇城的通告，从此以后明治天皇再也没有回到京都。就这样，近代日本天皇居住的空间由京都迁移到了东京。这意味着京都再也不是“帝都”。换句话说，根据天皇亲政这一近代日本的国家理念，东京事实上已经成为了象征国家的首都（帝都）。

到了1871年7月8日，以“废藩置县”为契机，京都的留守官制度也废止了。因为“版籍奉还”（大名向天皇交还土地和臣民）以后只在形式上存在的藩镇彻底被废除，取而代之的是政府直辖的县府，于是中央集权的国家体制随之诞生了，过去的留守官制度也就成了多余的东西。京都留守官制度的废止意味着国家行政的主体已经集中在了东京的太政官，即形成了太政官一元化领导的局面。[2]

皇居前广场

1869年明治天皇东巡以后，东京被逐渐建设成具备国家行政层面上的功能和首都象征性功能的城市。[3]其中最具代表性的空间就是又名“二重桥”的著名的皇居前广场。

江户时代这一带叫作“西之丸下”，直到1883年为止还保留着“大

1 外国馆（后改为外务省）官员早在东幸时与天皇一起移到东京之后并没有随天皇的还幸一起回到京都，而是继续留在了东京。

2 从此之后，京都只是作为古都成了展现近代天皇的意识形态，即“国体”观念的历史空间。参照高木博志著，《近代天皇制与古都》（岩波书店，2006）。

3 此后实施的具体城市规划，如银座的砖瓦房大街建设、官厅的集中建设等可参照藤森照信著，《明治的东京计划》（岩波书店，2006）。

名屋敷”的痕迹。遗憾的是1888年皇居竣工之前政府就已经拆除这里全部的古建筑并开始修建宽阔的广场。皇居前广场于1889年3月31日完工。[1]

此后，皇居前广场就成了从国家层面上举办各种庆典活动的空间。为庆祝1906年日俄战争胜利而举行的官兵凯旋仪式，就是在皇居前广场举行的代表性的庆典。[2]从皇居望去，广场的左侧有著名的靖国神社，广场的正面有象征日本资本主义中心的“丸之内”，右侧设有行使国家行政功能的永田町和霞关。这就是说皇居前广场实际上位于连接近代日本的国家理念、行政、经济的交叉路口上。换句话说，这是个群众看天皇的同时让天皇直面群众的地方，更不用说这里还是让人们感受“国体”观念的空间。[3]

明治神宫外苑

如果说皇居前广场是修筑于明治时代的“国体”观念的象征性空间，那么离这里不远处的明治神宫则是始建于“大正”竣工于“昭和”的“国体”观念的象征性空间。

1 1873年5月的一场大火烧毁了明治天皇居住的皇城，从此以后天皇与皇后移居赤坂的旧大名领地。1882年设立“皇居造营事务局”，1885年开始重建皇居工程并于1888年完工。现在的皇居就是那个时候修建的。

2 参照藤谷隆史著，韩石正译，《灿烂的君主》，第167—188页。藤谷隆史认为皇居前广场作为国家的象征发挥其功能的时间应该是明治天皇中止地方巡行的1882年。而原武史则认为皇居前广场作为国家仪式的场所而发挥其功能的时间应该是比1882年更晚的昭和前期（1926—1989年）。参照原武史著，《增补 皇居前广场》（筑摩学术文库，2007）。

3 皇居前广场南侧矗立着被称为“大楠公”的楠木正成的铜像。楠木正成是镰仓幕府末期的一位武将，直到明治时期楠木正成在日本人心目中都是忠臣的代名词。明治时代以后对楠木正成的评价可参照朴三宪著，《从东京府养正馆的“国史绘画”看“国体”观念的视角化》（《东亚世界中的日本思想》，东北亚历史财团，2009）。

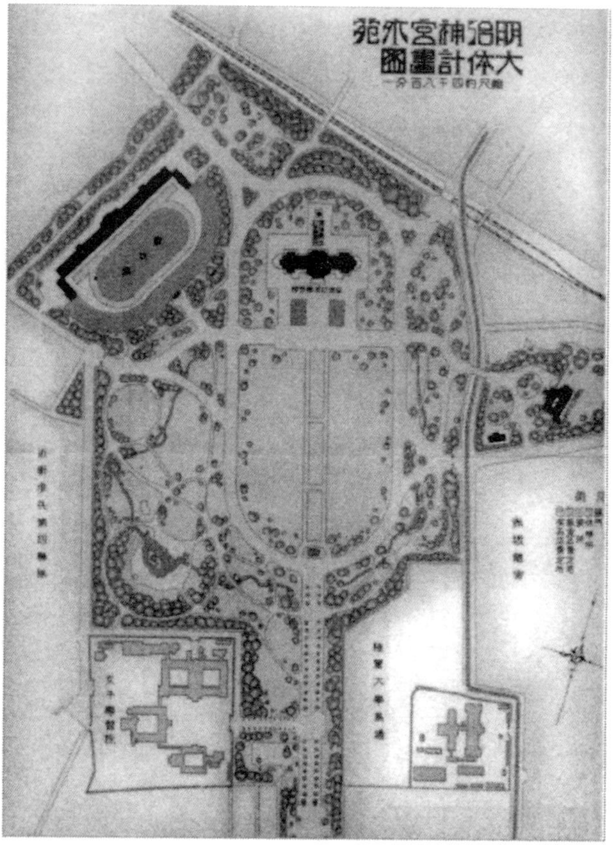

明治神宫外苑设计图(明治神宫编,《明治神宫丛书》第十四卷,造营编(3),图书刊行会,2003)

明治神宫由建设在代代木御料地（现东京都涩谷区）的内苑和建设在青山练兵场（现东京都新宿区）的外苑组成。内苑是供奉明治天皇和他的夫人昭惠皇太后神灵的神社，外苑是包括圣德纪念绘画馆、宪法纪念馆（现明治纪念馆）[1]、明治神宫竞技场（现国立霞丘体育场）、明治

1 宪法纪念馆是当年讨论和审议“大日本帝国宪法”和“皇室典范”草案的地方，据传当时明治天皇天天来这里参与草案的讨论。宪法纪念馆于1907年被伊藤博文划出外苑，后又被伊藤家重新划入外苑。

神宫棒球场（现日本职业棒球团东京养乐多燕子队的主场）等设施在内的西式公园。

由于明治神宫内苑是由政府机关“明治神宫造营局”所建，因此其费用都是用国资（即税金）来代替的。可外苑的建造政府只提供土地，设施建设由民间团体“明治神宫奉赞会”负责，以社会募捐代替了建设资金。所谓的募捐不仅来自日本内地，而且来自当时被日本称为“新领土”的“朝鲜王朝、台湾、关东州、桦太（萨哈林）”等地方的“侨胞”。除了捐款以外还有“献木”活动。这个“献木”活动遍及日本全域，直到1926年2月末日本“内地”共献木3062棵，就连“朝鲜王朝”也献木28棵。捐款、献木之所以遍及日本全域以至所谓的“新领土”各地，就是为了显示外苑是由“帝国日本”所有的臣民对天皇的忠诚而建设的意图。

1920年11月1日明治神宫内苑竣工，为此号称战前日本头号“舆论领袖”、日本军国主义的“戈培尔”的德富苏峰在《国民新闻》发表了这样一段言论：

> 大展明治天皇维新中兴大政之宏图的东京明治神宫已经竣工，在那里我们将供奉明治天皇的神灵。明治神宫对整个日本人来说是设立在东京，对东京人来说是设立在市中心，这就等于说我们在国家的中心部位把皇室中心主义的核心扶植起来了。（中略）我衷心希望明治神宫成为我们日本国民皇室中心主义之本元，更希望成为世界万国称颂我们国体之美的象征物。[1]

1 引自德富苏峰著，《苏峰丛书第一册：皇室与国民》（民友社，1928），第127页。

可见，对德富苏峰来说明治神宫的建立不仅是供奉明治天皇神灵的神社，而且是在“首都”东京扶植起来的“皇室中心主义的核心”，由此他期待明治神宫能够起到“世界万国称颂我们国体之美”的“皇室中心主义之本元”的作用。[1]

1926年10月23日随着外苑主要建筑物的竣工，修筑明治神宫的工事也宣告结束。不料同年12月25日随着大正天皇死讯的发布，国号也从大正改成了昭和。也许是偶然的巧合，大正时代的开始和结束都在明治神宫这个德富苏峰所说的“皇室主义中心点”建设在“首都”东京正中央的过程当中。

那么耗时六年完成的外苑的空间布置又是什么样子呢？这是以南侧的青山通道→广场→圣德纪念绘画馆→葬礼仪式场四点为一线的空间布置，外苑的中心是圣德纪念绘画馆和位于绘画馆后院安放过明治天皇遗体的葬礼仪式场。

圣德纪念绘画馆里展示着八十多幅用绘画表现明治天皇生涯的壁画。就像正在如火如荼地实施的，堪称王政复古序曲的第五次“大政奉还”运动一样，壁画的主题大部分是反映王政复古后进行的近代日本的国家建设过程和“帝国日本”确立过程的内容。也许这是明治天皇作为一个普通人所生活的自然时间与近代日本国历史变化的“偶然”重叠，可问题是日本政府将现代日本国的建设与“帝国日本”确立的历史事件当作“明治天皇大事记中的重要事件”来宣传，有意营造“学好明治太平盛世的历史，仰慕明治天皇一生的伟业，继而感谢明治天皇的圣

---

1 以下对明治神宫外苑的分析摘自朴三宪著，《从东京的明治神宫看近代日本“国体”观念的空间化》(《仁川学研究》第11期，2009)。

恩”的气氛。说白了，圣德纪念绘画馆就是将“帝国日本的光荣”全部归于明治天皇个人神明的纪念碑式的建筑物。

圣德纪念绘画馆就是明治天皇的象征，而外苑的空间格局正是以这样一个纪念馆为中心而形成的。其格局是，由纪念馆南侧穿过外苑正中央的青山通道，通道的尽头正面有圣德纪念馆和葬礼仪式场，其左侧设有按照明治天皇“发扬尚武强健风气”精神而修建的“全民健身”体育场，右侧设有纪念明治天皇发布“大日本帝国宪法”以改革政事的宪法纪念馆。整个格局呈现“国民=民、政府=官、圣德绘画纪念馆=明治时代、葬礼仪式场=明治天皇”的“为明治天皇歌功颂德”的意念。

后来在外苑这个空间举办了国家级的运动会，即“明治神宫大会”，参加大会的“不仅有内地的，还有来自关东州、朝鲜、台湾的运动员”。[1]这意味着外苑已经起到了“在‘新兴日本帝国的英主’明治大帝的神灵前召集全国的选手，以弘扬先帝圣德，锻炼国民的身心，增强国民整体意识”的作用。[2]也就是说，外苑已经越过近代日本把“国家的光荣”归结于明治天皇“个人光荣”的单纯的纪念空间，成了昭和法西斯主义以“神化天皇和绝对的国体观念”（皇道主义、日本精神主义）为理念去动员全体国民的空间。1943年10月21日，在外苑体育场举行的“学徒出征壮行会”，就是向世人展示外苑空间内涵的一个实例。

1945年的战败与东京

照片“皇居前广场的士兵”是1945年8月15日（即日本宣布投降

1 参照入江克己著，《近代天皇制与明治神宫竞技大会》（《运动会与日本近代》，青弓社，1999），第174页。

2 参照《第二回明治神宫竞技大会报告书》，第46页。

的日子）以后的某一天，记者看到从战场上回来的两个士兵在皇居前广场向天皇鞠躬报归的场面而拍下的。两个士兵的鞠躬动作是1941年文部省在《昭和国民礼法》[1]中规定的“最敬礼”之礼法。《昭和国民礼法》规定“最敬礼”是只给“包括天皇陛下在内的皇族和王公贵族，而不是护国英灵行的礼”，其动作就像照片里的两个士兵那样以立正姿势将身体向前倾斜45度。

两个士兵来到皇居前广场朝“看不见”的天皇行“最敬礼”，这说明战败后的东京仍有可能履行“天皇空间”的职能。

20世纪60年代法国社会评论家罗兰·巴特（Roland Barthes）旅行日本以后描述了那个“可能”的现实性：

> 这座城市虽然也有一个中心点，可那个中心点却是个空荡荡的地方。这座城市包围着一个被禁行的神秘空间。这个被树荫遮住、被护城河围住的空间正是谁都没有见过的天皇居住的地方（名副其实的神秘空间）。每天穿梭于城市大街小巷的出租车也要绕过这个圆形的空间。将看不见的东西故意可视化的皇居低矮的屋檐更增添一层神秘的色彩，似乎暗藏着某种神圣的“虚无”（rien）。在现代日本社会，号称最强大的两个城市之一的东京居然以空荡荡的圆形空地作为城市中心，更令人不可思议的是这个空地由城墙和护城河来保护，其屋檐也被茂密的树林遮盖。这个空间不是用来行使国家权力的中心，而是为维持整个城市的运转而存在的

1 参照国民礼法研究会编，《昭和国民礼法：文部省制定》（帝国书籍协会，1941），第14—15页。

皇居前广场的士兵（1945）

已经消失了的概念。[1]

罗兰·巴特说的“空荡荡的”、“被禁行的神秘空间”就是天皇居住的皇居。尽管皇居只是天皇的“象征”，可“每天穿梭于城市大街小巷的出租车也要绕过”这个地方，从而给人们一种天皇就在城市中心的空间意识。

这在明治神宫也是一样的。当然，1945年8月15日以后外苑的设施已经失去其修建时的初衷，被东京市民所广泛利用。[2]圣德纪念绘画馆前面宽阔的公园已经成了一年一度花火节和啤酒节的举办地，棒球场也成了日本职业棒球团养乐多燕子队的主场。然而，与现代日本市民们如此广泛利用外苑设施相反，圣德纪念绘画馆里除了几幅修复中的藏画以外仍旧陈列着八十多幅绘画。这意味着日本政府仍然紧紧地攥着在“天皇的名义”下发生过的过去记忆的线索。这个记忆里理所当然地包括日本和东亚各国之间曾经发生过的不愉快的事件。

---

1 参照罗兰·巴特著，金周焕、韩恩京译，《符号帝国》（散策者，2008），第14—15页。

2 皇居前广场于1949年被指定为“国民公园”。

第三章
大阪，超越东京走向东北亚中心的城市

朴真涵

关西的中心城市

大阪包括狭义和广义两层意思，狭义的大阪指的是日本西部最大的城市“大阪市”，而广义的大阪指的是以大阪市为府厅所在地的“大阪府”。1965年大阪市的人口为315万，达到历史顶点，可后来随着工业设施流出海外、众多企业总部迁移到东京、卫星城市被搬迁，现在大阪市的居住人口只有260万左右。据2005年的日本人口统计，东京（共23区）人口840万占首位，其次是横滨市350万，大阪市人口数仅占第三位。大阪府包括大阪市所辖33个市和9町1村，其规模是继东京首都圈之后的第二大广域经济圈，可人口数量却只有880万，屈居1300万的东京都和900万的神奈川县之后。日本共有47个“都道府县”，大阪仅列其中的第三位。在日本，以东京为中心的首都膨胀现象虽然没有韩国严重，但也在加剧之中。随着资本的国际化和信息通讯技术的飞速发展，东京已经与伦敦、纽约一起提升为世界三大国际城市，而大阪与东京之间的差距不仅没有缩小反而呈扩大之势。

到了20世纪60年代中期，大阪已经开始显现居民构成的老龄化、居住环境的陈旧化、制造业的夕阳化等现代城市病。为了改变这一局面，市政当局曾进行过大规模的城市改造，也举办过大型国际庆典活动来宣传自己，然而还是没有得到令人满意的效果。就现在的人口数和竞争力来说，大阪甚至受到来自横滨、名古屋等城市的挑战。尽管大阪的竞争力每况愈下，可它却仍然被人们称为日本第二城市。这又是为什么呢？

直到明治维新之前，拥有平城京（现在的奈良）、平安京（现在的京都）等城市的关西地区一直是日本政治、经济、文化的中心，而大阪则是关西[1]名副其实的中心城市。也许由此产生的历史荣誉感和文化骄傲感正是大阪名声经久不衰的真正原因。大阪似乎以东京的国际化和资本、人口的集中化为陪衬，从而更加显现自己的历史荣誉感。与东京形成鲜明对照的大阪文化特征，诸如略为粗犷的“关西弁”（关西方言）、大阪女人充满生机的活力、大阪工商人执着的经营理念等，正

1 表示城郊的“畿内”指的是大和、山城、河内、和泉、摄津五个小国，从现在的行政区域看，是包括京都市、大阪市和奈良市的区域，而“近畿”则是包括“畿内”和邻近地区在内的更广的区域。现在很多媒体把关西地区和“近畿”混为一谈，可事实上关西和“近畿”一带一般指的是京都府、兵库县、滋贺县、奈良县、和歌山县地域，而广义上的“关西”则是除了上述地方以外还包括三重县、福井县、德岛县等地。据历史文献，“关东”一词是8世纪中叶开始出现在文字记录里的，其地理概念是以“畿内”为中心的地域，包括福井县爱发关、岐阜县不破关、三重县铃鹿关这三关以东的区域。而“关西”一词则是在镰仓幕府成立后的12世纪末《吾妻镜》里才出现。当时的“关西”指的是相对于“关东”的日本西部地带，从地域上看要比现在的关西广阔得多。

是这些特征使大阪成为不被“首都”埋没的“不败之城”。由于大阪人普遍具有独特的个性和气质，因此在日本把那些具有独特个性和气质的人戏称“大阪人”。

事实上，大阪和东京之间的竞争意识由来已久。早在江户时代就已经把大阪、江户（东京的故称）和京都三个都城叫作“日本三都”，而江户中期时还出版发行了比对“三都”功能和都市文化的出版物。幕末时期“三都比对论”更加定型化，由于江户是新兴都市，因此江户人出于文化方面的劣等意识往往妒忌京都和大阪人。明治维新后，也就是东京占据帝都位置后的20世纪20年代，以大阪为中心的“三都比对论”再次引发了高潮。可当时“三都比对论”的角度已经发生了变化，明治维新以后在经济实力上大阪已经落后于东京，于是人们从鼓励大阪带来新气象和新发展的角度对三个城市做了新一轮的比对。[1]

大阪的起步应该说是始于丰臣秀吉修筑大阪城。16世纪后期继织田信长之后为日本全域的统一做出巨大贡献的丰臣秀吉筑起大阪城，并在城外召集全国各地的商人和工人，建设了一座规模庞大的城市。当时的大阪在丰臣秀吉的领导下成为了经济发达的城市。丰臣秀吉死后爆发过两次战争，原先的大阪城及其周边地域化为灰烬，可因其重要的地理位置很快被江户幕府重建。从此以后大阪城每到历史的转折点，就会成为大阪这个时空中发生的主要事件的中心舞台。本章侧重于以这个视点探究包含在大阪城及其周边景观变化中的历史问题。在这里我们将以作为大阪象征物的高55米的大阪城“天守阁”为中心回望大阪的历史。

---

1 参照桥爪绅也著，《现代都市的诞生：大阪的街、东京的街》（吉弘文馆，2003），第168—172页。

从“难波”到大阪

大阪坐落于与海相邻的海岸地带，因常年遭受大风大浪的侵袭，而被人们称为“难波”(亦称浪华、浪花、浪速)。公元645年为驱除来自百济的“渡来人”(渡海而来的外族人)苏我氏家族以改善国家的政治状况，孝德天皇将都城从“飞鸟”搬到难波并修筑了“难波宫”。经过战后日本考研学界不懈的发掘和调研，终于查明难波宫位于大阪城南端的事实。现今大阪NHK广播中心为了使游客更清楚地了解大阪城的起源和历史，就在古难波宫的旧址上修建了历史博物馆。参观的游客先上顶层然后一层一层下来观看历史文物，顶层十层陈列的是古难波宫的模型。

公元7世纪后期，随着“律令制”和宫与京(官僚阶层居住的地方叫“宫”，伺候他们日常生活的庶民阶层居住的地方叫“京”)兼备的“都城制”的推行，先后出现了藤原京(694年)、平城京(710年)等新兴的城市，难波宫开始渐渐消失在人们的记忆里。此时的大阪岌岌可危，有可能沦落成荒凉的乡村。拯救大阪从这一困境中摆脱出来重新登上历史舞台的，是“一向宗”第八世法主莲如大师。据史料记载，莲如大师于1496年在“摄州东成郡生玉乃庄内的大坂村”修筑了一座小小的寺院。[1]据说，在明治维新时期人们认为“坂”字由“反土”二字构成，是个不吉利的字，于是当新的大阪府成立时便将“坂”字改为“阪”字，从此“大坂”正式更名为“大阪”。

1523年莲如大师将位于山城国山科的一向宗本愿寺搬到大阪，建立了大阪本愿寺。大阪本愿寺又称石山本愿寺，莲如大师把一向宗本

1 参照《角川日本地名大辞典27：大阪府》(角川书店，1983)，第38页。

愿寺从山科搬到这里来的理由只有一个，那就是利用这里石山险峻的自然地形打造一个坚不可摧的教团组织。时值以王法代替一向宗佛法的世俗权力“战国大名”势力正在抬头，莲如大师要想抵御他们的侵扰，就有必要在城郭底下建造能够成为御敌要塞的寺院。据说莲如大师在石山上修筑本愿寺以后，畿内一带的信徒们纷纷移居本愿寺附近，从而形成了繁华的寺内町。直到这个时候，大阪才具备了都城的形状和规模。

就这样，莲如大师的本愿寺在政治、经济、文化等方面均占优势的畿内一带形成了一股强大的势力。然而，立志统一日本全域的织田信长却不能对这股势力的崛起置之不理。织田信长花了十多年时间包围本愿寺发动了一次又一次的进攻，可是拿下建造在淀川江险滩石山上的本愿寺并不是一件容易的事情。十年的包围对本愿寺的僧侣们来说也同样艰苦。长期的拉锯战使得僧侣们精疲力竭，到了1580年本愿寺终于与织田信长讲和，以僧侣一方离开本愿寺结束了这场战争。未等僧侣们完全撤离，织田信长就一把火将本愿寺烧成废墟。由此，凭借石山本愿寺的势力繁荣一时的大阪再次面临了消失在历史长河的危机。

后来织田信长在京都的本能寺被自己的亲信杀死，丰臣秀吉趁机篡夺了他的权力。本愿寺已经变成了废墟，可是被人称为“筑城奇才”的丰臣秀吉比谁都清楚重建本愿寺的战略意义。[1]丰臣秀吉在继承织田信长未完成的统一日本大业的同时，开始着手重建一向宗莲如大师曾经引以为豪的坚不可摧的要塞石山本愿寺。丰臣秀吉之所以执意要在大

1 参照宫元健次著，《建筑家秀吉》(人文书院，2000)。

阪的石山上筑城，是因为他看中了这个地方独特的地理位置。原来大阪石山不仅位于畿内的中心地带，而且与天后（即皇后）居住的京都和当时以国际贸易港繁荣昌盛的堺市紧紧相邻。大阪城的重建工事在誓死忠于丰臣秀吉的三十多个大名的帮助下，自1583年开始，用了不到两年的时间就完工了。据当时为传教而在日本活动的一位葡萄牙传教士的记录，丰臣秀吉在重建大阪城时曾制定过将京都的天皇和主要寺院迁移到这里来的计划，并扬言若有人不从则立刻烧毁整个京都。[1]为此丰臣秀吉强制性地召集包括织田信长的据点安士在内的畿内各地商人到大阪城里来，建设了规模庞大的“城下町”。这是一座名副其实的“城下之城”。在丰臣秀吉的治理下，大阪不仅在畿内一带，而且在全国范围内成为商贸繁荣的经济中心，其名声也在一夜之间传遍了日本全域。

大阪城在丰臣秀吉生前共进行了四次扩张工事。丰臣秀吉生前进行的最后一次扩张工事，是利用四年的时间在围绕天守阁和“本之丸”的“二之丸”外部再修筑一圈坚固的城墙。随着引入淀川江河水，大阪城已经变成了拥有两道护城河、两道城墙的坚不可摧的要塞。丰臣秀吉晚年得子，儿子的名字叫丰臣秀赖。丰臣秀吉对大阪城进行持续的扩张、加固工事的目的只有一个，那就是从敌对势力手中力争保护自己的宝贝儿子。然而丰臣秀吉最终未能如愿以偿。因为他的身边始终有一个危险人物形影不离，那个人就是与丰臣秀吉一起平息全国动乱的最强竞争对手、百战不败的老将德川家康。

1600年在日本的关原发生的一场战争，史称“关原之战”。交战一方是誓死忠于丰臣秀赖的由全国各地大名组成的西军，而另一方则是

1 参照水本邦彦著，《日本的历史10：德川的国家设计》（小学馆，2008），第47—49页。

《大阪夏之阵屏风图》中的大阪城一角[1]

1 江户时代福冈藩的领主黑田家族代代相传的《大阪夏之阵屏风图》是唯一能够参考按桃山风格修建的大阪城全景的资料。有关近代大阪风景和风俗的绘画作品可参照神山登著，《近世初期大阪的风景 · 风俗图：大阪城四百年特集》（《大阪春秋》第34期，大阪春秋社，1982）。

誓死信从德川家康的东军。战争以德川家康的胜利而告终，日本的霸权落入德川家康的手中。由于战争后期表示中立，丰臣秀赖免于一死，可战后他的命运却沦落到一个大名的地步。而对德川家康来说，丰臣秀赖的存在永远是反叛势力的危险人物，于是为了除掉丰臣秀赖这个心腹之患，德川家康于1615年再次发动了大阪战役。然而大阪城原本就是坚不可摧的要塞，德川家康久久没有攻下来。最后，德川家康略施小计佯装与丰臣秀赖谈和，趁丰臣秀赖松懈之际攻破外围的护城河发动了全面进攻。在敌人的围攻下大阪城一下子变成一片火海，丰臣秀赖无路可逃最终携母亲与大阪城同归于尽。

大阪的再建与经济繁荣

德川家康灭绝丰臣家族之后仍不罢休，明令所有人禁用当年朝廷给丰臣秀吉授予的“丰国大明神”称号，拆除供奉丰臣秀吉神灵的“丰国神社”，试图彻底消除丰臣秀吉的名声和权威。尽管德川家康丧心病狂地消除丰臣秀吉的影响，可庶民对丰臣秀吉的怜悯和爱戴却并没有因此消减。出身于农民家庭，不顾身份的卑贱，在战火纷飞的战国时代凭着自己的能力走上“天下人”之地位的丰臣秀吉，他的为人对严格遵从身份制的江户时代的庶民来说是街头巷尾极具人气的话题。尤其大阪一带的居民对丰臣秀吉有着特别深厚的感情，他们早在幕府设立之前就托丰臣秀吉的福气享受过荣华富贵，为此他们对丰臣家族的悲剧予以无尽的同情，痛恨江户幕府的残酷政治。就连大阪的出版商们也为丰臣秀吉所感动，分好几个版本推出了按时间顺序描绘丰臣秀吉奋斗生平的画册《绘本太阁记》。据说当时的幕府政权唯恐庶民对丰臣秀吉的崇拜动摇自己的统治地位，曾明令禁止过相关出版物的发行。[1]

与丰臣秀吉悲剧性的灭亡相反，大阪城，这个丰臣秀吉一手建造起来的据点却以丰臣家族的灭绝迎来了新的发展契机。大阪战役结束以后，德川家康派自己的孙子松平忠明到大阪负责大阪城的统治和重建。德川家康也没有忽视大阪重要的地理位置。大阪位于京都的淀川江流入濑户内海的入海口，因此早在丰臣秀吉时期开始就已经大兴旨在物流运送的运河开凿工事。松本忠明在重修因大阪战役而损坏的运河的同时开凿了横贯大阪南端的运河——南堀（现在的道顿堀），而且还重新整理和编排了城下町最末端的行政单位和自治单位。

战后城市修复工事告一段落，幕府便于1619年将大阪列为直辖城，并任命谱代大名（世袭的大名）当中信任度最高的内藤正信为首届“大阪城代”。“大阪城代”负责大阪城的警备和监视盘踞在西国一带的外样大名[2]的动向。与监视京都朝廷和公家的“京都所司代”一样，幕府委以“大阪城代”的就是牢牢地支配西国一带的重任。如果说“大阪城代”是负责军事和警备任务的角色，那么“大阪町奉行”则是负责民政的角色。“大阪町奉行”相当于现今的大阪市长，是从授受封地三千石（石高，土地面积单位）以上的“旗本”（石高未满一万的武士）中任选的。“大阪町奉行”一般为两人，分管东大阪和西大阪，其手下各配备负责市政事务的下级官吏“与力”30个，“与力”下边又设50个“同心”。“与力”职和“同心”职的司职时间只限一代，可后来还是变成了父传子、子传孙的世袭官职。

1 参照津田三郎著，《秀吉英雄传说之谜：从日吉丸到丰太阁》（中央公论社，1997），第248—255页。

2 在关原战役中被收服的大名，拥有雄厚的实力，但又经常被幕府监控。后成为倒幕的主要战力。——译注与此同时，为了修复战火中受损的大阪城，江户幕府从1620年开始分三次进行了大规模的土木工程。1620年的第一次工事主要修建外城的护城河，幕府动员47个大名，令他们负责提供修建护城河与城郭基础所需的石材。第二次工事从1624年开始进行了三年，幕府动员59个大名修整了包括天守阁在内的城内主要的建筑物和矢仓[1]。修整后的天守阁高度比丰臣秀吉修筑的天守阁提升近五成，面积也扩大近一倍。江户幕府在丰臣秀吉一手创立的大阪修筑超过当时规模的天守阁和城郭，意在向包括大阪居民在内的西国一带的外样大名显示江户幕府的权威和威信。1628年的第三次工事为了加强大阪城的防御功能，在城郭外围又修建了一道护城河。[2]从大阪城的重建工事可以看出，幕府将大阪设为直辖城就是为了监视和控制盘踞在西国的外样大名势力的动向。

然而，随着持续的和平岁月，大阪城作为军事设施的功能渐渐被削弱了。1665年一道雷电打下来击中天守阁，半个天守阁被击毁，可后来也没人重新修复这座具有象征意义的建筑物。这是因为在他们看来天下已经太平了，没有必要花费巨资重新修建天守阁，更没有必要凭借天守阁等巨大的建筑物去耀武扬威。

1619年，当幕府指定大阪为直辖市的时候，曾把城市划分为北组、南组和天满组三个行政区域。每个区域任命几个有能力的“町人”[3]为“总年寄”，配合各町的负责人“町年寄”办理市政和自治业务。“总年寄”的主要工作是向各町传达“大阪城代”和“大阪町奉行”的指示，命

1 用圆木修筑的高塔，可用来望哨、发炮，还可用于储藏粮食等物品。——译注

2 参照《大阪府史第5卷：近世篇1》（大阪府，1985），第88—90页。

3 日本江户时代对百姓的称呼，他们主要是商人和工匠。——译注

登上辅佐天皇、总管政务的“关白”职位的丰臣秀吉画像

令、任命“町年寄”，负责完成幕府下达的征兵任务以及民间诉讼等业务。“町年寄”原则上从属于“总年寄”，但事实上“町年寄”才是从事向居民传达幕府有关市政的指示、处理町内各种实际业务的官职。

1670年前后日本开辟了通过关门海峡连接北部日本海沿岸和大阪的“西回航线”，以及通过江户连接东北部太平洋沿岸和大阪的“东回航线”。随着这两条航线的开通，全国各地的包括粮谷在内的各种农产品源源不断地流入大阪。据1714年的记录，当时流入大阪的商品多达119种，总价值高达银28万6561贯。其中占的比率最高的是粮谷，共流入28万石。大部分粮谷是各地大名征收的“领主米”。其中有些大名干脆把粮仓设在大阪，雇用指定商人根据市场行情做起了粮谷买卖。继粮谷之后，菜种、木材、纸张、棉花等农林产品也流入了大阪。与此同时，菜油、木棉、酱油、酒、陶瓷等95种商品由大阪流往包括江户在内的全国各地，其价值高达9万5799贯。在大阪形成如此庞大的物流，其主要原因有两个，一是包括大阪在内的周边地域（京都、堺市等）已经形成大约一百万人口的大规模消费市场，二是拥有一百多万人口的江户周边农村尚处于未开发状态，这些周边农村急需大阪、畿内等经济发达区域向他们提供大量的商品。[1]到了17世纪后期，大阪以畿内和日本西部为中心对来自全国各地的物品进行加工，然后再输往包括江户在内的全国各地，从而变成了集商品流通和产品加工为一体的产业城市。

随着经济的发展，大阪人口在1665—1699年的三十多年内从26万猛增到36万。此后人口增长速度虽然慢了下来，可到了1765年仍

1 参照竹内诚著，《大系 日本的历史10：江户与大阪》（小学馆，1989），第88—90页。

然增至42万，整个18世纪中叶实现了人口的持续增长。从17世纪中叶到18世纪中叶，在这一个世纪的时间内大阪人口之所以持续增长，其根本原因就是如前所说的大阪城位于“西回航线”和“东回航线”交接处这一优越的地理位置，且依仗着商品生产繁荣的畿内地域这个厚实的靠山。

可到了18世纪后期，大阪的经济地位开始走下坡路。随着木棉生产和酒、菜油等产品的加工制造技术向日本各地传播开来，大阪农产品加工的垄断地位被削弱，同时随着江户、名古屋等城市周边落后的农村地域逐渐得以开发，日本各地开始形成区域性市场经济圈，市场对大阪的依赖性也受到了严重的影响。[1]

通过明治维新走向近代城市化

1868年1月3日在毗邻东京的鸟羽、伏见一带发生了一场激烈的战斗。战斗双方是早已密谋王政复古的萨摩、长州两藩联合军和幕府军。尽管两藩联合军在兵力上处于劣势，可他们凭着新式装备战胜了幕府军。战败的幕府军虽然撤回到大阪城，可已经失去斗志的幕府将军德川庆喜无心恋战，带着几个部下离开大阪逃到江户去了。听到德川庆喜弃城而逃的消息，原本仗着大阪城险峻地形负隅顽抗的幕府军也弃城逃跑了。然而，就在1月9日两藩联合军接收大阪城的时候发生了一场意外的大火灾，导致城里大部分建筑物化为灰烬。大火是利用幕府军弃城的机会妄图趁火打劫的一帮恶势力放的。大阪城的这场大火灾

1 参照齐藤善之著，《为什么大阪的经济地位变低了》（《新视点日本的历史：第5卷近世篇》，新人物往来社，1993）。

意味着堪称“天下之厨”的大阪开始走向全面崩溃，此后持续的混乱局面更使大阪人口减少到不足三十万，而此时明治维新刚刚开始实行。

明治维新初期，大阪经济陷入严重的危机之中。为了树立新的近代国家的货币制度，明治新政府于1868年9月全面停止了直到江户时代为止一直在大阪和江户流通的金币和银币的使用。这对利用金银差价积累财富的大阪一带的钱商和豪商来说无疑是一场灭顶之灾。金融危机尚未平息，随着“废藩置县”的实施，废止个别藩的“藏屋敷”（1871年）、解散“株仲间”（1872年）、清理“藩债”等政策连续出台，使得从大名那里来不及讨债的商户纷纷倒闭，整个大阪经济面临全面崩溃的危机。

由幕府的崩溃和新政府的成立而导致的政治、社会的混乱不仅反映在大阪一个地方。包括将军的领地江户在内的始于城下町的近代城

描绘大阪城火灾的浮世绘

市一时间全都陷入了混乱之中。江户时代为维持对大名领地的统治而建立的大部分城下町基本上被废弃，只有一部分在废藩置县过程中成为新政府统治地方的据点继而转化为近代城市。自江户时期开始被称为“三都”，并以各自独特的城市文化和风俗授予特别地位的江户、京都和大阪，在废藩置县以后的“府县改组”过程中借历史的光而被改编成有别于“县”的“府”。

在步入近代城市的过程中，东京为了使自己成为国内统治中心和近代国家的首都，实施了1872年银座大火灾后的“赤炼瓦”街道亮化工程、1876年的“东京市区改造规划”等城建规划。通过这些规划的实施，东京获得了“文明开化城市典范”的殊荣。[1]与之相比，因明治天皇的东巡而丧失荣誉的京都则利用天皇对旧皇居的恢复，确立了在京都举办“天皇即位仪式”和“大尝祭”的正统性，并通过“桓武天皇迁都一千一百周年纪念祭”等传统庆典活动积极推进利用历史重振城市实力的政策，成功使这座历史古都旧貌变新颜。[2]而在明治维新的经济、社会混乱中，传统的商业、流通功能受到沉重打击的大阪则大量引进“造兵司”、“制币局”等官营工厂，由传统的商业、流通城市转化为近代军事工业城市。

新政府成立以后，日本陆军创建者大村益二郎制定了将大阪城一带建设成日本陆军基地的计划。随着这一计划的实施，1869年7月在大阪城内设立了陆军士官学校的前身“兵学寮”青年学社和陆军的前身“陆军所”，翌年在大阪城的城郭周边又设立“造兵司”、陆军军医学校、教导队（下级士官教养所）等军事设施。尽管1869年因大村益二郎

1 参照E.塞登斯蒂卡著，许浩译，《东京故事》（移山出版社，1997）。

2 参照高木博志著，《近代天皇制与古都》（岩波书店，2006）。

的意外被刺，军事基地的建设计划由大阪转到东京，可作为军事工业城市，大阪在经济上还是有了长足的发展。1871年，随着东京、大阪、熊本、仙台等地设置师团的前身“镇台”，大阪城成了“大阪镇台”的总部，而到了1888年，随着“镇台制”改为“师团制”，“大阪镇台”总部被改编为第四师团，大阪城也就成了陆军第四师团司令部的驻地。1879年在城外武士们过去居住过的宽阔的土地上又设立了以制造各种兵器为主的“大阪炮兵工厂”。而1894年的中日甲午战争、1904年的日俄战争等对外战争促使大阪官营兵器工厂不断扩大规模，为大阪城变成集生产铁炮的炼钢金属工业、生产机床的机械工业、生产螺丝螺帽等零配件的机械附件工业为一身的重要工业城市提供了有利的条件。

纺织工业也是与官营军需工厂一样引领大阪走向近代产业之路的主角之一。1883年投入运营的大阪纺织是个拥有一万多台纺织机的民间资本公司，公司率先引进电灯，利用倒班制、召集远地女工等新的经营方式获得了巨大的成功。后来随着多家纺织企业纷纷投入生产，大阪成了堪比当时英国产业革命中心曼彻斯特的“东方曼彻斯特”，一跃成为日本纺织产业的中心基地。

1903年举办的第五届大阪劝业博览会可以说是向世界炫耀明治政府推行“富国强兵”和“殖产兴业”经济发展政策所取得的辉煌成果的聚会，也是大阪借以构筑近代城市基础设施的契机。利用电气的各种光学仪器和用灯泡装饰的展厅使夜间入场的观众驻足观望。前来观看大阪劝业博览会的人数高达35万，其盛况创造了明治时代以来所举办的众多博览会的新纪录。[1]

1 参照《大阪市的历史》(创元社，1999)，第265—266页。

大阪市长关一与天守阁的重建

趁着近代化风潮成为国内第一产业大城，尤其在军需工业和棉纺织工业方面成为领军城市的大阪，在第一次世界大战期间利用战时经济膨胀的机会进一步增加了城市工人数量。人口的剧增使原有的大阪城已经无法为市民提供充裕的居住场所。为解决不断增长的人口与有限的城市规模之间的矛盾，1925年4月，时任大阪市市长的关一实施了合并与大阪相邻的东成和西成两个郡的第二次城市扩张工程。由此大阪人口增加到211万，猛增50%，城市占地面积也增加到60平方千米，增长了两倍之多。结果大阪人口超过因关东大地震而人口锐减的帝都东京，成了名副其实的日本第一大城。[1]

当年3月至4月，为庆祝“大大阪的长足发展和面貌一新”的辉煌成就，大阪每日新闻社举办了“大大阪纪念博览会”。大大阪纪念博览会除了大阪市政府以外还得到驻大阪陆军第四师团的鼎力相助，其规模超过以往任何一次博览会，仅会场就设置了两个，除了天王寺公园的主会场以外，还在城里又设置了一般人免进的第二会场。为展示产业城市大阪的气势，仅工业制品展厅就分“总馆”和“分馆”，还设置了专门展示城市历史的“都市馆”等，共设置了八个展厅。[2]其中最抢眼的展厅莫过于展示丰臣秀吉业绩的“丰公馆”。[3]

---

1 芝村笃树著，《都市的近代：大阪的20世纪》(思文阁出版，1999)。

2 大阪每日新闻社考虑到该市自举办第五届大阪劝业博览会三十年来一直保持沉寂，便以报纸发行一万五千份和第二次市区扩张工程为契机谋划了“大大阪纪念博览会”。关于博览会内容和经过可参考大阪每日新闻社编，《大大阪纪念博览会志》(大阪每日新闻社，1925)。

3 参加大大阪博览会总人数为189万8468人，其中有69万8386人参观了丰功馆。见大阪城天守阁编，《特别展：大阪城的近代史》(大阪城天守阁特别事业委员会，2004)，第45页。

与设置在天王寺公园里的别的展厅不同，“丰公馆”展厅是个单独的楼阁。为了此次博览会，大阪市在陆军第四师团驻扎的大阪城内天守阁旧址上特意修建了模仿安土桃山时代建筑风格的两层木质楼阁。楼阁一层陈列着市民自发为丰臣秀吉歌功颂德的美术作品和文字资料，二层是超过大阪城墙高度的距地面22米高的瞭望台，居高眺望可将大阪全景尽收眼底。瞭望台上放有记录瞭望台与城市各个高层建筑、名胜、古迹之间距离的提示牌，以便游人观望。

前来参加博览会的日本前任内阁总理清浦奎吾感慨万分地说：“我觉得最好看的地方就是丰公馆。天王寺会场也很美，可比不上丰公馆的雄伟和壮丽。（中略）重修大阪城天守阁真是一个令人振奋的计划。”[1]从这位前总理的感慨中我们也能看出，丰公馆之所以如此抢眼，其魅力就在于修筑在天守阁旧址之上的丰公馆所象征的丰臣秀吉的丰功伟绩。观看丰公馆一层展品和二层瞭望台的观众在回忆大阪城的创始人丰臣秀吉的同时，无不为天守阁的消失而感到惋惜。甚至历任东京市长和内务、外务大臣的后藤新平访问丰公馆之后也提出“为了纪念大阪的历史，也为了提高市民的修养，有必要仔细研究丰臣秀吉筑城时的建筑风格，在这个位置上修筑一座像丰公馆这样恒久性的天守阁，以便用作今后的博览会和展览会主会场”的建议。[2]值得一提的是，以“大大阪纪念博览会”为契机实现人们对大阪城的创立人丰臣秀吉的怀念和重建天守阁的愿望，时任大阪市市长关一做出了重大的贡献。

社会政策学教授出身的关一是一名社会改良主义者。在连任大阪市

1 参照《大大阪纪念博览会志》(1925)，第782页。

2 同上，第781页。

市长期间（1925—1935）积极实施旧房改造、建设公用住房、运营职业介绍所、推行受灾工人补助法等政策，得到广大市民的爱戴和支持。[1]关一为大阪没有什么象征物给市民和外地人看而一直耿耿于怀。1928年11月昭和天皇登基在即，全国各大城市为庆祝天皇即位仪式“都在绞尽脑汁竞争般地构思各自的象征物”，在这一形势下关一向市民提出了“重建大阪城公园和天守阁”的建议。[2]按市政当局的计划，天守阁重建工程“先不说其历史意义有多深远，仅就足以形成城市一大美观的雄壮伟容和弘扬大阪中兴之父、一代枭雄丰臣秀吉的雄心大志”来说也是完全必要的。

市政当局的这个方案一经提出便得到全体市民和市议员的热烈支持和积极响应。1928年2月，大阪市议会全票通过了关一市长的这一提案。可要实施这一工程还有很多棘手的问题，首当其冲的是位于大阪城内的陆军第四师团的司令部、仓库等军事设施的搬迁问题。此外，在经济不景气的当时仅用市政当局的预算根本不可能推进这一庞大的工程。为此，关一市长就天守阁重建和大阪城公园化问题开始与陆军统帅部进行交涉。

然而，陆军统帅部却以出让师团司令部的部分地盘为代价，要求大阪市政当局全额支付司令部办公楼新建费用一百三十万日元。后来经过多次的交涉，双方终于达成一致，大阪市政当局满足陆军第四师团的要求，可同时市政当局有权按自己的需要变更大阪城周边用地的用途。最终大阪市决定，在一百五十万日元大阪城公园化和天守阁重建的预

1 参照Jeffrey E. Hanes著，宫本宪一译，《主体都市：关一与近代大阪的再构筑》（劲草书房，2007）。

2 有关大阪城天守阁再建方面的资料可参照朴振汉著，《近代城市大阪的象征物和记忆空间的形成：“大阪城天守阁”再建事业（1928—1931）》（《仁川学研究》第11期，2009）。

算中划出四十二万用于天守阁重建，划出八十万拨给陆军第四师团用作司令部办公楼建设费用，不足部分由市民自发捐赠来补充。[1]就这样，1930年5月6日地神祭那天开工的天守阁重建工程在翌年1931年4月24日的吉日举行了上梁仪式，并于当年11月7日竣工建成。

第二次世界大战期间大阪遭受过包括五十余次大小空袭在内的八次大规模空袭，市区大部分变为废墟，到处都是残垣断壁，可大阪城的天守阁却安然无恙，奇迹般地留存了下来。1948年大阪城一带作为指定的史迹公园成为市民的城市公园，天守阁成了市立博物馆。目前，天守阁博物馆以大阪城的创立人丰臣秀吉为中心正在重新编写历史。比如三层展厅的主题是“丰臣秀吉和他的时代”，这里陈列着据说是丰臣秀吉创造的组合式茶室和大阪城模型；四层陈列着丰臣秀吉安土桃山时代的遗物；五层用实物和全景图影像再现了1615年的夏季战役。游客看完天守阁内部的展示空间以后还可以上到八层顶楼的瞭望台俯瞰大阪城的全貌。游览天守阁，人们从时空角度自然而然地了解到丰臣秀吉是大阪城的创立人，以及现今的大阪始于丰臣秀吉的大阪城的实事。

战后的新飞跃

战后的大阪趁朝鲜战争这一特殊的历史机遇得到迅速的恢复和发展，一跃成为近代工商业城市。在此后的高速增长时期，大阪虽然进行过

1 1928年7月14日的《大阪每日新闻》报道：据法学教授牧英正透露，市政当局不顾已经通过的为修建第四师团司令部大楼投入一百三十万日元的决定却在媒体上只说是投入八十万，这显然是为了事先平息因再建经费的大部分用在司令部的修建上而有可能引起的市民的不满。7月19日大阪市在第四师团提出的预算书结尾处添加了“市政厅的预算只是八十万日元，已经向议会提交并正在研究之中。在实施过程中市政厅只是按照当初军方要求的费用投入资金而已，我们将全力以赴保障工程的顺利实施”的字句，最后还附加了市辅佐官龙山良一的署名。参照牧英正著，《昭和的大阪城天守阁筑造》（《大阪市公文书馆研究纪要》第五期，1993），第7—25页。

大规模的城市开发并举办过“日本万国博览会”(1970年)等国际性的交流活动，可收效甚微，始终没能实现经济振兴和国际化城市的目标。如前所述，到了20世纪60年代中期以后，随着人口的持续减少和地域性经济不景气，大阪甚至陷入了连日本西部中心城地位也难保的困境。此外，以前属于大阪经济圈的九州、中国地区先后获得地方自治权，而福冈、广岛等城市也逐渐成为该地域的中心城市。面对如此局面，大阪正以多样的城市复兴思路试图活化城市功能。可以说，1994年在人工岛上修建关西国际机场就是大阪朝国际化城市迈出的一大步。

目前，东北亚一带正在形成被国际社会称为“北(北京)首(首尔)东(东京)走廊”(BESETO)的庞大的国际城市经济带。这条经济带包含112座城市，这些城市的人口均超过二十万，更包含诸如北京、天津、上海、首尔、东京—横滨、大阪—神户等人口超过千万的城市经济圈。当然，为了争夺“北首东走廊”的中心地位，中日韩三国的中心城市也在展开激烈的角逐。为争当东北亚地区的中心城市，北京、上海、首尔等城市已经不是以城市的名义，而是以国家的实力参加竞争。面对如此局面，日本认为既然全国的人流、物流都向东京集中，那么推进“日本的东京化”将是提高竞争力更具实现性的策略。在这个前提下日本制订“规制缓和三年推进计划”(1998—2000年)，进一步放宽了制约经济发展的诸多因素。政府的这些措施目前仍在加快人口与资本向东京集中的速度。

随着争夺东北亚中心城市的中日韩三国大城市之间的竞争越来越白热化，大阪也不满足于“日本第二城市”的小圈子，已经跻身于激烈的城市竞争行列之中。在今后的日子里为了具备有别于东京首都圈的特色，大阪还会采取什么样的文化战略，还会发展成具备多大魅力的国际化城市，作为邻国的中韩两国正拭目以待。

第四章
北京，从皇帝宫廷到市民广场的城市

申圭焕

北京城的历史背景

公元前11世纪，周武王灭商建周之后给帝尧后孙们分封了蓟和燕，后来蓟和燕合并被称为“燕国”，其都城叫作“蓟城”[1]。这就是现今北京的地理起源。走在北京的大街上，我们既能够走过“蓟门桥”，也可以看到大街小巷的“燕京牌”啤酒广告。不管是“蓟门桥”还是“燕京牌”啤酒，这些都是源自北京的旧名称。

秦始皇（公元前259—前210年）统一天下之后将天下分成了三十六个郡，其中燕郡被列为第六郡。现今的北京分布在当时的渔阳

1 有关北京的历史可参照朱耀廷编，《华夏文明的核心：古代都城》（辽宁师大出版社，1996），第78—117页。

郡、右北平郡、上谷郡、广阳郡四个郡，其中蓟城属于广阳郡，成了抵抗北方民族入侵的重要军事要塞。公元350年，“前燕”的慕容儁攻破蓟城登上皇位，于是蓟城成了前燕的第二个首都。此后北方民族也多次在这里设过都。

唐朝中期安禄山（703—757年）通过叛乱在洛阳称王之后将蓟城称为“大都”，史思明（703—761年）称王之后把这一带叫作“燕京”。从此，蓟城被人们称为“大都”或“燕京”。938年辽国把蓟城作为五个首都之一，据称“南京”或“燕京”是当时辽国诸首都中规模最大的都城。1125年金国灭辽之后又将它称为“中都”。从这个时候开始蓟城从北方的战略要塞逐渐变成了全国的政治中心。

金元时期中都遭到破坏，元代的忽必烈毅然抛弃连水源都没有连接的旧都，以现今的中南海为中心修筑了“大都城”。这个工程始于1267年，前后共花了二十七年的时间。大都城在优先考虑排水设施的前提下，以中国传统的筑城方式修筑了由宫城、皇城、外城组成的三重构造都城。

元代的大都城作为政治中心，为首都的形成起到了决定性的作用，可是以今天的北京城为中心筹划城市建设则是从明代开始的。1368年明太祖朱元璋（1328—1398年）建立明朝以后以江南为背景宣布开国，并将南京定为明朝首都。建国以后朱元璋令开国元勋徐达（1332—1385年）去攻破大都城，大都城被明军占领后，明朝将大都城改称为“北平”。明军攻入过程中，宫城遭破坏，人口减少，都城规模也大为缩小了。为了阻止蒙古人的南下，朱元璋将北平分封给其四子朱棣（1360—1424年），称朱棣为燕王。洪武三十一年（1398年）朱元璋死亡，其孙朱允炆继承皇位，成为明惠帝建文帝。建文帝在牵制各地实力派君王的过程中实施了剥夺各路诸侯地位的“削藩政策”。对此作为皇帝叔叔的朱棣深感危机，于是借处罚奸臣的名义于1399年发动“靖难之役”先发制人，并成功篡夺南京建文帝的皇位，当上了明成祖永乐帝。掌权后的永乐帝以阻挡蒙古人南下、加强中央集权制为目的致力于北京城的重建工程。永乐帝将元代北京城的中心轴和南北城墙向南移动，到了永乐十八年（1420年）完成了皇宫紫禁城的建设。紫禁城的“紫”字来自星座中的“紫微星恒”，寓意皇帝居住的地方，“禁”字意味着一般人不能出入的特殊场所。用英语翻译过来，紫禁城则是“Forbidden City”，意即没有皇帝的许可任何人都不能进入的地方。为了镇住前王朝的邪气，永乐帝在紫禁城的北侧特意修筑了一座人工假山“万岁山”（即现今的景山）。

整个北京城可分为由皇帝居住的紫禁城、主要行政机关和高级官僚居住的皇城、王公贵族居住的内城以及一般庶民居住的外城。紫禁城东西宽760米，南北长960米，面积72万平方米，其规模为韩国首尔景福宫（34万平方米）的两倍以上。由于明代的紫禁城已经南移，因此开凿水渠变成了可能，而水渠的开凿又大大加强了紫禁城的城防功能。这个水渠夏季可供排水，遇火灾还可用来灭火。

由南进入紫禁城需要依次经过正阳门、大明门、承天门、端门、午门、皇极门六道城门。到了清代将其中的承天门和皇极门改称为天安门和太和门。真正的紫禁城是从午门开始的，进到太和门就可以看到建在一条直线上的前三殿和后三殿。前三殿是指太和殿、中和殿、保和殿，其中太和殿是举办即位仪式、出征典礼等国家级仪式、典礼的地方。后三殿指的是乾清宫、交泰殿、坤宁宫，这是皇帝处理日常事务的地方，也是皇帝和皇后、宫女平时消遣的地方。向北穿过后三殿就可以通往

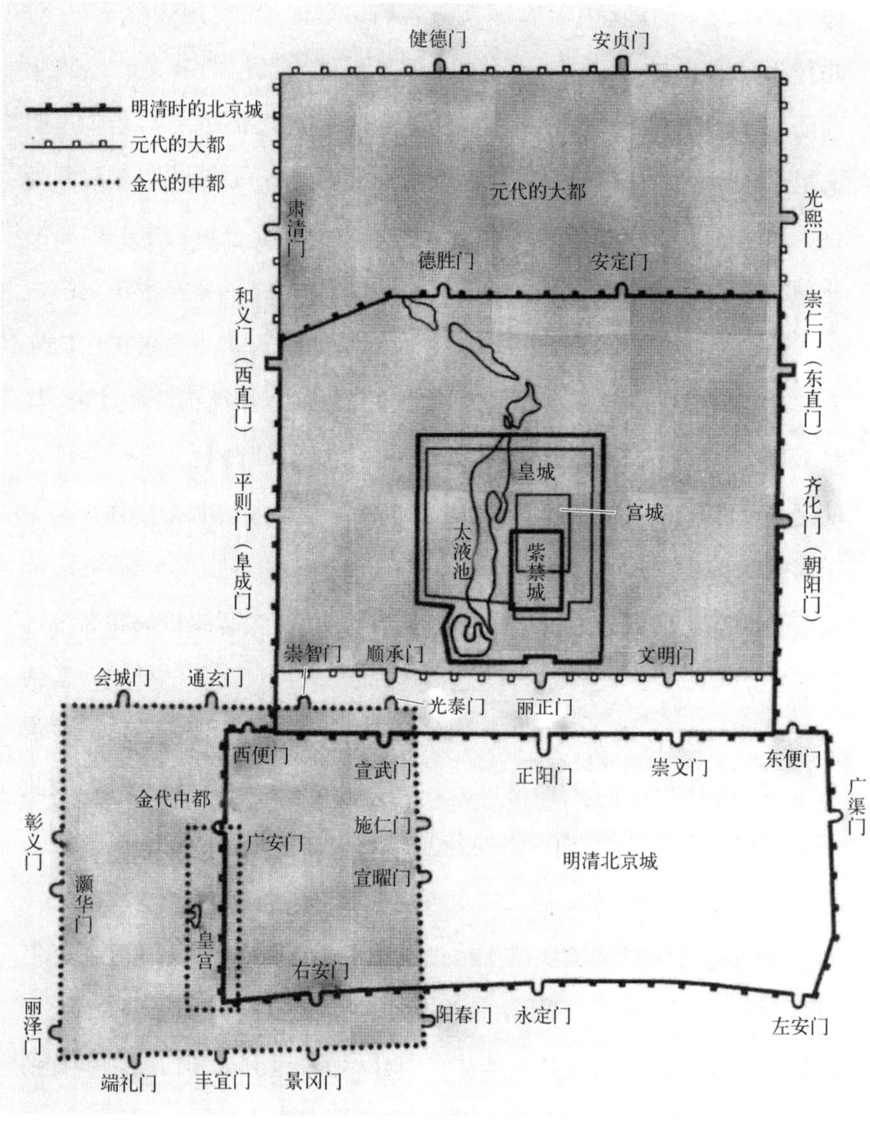

金、元、明、清时期的北京城[1]

1 参照林语堂著，金贞姬译，《京华烟云》(移山出版社，2001)，第271页。

御花园，再往北走就是紫禁城的北门玄武门，玄武门以北便是万岁山（即景山）。

清代紫禁城周围是清军精锐八旗军的领地。随着八旗军转变为护卫皇帝的戍卫军，紫禁城里又形成了由满人贵族和汉人官僚居住的内城。其中，占北京多数人口的汉人居住在内城南侧及外城与城郭之间的关厢。前门是内城与外城的分界，同时也是紫禁城最南端的城门。以前门为中心形成北京城的商业区。

清代初期几乎原封不动地接过明代的北京城，到了清代鼎盛期，康熙皇帝、雍正皇帝、乾隆皇帝在北京城西北部修建了圆明园、畅春园、颐和园等规模庞大的宫廷花园。宫廷花院建成以后历届皇帝经常到这里来消遣，而皇族和贵族们也为了上朝方便而纷纷把自己的邸宅修在了西北部。由于北京城西北部水源清、燃料（煤炭）足，是皇族和贵族们过冬度夏再好不过的地方。与之相反，北京城的东北部由于运河非常发达，很早以前就成了南来北往的商品集散地，因此这个地方的仓储业和商业非常发达。这就是形成旧北京西部贵族、东部富人、北部贫民、南部贱民格局的主要原因。直到清代，北京城内的紫禁城、内城、皇家园林、王府井[1]等地方仍旧是与世隔绝的空间，是普通北京居民不得随意出入的禁地。

城市管理与城市环境的变化

直到19世纪，首都北京还没有设置专门的城市管理机构，北京只是属于顺天府所管辖的宛平、大兴两个县，形式上由这两个县负责征收

1 现今北京最大最繁华的地方，“王府井”一词源自“王府之井口”的普通地名。

北京城的税金。要说清代北京城的管理机构，只有步军统领衙门、刑部、工部等部门协办北京的人口管理、治安维持、救济、诉讼等各种城市事务。[1]

1900年的义和团事件发生以后，北京的城市管理开始出现了新变化。义和团是一个打着“扶清灭洋”的旗号专门排斥洋人和基督徒的民间自发性排外运动组织。英国、法国、美国、俄国、德国、奥地利—匈牙利、日本、意大利八国联军以保护本国国民和使公馆为由趁机向清朝发动了攻势。于是清朝政府在向西方列强宣战的同时积极支援了义和团的义举，可最终还是免不了被八国联军打败从而向西安逃窜的结局。

战争和掠夺，还有朝廷的逃避等，北京治安完全处于失控状态。于是入侵的西方列强借口维持治安索性将自己的军队派到了各自的领地。1900年8月，日军甚至联合北京地区的绅士和上层人物设立了“安民公所”。以保护财产、贫困救济、再建公共设施为幌子的“安民公所”在没有清朝许可的条件下竟然持续了一年以上。

1901年9月随着《辛丑条约》的签订，义和团事件暂告一段落。清政府下令解散“安民公所”，代之以“北京善后协巡总局”，原先参与过“安民公所”的绅士和商人仍旧在协巡总局施展着影响力。据史料记载这个“协巡总局”就是中国最早的主管首都城市管理的政府机关。接着，清政府积极推进“新政”，学习西方各国的城市管理模式设置“民政

1 有关市政府成立之前的城市管理可参照史明正著，《走向近代化的北京城》（北京大学出版社，1995）；申圭焕著，《国家、城市、卫生：20世纪30年代北京市政府的卫生行政与国家医疗》（ACNNET，2008）第三章；杜丽红著，《清末北京卫生行政的创立》（余新忠编，《清以来的疾病、医疗和卫生：以社会文化史为视角的探索》，三联书店，2009）。

部”，派学生到日本学习治安行政学。其中有一部分学生回国于1902年和1905年分别设立了“内城工巡局”和“外城工巡局”，后来这两个工巡局合二为一成为“内外城巡警总局”。“内外城巡警总局”的主要工作是负责包括人口调查、公共设施、消防安全、贫困救济、公众卫生、社会治安等在内的所有城市管理活动，从此北京警察担负起了城市管理的大部分职责。

1911年辛亥革命之后民政部被内务部所代替，可是其职能却没有多大的变化。1913年2月“京师警察厅”成立并代替“内外城巡警总局”成为内务部管辖的机构，可是所谓的“京师警察厅”与其说是中央所属机构，不如说是掌管首都地区业务的地方管理机构。“京师警察厅”分别管辖北京内外城区的十个地方，下设五个处、十四个科以及二十个警察署、警察保安队和消防队。

随着人口的增加和商业的发展，仅凭警察的力量管理北京城已经力不从心了。为此，内务总长朱启钤（1872—1964年）于1914年向袁世凯（1859—1916年）提出组建一个专门的城市管理机构以改变北京城市政现状的建议。朱启钤的建议得到采纳，北京城内出现了“京都市政公所”。京都市政公所的管理区域一开始局限于城市部分片区，可不久便扩大到城内外，到了1925年进一步扩展到城郊一带。后来在京都市政公所内部又设置负责征税的“市政捐局”，把警察的征税业务合并进来了。从1914年到1928年，整个北京城由京都市政公所和京师警察厅两个机构来管理。这两个机构都是内务部所辖部门，同时又是两个相对独立的机构。1928年，蒋介石（1887—1975年）在南京成立国民政府以后将北京再次更名为北平。北平特别市政府（1928—1937年）成立以后，下面设置了财政局、公安局、卫生局、公务局、社会局五个部门和自治事务监理处等十四个直属机关，进一步规范城市管理体系。北京城由此走上了由市政府直接管理的正规化城市建设道路。

北京是典型的暖温带半湿润大陆性季风气候，四季分明，春秋短，冬夏长。北京的地形山地和平原分别占62%和38%，山地平均海拔高度1000米，西部的西山和北部的燕山在南口关沟相会并由西北向东南呈扇形展开，成为山里山外不同气候的天然分界线。受地形的影响，北京地区气候呈明显的地域差异，即山地年平均降水量为650—750毫米，而山下平原南部地区的年平均降水量则是400—500毫米，年降水量的74%集中在夏季。这就是北京一带常年受缺水困扰的原因。中国政府于2002年开始的“南水北调”工程就是为了缓解包括北京在内的整个华北地区缺水痼疾的措施。所谓“南水北调”工程是为把南方丰富的水源引入干旱的北方，在长江（扬子江）的三个地点上开凿运河将长江的水调入黄河的一项庞大工程。

北京西北地带埋藏着丰富的煤炭资源，元代以来生活在这一带的人们就从来没有为取暖用燃料和工业用燃料而操过心。不过北京人使用煤炭还有一个奇异的习惯，不管是取暖用还是工业用，煤炭里总是掺着许多泥土，于是燃烧以后出现大量的煤渣垃圾，这就使垃圾处理成了北京城严重的城市问题之一。[1]

要说明代的北京人口，1440年约为96万，1629年则是70万左右。到了清代北京人口也没有发生多大的变化。1912年内外城人口加起来约72万左右，直到20世纪20年代为止一直没有超过100万。1928年北

1 参照申圭焕著，《国家、城市、卫生：20世纪30年代北京市政府的卫生行政与国家医疗》(ACNNET，2008)，第7章《北京城市环境和卫生改革》。

平市政府成立以后内外城外围的郊区也纳入到北京市区，北京市人口超过了130万。20世纪30年代初北平人口超过150万，1949年中华人民共和国成立之前超过了200万。自明中期以后到民国初期北京人口呈缓慢的增长趋势，因此可见由人口而引发的北京城市问题不是20世纪以后突然出现的，而是从明代中期开始就已经存在的慢性问题。

对人口100万的大城市来说，给水、排水以及粪便处理设施是城市环境和城市卫生最核心的问题。老北京人在日常生活中将那些欺人的特定群体叫作“三阀”，这“三阀”指的是“粪阀”、“水阀”和“丧阀”。实际上这是对当时北京城的粪主、水主、丧主的贬称。[1]其实他们都是与城市环境有密切关联的群体。当时的北京根本不具备给排水等城市基础设施，因此市民的饮用水靠“水主”来解决，粪便处理靠“粪主”来解决，出了丧事也要通过“丧主”对死者的死亡确认以后才能为死者进行祭祀、入土等仪式。对北京市民来说，“丧主”一生只碰那么几回就可以，可“水主”和“粪主”却是每天都要打交道的对象。这些“水主”和“粪主”们都拥有各自的一片地盘。他们作为地盘的老大将自己的地盘租给商人从中获取地盘租赁费，而商人在经营所租地盘时还要雇用一帮“跑腿的”去收粪、送水。商人为了获取最大的利润发给“跑腿的”只够维持生计的工钱，而这些“跑腿的”也为了获取更多的报酬往往在收粪、送水的时候敲诈勒索市民，将从市民那里多得的钱揣进自己的腰包里。[2]

要想防止这种层层盘剥的陋习就有必要完善给排水等城市基础设

1 参照林语堂著，金贞姬译，《京华烟云》(移山出版社，2001)，第310—311页。

2 有关北京的环境卫生与环境暴动方面可参考辛圭焕著，《国家、城市、卫生》，第七章；以及申圭焕著，《民国时期北京的卫生改革与“环境暴动”》(《中国近代史研究》第42期，2009)。

施，通过卫生改革将已经被私有化的地盘还原为公共领域。然而完善城市基础设施却需要漫长的时间和巨额的经费，卫生改革也遇到既得利益者的阻碍和反抗。事实上，自1908年北京市自来水公司成立以来，直到20世纪30年代得到自来水供给的市民只有5%，到20世纪40年代也只有10%左右的市民用上了自来水。在自来水设施的设置过程中也曾经常发生过人为破坏的行为。为改革粪便处理行业，当时的市政府采取了由政府部门收回被私有化了的地盘，将收粪工雇为政府公务员等措施。然而粪便处理改革还是屡屡受挫，最后北京市政府只好运用公权力强制推行了部分改革措施。北京市的城市环境改革和卫生改革虽然没有获得划世纪的成果，可在整个20世纪市政府当局还是不厌其烦地把它当作市政改革的主要议题而付出了努力。

20世纪前后，改变北京城市环境面貌最显眼的一项是交通发展。1865年英国商人杜兰德在北京铺设了中国第一条铁路，可看到怪物般的火车头后，清朝政府惊吓之余立刻命令撤走了火车。到了20世纪以后铁路铺设才真正开始，以1905年竣工的京汉（北京—汉口）铁路开始，京张铁路（北京—张家口）、京奉铁路（北京—奉天）等陆续开通。铁路驿站集中在西直门和前门，各条铁路在北京城西南部外廓的丰台站汇合。为解决铁路驿站集中在西南部的问题，1915年市政当局又开通了循环内外城的环形铁路。由此，市民们可在德胜门、安定门、东直门、朝阳门、东便门、前门等内外城的主要站点利用铁路交通出行。

除了铁路以外，公共马车、出租车、巴士、电车等近代交通工具代替了轿子和黄包车等古老的交通工具。20世纪30年代北京市的轿子数量不到四百，而公共马车却超过了九千四百辆。市内汽车共有两千两百多辆，其中一千七百辆是私用车，只有五百多辆是商用车。事实上普通市民出行还要靠十万多辆的自行车和四万五千多辆的黄包车。[1]

以铁路交通为主的交通工具的发达为北京社会解决了市民出行难的问题。此外，连接城内外的四通八达的交通缩短了空间上的移动，严格细致的车次运行时间为市民懒散的生活走向规律化、节奏化做出了重大的贡献。然而，发达的交通也带来了一系列的社会问题，依靠发达的交通而得以发展的商业进一步拉大了城内外和郊区的生活差距；铁路的发达促进人员的流动，而大量的人员流动又加速了传染病的传播，成了威胁城市环境变化的一个潜在的因素。

20世纪改变北京的空间地形和市民日常生活规律的最具代表性的变化，是公园的出现。公园顾名思义就是公共园地。传统意义上的花园或园林意味着私人拥有的庭院或疗养地。中国的花园和园林始于汉代，普及于宋代，流行于明清两代。直到清末，整个北京城被划分为皇帝的空间、贵族的空间、一般居民的空间等部分。这些空间不仅是相互孤立的，而且根据身份的高低，其空间大小和配置也各不相同。到了清末晚期，这些空间虽然出现了摆脱孤立存在的倾向，可是传统的"内城住满人、外城住汉人"的固定格式却没有发生多大变化。随着辛亥革命的爆发，1912年最后一个皇帝宣统皇帝退位，袁世凯就任临时总统。当时宣统皇帝虽然退位，可他并没有离开紫禁城且一直生活在那里。1924年直系军阀和奉系军阀之间发生战争，冯玉祥（1882—1948年）的直系军阀占领紫禁城将宣统皇帝撵出了紫禁城，皇城这才开始向全社会开放。[2]

---

1 引自北平市政府秘书处编，《北平市统计览要》（1936），第92—93页。

2 有关中国近代公园的诞生可参考Mingzheng Shi, "From Imperial Gardens to Public Parks: The Transformation of Urban Space in Early Twentieth-Century Beijing", *Modern China*, Vol.24 no.3 (July 1998)。

到19世纪为止，被贵族独占的空间（皇家园林）有紫禁城和皇城的庭院及湖水、北京城西北地区的圆明园、皇城的社稷坛、外城的天坛和先农坛、北京城外的地坛和日坛以及月坛等。当然也有陶然亭、什刹海、西山等为普通市民建造的交流和休闲空间，但是或因距离市中心太远或因地方过于狭小，不能为所有市民享用。

北京的公园是20世纪初清朝新政改革时期出现的。北京西北西直门外曾有过专门管理和饲养国外使者或政府官僚给皇室进贡的国内外珍稀动物的场所。1908年西太后（1835—1908年）将此地命名为“万牲园”并向庶民开放，可以说这就是中国最早的动物园和公园。

1914年为北京的城市管理而成立的京都市政公所最大的成就莫过于公园建设。京都市政公所一再强调以市民休息和健康为目的的城市公园的必要性，认为要想培育健康的游戏文化和有效地预防犯罪就必须具备市民的文化空间——公园。建造公园，京都市政公所第一个看中的就是社稷坛。社稷坛的地理位置位于北京市中心，同时已经具备公园环水设施，利用皇室的这些资产将其改造为公园就可以节省一大笔资金。就这样，北京第一家近代中央公园于1915年诞生了。公园不仅拥有大规模的树林，还设置了茶屋、运动场、台球场等休闲娱乐场所。接着，外城的宣农坛公园于1915年向市民开放，1925年紫禁城、北海公园开放，20世纪20年代末颐和园也被开放了。

20世纪初公园的出现超出公园作为休闲场所的一般性意义，改变了北京市民封闭的日常生活轨迹。公园被用作政治宣传、集会、大众教育的场所，市民们也开始参与到开放的政治活动中去。

北京城最早的照明灯由北洋大臣李鸿章（1823—1901年）于1888年为西太后安装在了紫禁城西苑（现今的中南海）的西太后卧室里。西太后对照明灯表现出极大的兴趣，命令颐和园里也要安装照明设施。清朝工部便于1890年从德国购入发电机安装在了颐和园里。1900年，西苑和颐和园的照明设施在八国联军镇压义和团的过程中遭到了破坏。1904年清末代表性官僚资本家盛宣怀（1844—1916年）重新修复了西苑和颐和园的照明设施，从1907年起紫禁城里也开始供电了。[1]北京的照明设施虽然受到统治者的欢迎和关心，可它仍旧是满足统治者嗜好的设施，还没有成为造福民众的公共设施。

前门东侧的东交民巷是各国公馆和使馆密集的外交一条街。为了给各国使公馆供电，1899年德国的西门子电器公司（Siemens Electronics）在北京设立了发电所，但翌年在义和团运动中被烧毁，后于1901年重新得以修建。当时西门子电器不仅要获得外交一条街的供电权，而且还想独占整个北京城的电力供应权。可随着德国在第一次世界大战中的战败，北京的西门子电器倒闭，1918年英国人接过其设备成立了北京电灯股份有限公司。可见北京初期的照明设施仅限于皇室和外交一条街等外国人居住区。

1905年成立的京师华商电灯有限公司象征着北京市电力供应发生了重大的转折，因为直到这个时候，电力供应才扩大到一般商业区域和市民社会。更重要的是电力公司的投资和电力供应完全由中国人自己控制，主要投资者是国内富商和政府官僚。京师华商电灯公司的诞生中止了洋人独占全北京电力供应的计划，公司从政府当局得到稳定的资金支持和独占权。20世纪30年代该公司的工人增加到477名，工人平均工作时间9—11小时，工资为15—100元。这个工资额远高于别的

1 引自史明正著，《走向近代化的北京城》（北京大学出版社，1995），第231—232页。

行业的工资额。

北京的用电户数从1929年到1945年的十六年间增加了三倍以上，相当于全北京人口的三分之一。20世纪前半叶市内电气和电灯用户只有30%左右。由于当时的北京并没有大规模的工业设施和工业区域，因此北京的用电量是很有限的。工业用电量几乎等于零，这也是北京电气（发电）产业发展缓慢的主要原因之一。

四合院与天桥的城市文化

“四合院”和“胡同”是北京市民传统居住空间的代表性建筑设施。四合院是由四方形平面建筑物组成的对外封闭、对内开放的独特的房屋形式，而胡同则是将这些住宅以格子形街道连接在一起的网络。过去的四合院和胡同是中上层的身份象征，如今却成了在北京的大街小巷比比皆是的一般庶民的居住空间。

四合院由四幢建筑物合围而成，形成有利于防止来自外部的尘土和风雨的封闭空间，可内部却极具开放性，有利于安排不同家族成员的住处。中等规模的四合院，其大门一般设在南墙的东端，进了大门因还有一层围墙所以仍然看不到内部的生活空间。与大门相连的南墙建筑物叫作“倒座房”，由客室、男仆居室、私塾、厕所等组成。沿着围墙朝西走就会看到前院，前院的垂花门（又称二门）是院内与院外的分界线。进入垂花门便是内院，内院往往都是正方形的，也有南北较长的长方形内院。内院由十字形回廊相连，正面是正房，两侧是厢房，正房、厢房和垂花门由回廊连接。正房一般为三间，是四合院的中心。正房中堂摆着祭奠祖宗的灵牌，中堂的左右分设一家之主的居室，再往两旁便设有厨房、书房和厕所。内院两侧的厢房是子女们居住的空

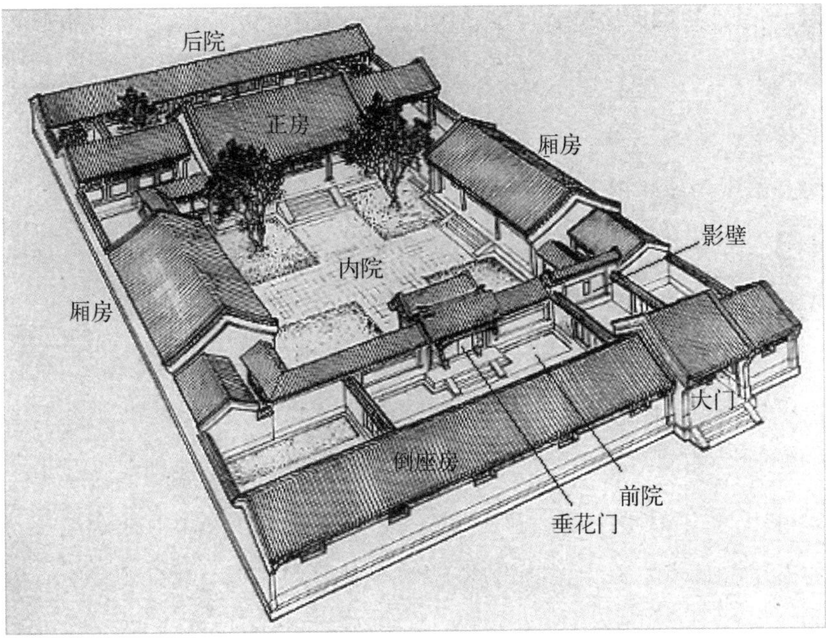

中型四合院结构和名称[1]

间，所有的窗户都朝向内院。正房后面有后院，是待出嫁的女儿和女仆的居住空间。[2]

四合院的这一结构造成与外部完全隔绝的封闭环境，为确保封建时期的家族统治和男尊女卑以及主从关系，巩固家族内部的位阶秩序做出了一定的贡献。中国著名导演张艺谋于1991年拍摄的《大红灯笼高高挂》，就是以象征家族式社会秩序和封闭的权力结构的四合院为背景，描写为争得家长的宠爱而勾心斗角的“三妻四妾”们可悲一生的电

1 参照张肇基著，《北京四合院》(中国北京美术摄影出版社，1996)，第3页。

2 参照崔长顺著，《有关中国四合院的平面结构和空间结构特征的研究》(《韩国居住文化论文集》第14—15期，2003.10)，第20—22页。

影。[1]电影里的四合院是放大了的大邸宅，而现实中的四合院以中型四合院为准改造成多种类型。从四合院的结构看，具有越往下层越简单的特点。

新中国成立以后四合院成了由毫无血缘关系的人共同居住的“大杂院”，规模小一点的有三四户合住，规模大一点的竟有二十多户合住一个院。

如果说北京的四合院是反映封闭、权威的上层文化的代表，那么天桥广场则是反映开放、自由的民众文化的代表。天桥位于北京外城区的天坛北侧。从某种意义上说天桥的民众文化原原本本地保存着北京通俗、优雅的城市文化。古时候的天桥本来是天子皇帝前往祭祀苍天的天坛所必经之桥。20世纪20年代，天桥已经成为全北京最繁华的商业区，可值得一提的是这个商业区是与政府的城市规划毫无关联，完全由市民的自发行为而形成的广场。天桥商业区除了经营食品、衣类、家具等生活必需品的商铺以外，还备有茶楼、酒楼等与居民的日常生活密切相关的设施，从而形成一个规模庞大的自由市场。据报载，20世纪30年代的天桥广场已经拥有两百多家商铺、四百三十多个摊贩、百余种食品。[2]天桥不仅是一座市场，还是个拥有杂技、演出等场馆的娱乐中心，附近还有十多座神庙供市民开展各种民间祭祀和民俗活动。既然是文化娱乐中心，这一带也就成了民间画家和音乐家们活动的地方。天桥的这种民众文化大致反映出了小规模手工业的传统文化。与此同时，在天桥广场建造的七层大规模室内演出场新世界剧场里经常上演传统

1 参照郑永浩著，《电影〈大红灯笼高高挂〉中的性欲和权力欲》(《中国语文学论文集》第35期，2005)。

2 参照《北京旧影》(人民美术出版社，1989)，第121页。

剧目和现代戏以及电影等，甚至还有来自日本的曲艺团和俄罗斯大力士的表演等外来文化的开放性活动。[1]

新中国成立以后天桥一时处于消沉状态，可改革开放以后重新恢复了生机，20世纪90年代以后市政府还把天桥定为“天桥文化产业区”。如今天桥已经是北京最大的仿制品市场、旧货市场以及古董市场，成为外国人最喜欢的购物场所之一。然而，今天的天桥仿制品市场已经变成假冒伪劣产品的泛滥之地，如何把它还原为过去的仿制品市场成了政府当局亟待解决的课题。

对新的空间政治与城市文化的期待

北京作为抵御北方民族侵扰的战略要塞从来是历届王朝倍加关注的地方，而到了金元时期又开始作为政治中心成了万众瞩目的地方。明代以来的政治势力无视北京战略地位的重要性将首都定在了南京，如明朝第二代皇帝建文帝（在位时间1398—1402年）、太平天国运动（1851—1864年）的主将洪秀全（1814—1864年）、蒋介石的南京国民政府（1928—1937年）等。可悲的是他们的政权都非常短命。一些历史学家认为他们打天下之所以失败，究其原因正是因为没有进军北京而在南京安营扎寨的结果。尽管历史的假定法是毫无意义的，可学者们的推测还是从侧面反映了北京在政治上的重要性。

在城市文化方面北京与上海是完全相反的。如果说上海是俗成的、大众的、殖民地性质的城市，那么北京则是传统的、半商业半城市

1 有关天桥的城市文化可参考黄宗汉著，《老北京天桥的平民文化》（《北京社会科学》第三期，1996）　和Madeleine Yue Dong, *Republican Beijing: The City and Its Histories* (Berkeley: University of California Press, 2003), pp.172—207。

文化特征的城市。事实上，围绕北京和上海的城市文化，20世纪30年代还曾发生过代表北京的“京派”和代表上海的“海派”之间的“京派·海派大论战”。可在20世纪现代化风潮中有关谁更传统谁更商业的争论不过是嘴皮上的功夫，对澄清一座城市的整体性毫无意义。

要想真正了解城市的文化特征，应该深入分析新生城市的空间意义和传统的日常空间的培育方式。四合院代表北京封闭的、权威的上层文化，而天桥则代表开放的、自由的下层文化。现在看来这两个截然相反的文化很有可能蜕变为下层文化和商业性的代表。有关四合院和天桥如何复原的问题已经成了需要当局和市民共同解决的课题。北京的整体性和城市文化是建立在传统的日常空间和新的政治空间这两重结构之上的，而日后的城市文化变容也取决于这种空间构成的重新组合。

第五章
上海，现代中国对城市建设的尝试

金胜宇

旧城传统

在中国往往把一个地名简化为一两个字来称呼，比如上海的简称是“沪”或“申”，因此上海的车牌都以“沪”字开头，还有《申报》、《申江服务导报》等报刊也用“申”字来表示其出刊地是上海。有意思的是这些简称里往往包含着窥视该地域历史的很多线索。

首先，“沪”的简称来自“沪渎”。这里的“沪”特指“捕鱼的竹栅”之意，即一种捕鱼的渔具。我们在史料中可经常看到古人对“沪”字含义的解读。史料中说的“沪”均指渔具。而“渎”与“独”又有相似之处，指单独流入大海的河川。可见“沪渎”是古时一支河流的名称，即利用特殊的渔具捕鱼的河流之意。据推测，沪渎大约位于现今上海吴淞江的入海口处。

再看看“申”。“申”的简称来自中国战国时期楚国大政治家黄歇的名字。黄歇博学多才又能言善辩，曾为楚国丞相，后又升为楚国公室大臣，最后被楚国考烈王封为楚国贵族“春申君”。黄歇与魏国信陵君、赵国平原君、齐国孟尝君一起被称为“战国四公子”，也是个手下豢养三千食客的势力派人物。黄歇的封地是吴国，其都邑为现今的苏州。上海是黄歇封地的一部分，传说横穿上海的河流黄浦江的名称就是依黄歇的姓名而起的。现今的黄浦江古时还称作“黄歇江”、“春申浦”、“春申江”、“春江”、“申江”等。这些别称都与“黄歇”或“春申君”有关。然而传说毕竟是传说，至今还没有证据考证其真实性。事实上战国时代尚未形成黄浦江，到了宋代才出现了“黄浦”这个名称。可不管怎么样，当时上海的西部已经变成陆地，春申君巡视过自己的领地也是完全有可能的。

从“沪”、“申”等简称中也可以看出这个原始的小渔村渐渐转变为权力者注目之地的过程。由扬子江（长江）的冲击作用而形成的这个地区随着捕捞业的兴盛，人口开始增加，地域规模也不断扩大，从而变成了权力者瞩目的地方。这也是所有的都市历史形成的一般规律。

就这样，在以“上海”这个地名直接导出的特定地域为中心逐渐形成了南来北往的人们聚集的地方。[1]据北宋时期的文献记载，吴淞江下游南岸有过一条名叫“上海浦”的支流，其旁边还有一条叫作“下海浦”的支流。如今的上海就是源自这个“上海浦”的。[2]吴淞江下游有很多河浦，其中人口最密集的地方就数上海浦。于是当时人们把设置在这

---

1 参照《上海港史（古、近代部分）》（人民交通出版社，1990），第12—27页。

2 参照熊月之编，《上海通史第一卷导论》（上海人民出版社，1999），第2页。

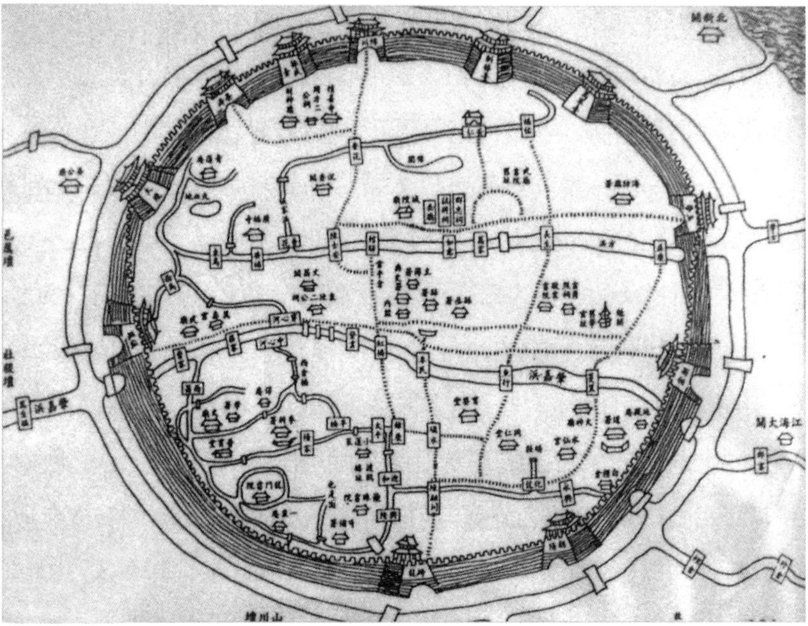

19世纪60年代上海城地图

里的“酒务”[1]称作“上海务”。上海务后来发展为“上海镇”，据元代文献记载“松江府城东北九十里处有一个上海浦”，那个地方应该是现今上海外滩下面的十六铺一带。

这个地方得以发展的直接原因是宋代发生在这一带的河道变化。当时吴淞江是连接上海浦和江南最大都城苏州的主要河流（正因为如此，吴淞江又称作“苏州河”），可吴淞江的咽喉要道青龙港（现青浦镇内）被阻塞，于是来往于两地之间的人们不得不改道黄浦江。黄浦江代替吴淞江成为连接上海浦和苏州城的主要河道，上海浦附近随之也就变成了大小船舶停靠的主要港口。从此，上海浦作为贸易港得以飞速发

1 古代官方为征收酿酒税而专门设置的税收部门。——译注

展，到了宋代末期的1267年，这里甚至设立了官方“市舶司”（中国古代在各海港设立的管理海上对外贸易的官府，相当于现在的海关）的分所。

进入元代后，上海浦从“上海镇”又提升为“上海县”[1]。元代至元二十七年（1290年）松江府知县以华亭县的管辖地域过广为由向朝廷提议另设上海县，朝廷也允许将华亭县东北部的长人、高昌、北亭、新江、海隅五个乡从华亭县剥离出来单独设立一个上海县。到了1292年上海县正式从华亭县剥离出来成了松江府的一个独立属县。[2]

明代的上海在经济上已经是非常富裕的地方。但“树欲静而风不止”，上海县富裕的生活招来了横行在东南海岸的一帮海盗，到了明嘉靖年间（1522—1566年）更为猖獗。为防止海盗的骚扰，上海一带的绅士们联合起来于1553年围绕整个县城筑起了一道城墙，城墙高八米，围墙上分别设东侧朝宗门（大东门）、南侧跨龙门（大南门）、西侧仪凤门（老西门）、北侧晏海门（老北门）、东北侧宝带门（小东门）、东南侧朝阳门（小南门）六个城门，在横穿县城的方滨、肇嘉滨两条河流上也设置了三道闸门。随着城墙的建造，上海这才具备了作为一座都市的基本雏形。[3]

县城修筑后，上海作为江南水路的要塞具备了更加成熟的城市轮廓。到清代，朝廷于1685年将掌管通商的“江海关”移至县城，到了18世纪30年代还设立“分巡苏松兵备道”，加强了对这一地域的统治。[4]

---

1 据推测上海以元代县的设置为起点已经拥有七百年以上的历史。上海研究中心编，《上海700年》（上海人民出版社，1991）。

2 参照郑祖安著，《百年上海城》（学林出版社，1999），第111—112页。

3 同上，第9页。

4 由此，上海从松江府的一个属县提升到了包括江苏、吴淞、太常等地域的行政中心。同上，第111—113页。

19世纪初清道光年间朝廷实施的漕运变化政策，即漕粮河运改为海运的政策使作为贸易交会点的上海又迎来了一个飞跃的契机。

这一切都说明上海在近代开埠之前就已经具备了独自发展的能力和经验。上海在长江的冲积平原上从一个被当权者看中的小渔村，历经务、镇、县而逐渐发展起来，成了江南的贸易交会点。换句话说，上海不是在外部的作用下发展的城市，即使不被强行开放门户也可以作为贸易城市持续发展下去。

遗憾的是如今在上海寻找门户开放之前的历史痕迹已经很不容易了。上海县的城墙早在辛亥革命以后的1912年被沪军都督陈其美拆除，并在城墙遗址上修筑了环城公路。当时为纪念中华民国的成立，给南环路取名“中华路”，给北环路取名“民国路”。1949年中华人民共和国成立以后将“民国路”改称为“人民路”。现在只剩下大庆阁的老城厢博物馆还留存着一些反映县城旧貌的资料。由于那个地方当时是当局的拆城办公室，再加上是关帝庙（祭祀关羽的祠堂）的所在地，因此幸免于被拆除的厄运。更令人遗憾的是眼下很少有人对这种传统城市空间所含有的意义予以关注。

租界与现代城市尝试

1842年的《南京条约》规定清朝政府必须向西方列强开放沿海五个港口，上海作为其中的一个于1843年11月正式开放了。开放意味着打开了资本主义流入的窗口，上海开埠之后首先流入的是以贸易和金融为主的西欧经济势力。以怡和洋行、旗昌洋行为首的贸易公司和汇丰银行（HSBC）等外国银行在刚刚开放的上海开始活跃起来了。代理买办和金融合作伙伴钱庄等中国商人的活动也随之兴盛起来。在这个过程中，上海作为贸易、金融中心的地位比过去单一的贸易交会点有过之而无不及。本来就已经成为国内贸易的主要交会点的上海，因外国贸易公司和银行的介入使原先单项国内贸易变成了多项国际贸易，进一步强化了贸易城市的功能。甲午战争以后不单是外国的商品，就连外国的资本也开始流入上海，除了商业、金融以外，工业领域也有了很大的发展。靠日本、英国等外国资本建设起来的工厂、企业越来越多，在外国资本的带动下中国资本的工业企业也有了一定的发展。

通过这些过程，20世纪初的上海已经成了连接国内外贸易的主要贸易城市，成了连接中国沿海与长江流域乃至连接东亚、连接世界各大主要港口的物流、交易的网络中心。上海的这一城市功能至今还在延续着，而且发挥出越来越大的作用。

然而，开埠以后的上海就其城市建设来说并没有按照城市发展规律进行，反倒打乱了很多既定的建设规划。开埠以后的城市建设重点不是县城，而是与县城隔离的租界。华人居住的华界与外国人居住的租界这一空间隔离必然导致了城市发展方向的扭曲。

租界建设始于1845年的英国人居住区域。英国租界南起名叫洋泾浜的小河流（现延安东路），北止李家庄（现北京东路），东起黄浦江（外滩），西界是在租界建设过程中的1846年划定的“界路”（现河南中路）。紧接着1848年美国租界建于虹口，1849年上海县城和英国租界之间建起了法国租界。英国租界和美国租界于1862年合并，形成了一个“公共租界”（Shanghai International Settlement）。之后租界地域持续扩张，公共租界扩张到静安寺一带（占地面积三万多亩），法国租界则扩张到了徐家汇（占地面积一万多亩）。

这些租界当然是西方列强用武力从中国手里抢夺的“战利品”。

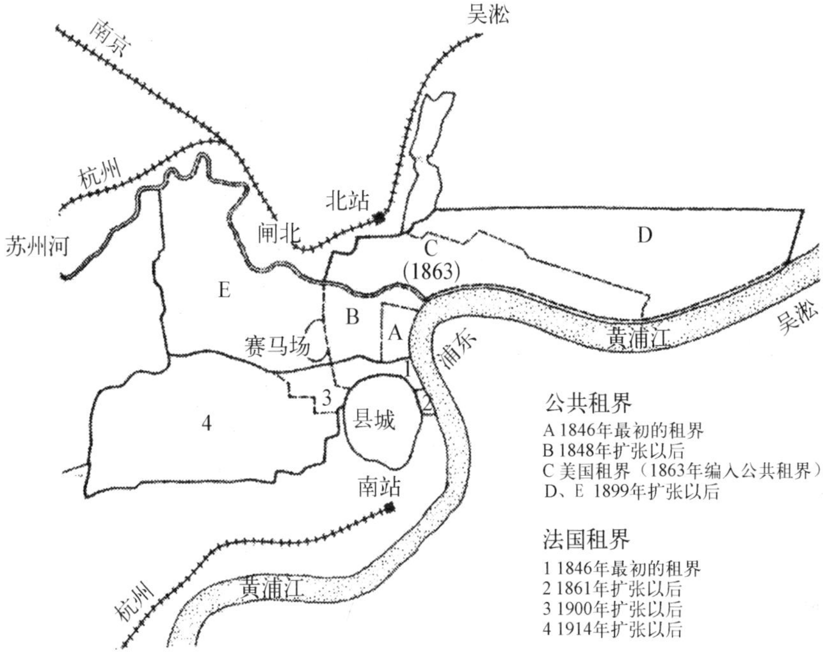

上海租界扩大过程（斯波义信著，《中国都市史》，东京大学出版社，2002）

可西方列强势力的入侵对清朝政府来说，无论在传统的世界观还是在对外政策方面都并不是完全背离的。清政府的所谓“华洋别居”策略就是在不让中国人与洋人接触的前提下向洋人出让中国人不居住的县城外空地的意思。在向侵略者出让土地的时候还没有忘记将华人与蛮夷区分开来，这就是中国人传统的世界观。对清政府来说，租界是不让华人受蛮夷影响的一个空间隔离层。从这一点看，租界和华界的空间隔离不仅仅是西方势力单方面的意愿。

一开始，对清政府来说在这个被隔离的空间内部发生的事情并不是关心的对象，可对洋人来说这个被隔离的空间是他们独占的空间。清政府对租界不闻不问袖手旁观，租界自然成了完全掌握在洋人手中的独立天下。于是西方列强们在租界里肆无忌惮地组建起了自己独立的市政管理机构。英美公共租界的最高市政机构是“工部局”（Municipal Council），“工部局”内设7—14人组成的议决机构董事会，具体业务由行政总裁（Secretary General）和下属的总办处（Secretariat）负责。总办处属下还有警务、卫生、教育、财务等多个分支机构。如果说“工部局”是负责行政的机构，那么由各国领事组成的“会审公廨”则是司法机构。“会审公廨”拥有独立的拘留设施和监狱。立法职能由外国居民组成的纳税人组织履行。法国租界的市政由担任“公董局长”的“总办”来指挥，司法由特设的法国租界“会审公廨”来负责，法国总领事指挥下的“司法室”则履行司法行政机关的职责。就这样，租界在行政、立法、司法等方面已经自成体系，在清政府提供的空间自由自在地形成了排他的独立世界。

这些租界之所以选择黄浦江、苏州河、洋泾浜等河流沿岸地方，就是看中了那里已经具备物流、交易等最重要的城市功能。他们在沿河两岸修建便于船舶通航的码头设施，码头附近又设立了企业、洋行、金融机关、贸易机关、通关业务公司等相关部门，还修建了外国人居住的住宅区和保护外国国民的领事馆。

在沿黄浦江和苏州河两岸修建一排排欧式建筑的美英公共租界里，形成了以外滩和一马路（现南京路）为框架、以金融和商业为主的新的城市中心。南京路、霞飞路（现淮海中路）、四川路变为典型的商业街，其中以南京路为中心的广阔地域成了中心商业区。南京路商业区南起延安路，北至北京路，西起西藏路，再往西至静安寺，这里商业设施林林总总，著名的先施、永安、新新、大新“四大百货店”就在这里。被

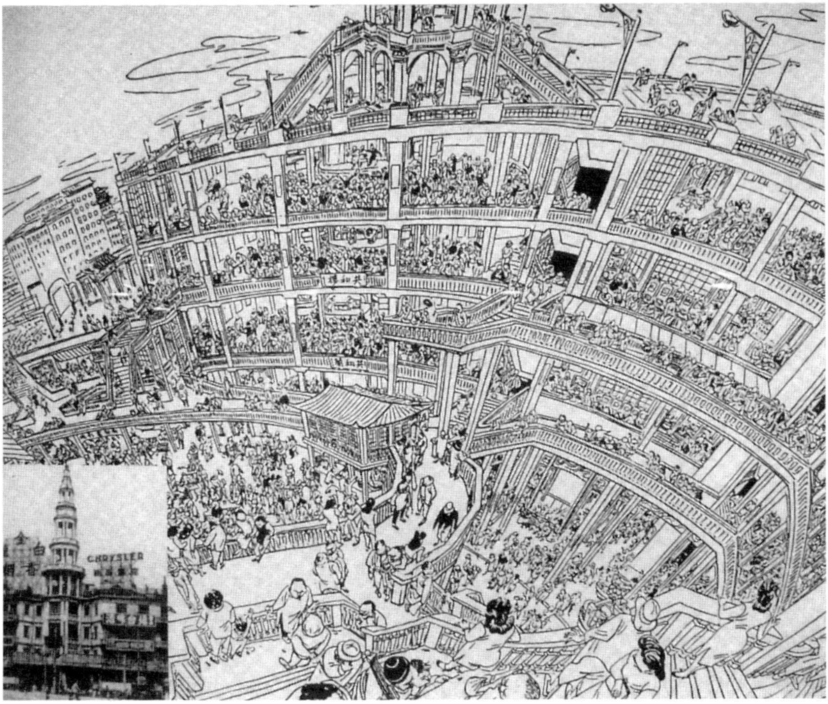

20世纪30年代的上海大世界剧场（1917年开张的"大世界"是集多样的文化、消费活动为一体的综合娱乐、休闲空间。"大世界"是上海人体会"现代"新文化和新事物的代表性城市空间。）

称为四马路的现福州路上还密集着书店、出版社、剧场、茶馆、酒店等新型文化消费场所。[1]位于城西的赛马场、大世界、新世界又是典型的消费、休闲、娱乐空间。[2]在城市景观方面，这里高楼大厦林立，街灯霓虹灯到处闪耀，使上海成为一座真正的"不夜城"。[3]

---

1 参照胡根喜著，《老上海四马路》（学林出版社，2001）；以及上海市黄浦区档案局编，《福州路文化街》（文汇出版社，2001）。

2 参照叶中强著，《上海大众文化公共空间的形成与重构（第一章）》，王文英、叶中强编，《城市语境与大众文化：上海都市文化空间分析》（上海人民出版社，2004），第5—8页。

3 参照罗苏文著，《近代上海：都市社会与生活》（中华书局，2004）。

城市中心的周边还设置了许多附加设施。西南部外廓（现徐汇、长宁两区和静安区西部）的美英公共租界西区和法国租界西区，以及美英公共租界东区的虹口等地形成了高级住宅区。民国初期新开发的这个地带建起了洋房、高层公寓、新式里弄等高级住宅，成为外国侨民和中国中上层人士的住宅区。这里的城市道路等基础设施十分完善，公园、运动场、游泳场、学校、医院、电影院、咖啡厅、俱乐部等公共文化设施一应俱全。

工业设施主要集中在杨树浦和虹口地区。甲午战争以后随着纺织、棉织、制粉等诸多行业的工厂陆续出现，这里便形成了工业地带。由于横穿杨树浦的黄浦江沿岸在地理上与城市中心和码头较近，因此这里很快发展成上海最大的工业区。这个工业区位于租界外廓并紧挨着租界的中国人居住区，因此劳动力资源（中国劳工）也十分丰富。[1]

租界是完全由外国势力和资本形成的空间，基本上是按照西欧标准形成的“城中之城”。虽然每个租界因统治方式、文化背景、管理能力的不同而有所差异，可这些“城中之城”都是与中国传统城市完全不同的西式“移植城市”。宽敞笔直的油漆马路，高耸入云的摩天大楼，缤纷耀眼的霓虹彩灯，地上地下的基础设施，穿来梭往的车水马龙，纸醉金迷的酒吧舞厅，体现现代气息的西式城市因素几乎全都移植到这里来了。这是中国人闻所未闻的，与传统城市完全不同的崭新的城市。

租界是在县城外的空地上修建的空间[2]，是由洋人按照他们的理念

---

1 参照薛永理著，《旧上海棚户区的形成》（中国近现代社会史料丛书），施福康编，《上海社会大观》（上海书店出版社，2000），第118—126页。

2 与县城接壤的法租界过去虽然有中国人居住，但因战乱而荒废了，之后法国不用付任何代价便占据了那个地方。参照梅朋、傅立德著，《上海法租界史》（上海社会科学院出版社，2007）。

自由规划和建造的“城中之城”。尤其这是与现有的城市形成鲜明对照的城市，因此这个西式城市给中国人提示了一个崭新的城市建设理念。从这一点看，上海是向西方列强开放后，在中国大地上为适应国际环境而进行的大规模城市建设尝试。

遗憾的是在中国土地上进行的这个城市建设尝试，其主体并不是中国人。因为本想为隔离外国人而设置的租界反倒把中国人与现代城市实验隔离开来了。尽管居住在租界的中国人越来越多以至在租界里占多数，可他们却无法在市政建设中行使作为租界居民所应该履行的权利。同时，华界的实力远不如租界，华界自然丧失了对市政建设的主导权。县城已经在空间上被租界所包围，闸北、江湾以及黄浦江对岸的浦东等华界也被两个租界所隔开了。直到1927年成立上海特别市政府之前，上海的市政机构也分散为“上海市公所”、“上海县清丈局”、“沪北工巡捐局”、“浦东塘工善后局”、“淞沪商埠卫生局”等部门。[1]宋代以来作为经济中心的县城，其中心由县城（南市）移到租界（北市）并呈现出退化和没落趋势。

为了缩小与租界的差距，中国人开始致力于对华界空间的改造。1899年美英公共租界再次扩展，中国人居住的闸北地区东、西、南三面被美英公共租界包围，于是闸北立刻采取开办商场、修筑道路桥梁、组织闸北工程总局等一系列措施，推进了华界的自治建设事业。[2]在县城，以李平书为首的有识之士于1905年组成“上海城厢内外总工程局”的自治组织，以多样的建设事业改变了县城的面貌。然而这些建设事业毕竟是个别的、分散的，根本没有能力改变上海以租界为中心的整

1 参照《上海市政机关变迁史略》，上海通社编，《上海研究资料》（上海书店，1984），第81—82页。

2 参照《上海市政的分治时期》，上海市通志馆编，《上海市通志馆期刊》（1934），第1249页。

大上海规划(《上海城市规划志》编纂委员会编,《上海城市规划志》,上海社会科学院出版社,1999)

个市政结构。

完全由中国人主导的城市综合建设实验是在上海特别市成立之后才开始的。上海特别市成立于1927年7月,特别市刚成立就开始制订并推行了新城市建设规划。这个规划设计在江湾一带七千多亩的土地上建设新的市中心,在此基础上建设包括闸北、南市、龙华、浦东、吴淞等区域的新城。这就是上海特别市的所谓"大上海计划"[1]。规划中规定的新城中心是离现在的复旦大学不远的五角场一带。当时他们打算在吴淞建设一个新港,以此来确保城市的物流和交易功能,在周边地区又建设一个远离租界的新的城市中心,以图确保中国人对城市的主导地

1 参照上海城市规划志编纂委员会编,《上海城市规划志》(上海社会科学院出版社,1999),第76—85页;朱华著,《上海城市发展和规划的历史回顾》(苏智良编,《上海：近代新文明的形态》,2004),第86—108页;余子道著,《国民政府上海都市发展规划述论》(《上海研究论丛》第9期,1993),第339—342页。

位。当时这个规划已经向纵深进展，可遗憾的是在紧随而来的中日战争中遭到破坏，以失败告终。如今来到中山北路、其美路（现四平路）、黄兴路、带有“国”字和“政”字的街道、虹江码头、江湾体育场等地方还能看到这个城市设计的一些痕迹。

可以说，20世纪90年代推进的浦东开发也是以改造旧租界区为目的的新城建设的又一次实验。中国政府设立浦东新区，重点开发了陆家嘴金融贸易区、金桥出口加工区、张江高科技园区、外高桥保税区等经贸试验区，同时建设浦东机场，有效地改善了这一带的物流、交易环境。直到当时为止，黄浦江两岸的差距仍十分悬殊，民间甚至流行这样一句话：“宁要浦西一张床，不要浦东一间房。”这也是租界留下的城市空间畸形发展的一个写照。这就意味着改造殖民地租界城市空间的尝试一直进行到现在。

如今的上海仍旧遗留着反映这两种截然相反的历史记忆的空间。反映殖民开化之前旧城没落历史痕迹的旧县城区域、殖民开化以后主导新城建设的公共租界和法国租界区域、在国民政府主导下以改造租界区为目的而建设的江湾新城区域、改革开放以后新中国开发的浦东新区，这些都是在不同时期、不同地域形成和发展的城市空间。由这些不同的城市空间形成的上海至今仍留存着空间结构上的差异。现今的很多中国人仍在批评上海人对“上只角”和“下只角”的区别过于执着。所谓“上只角”就是旧时的租界区，也是至今富人最集中的地方；“下只角”则是与“上只角”相反的概念。尽管这两个空间是殖民时期形成的，可在人们的心里至今还是身份的象征，也是反映上海社会贫富差距的一个缩影。居住在旧县城或江湾等“下只角”地区的人拼命挣钱到豪华别墅林立的旧租界区虹桥或新开发的浦东新区等“上只角”

上海浦东新貌

去购房，这是至今在上海随处都可以看到的现象。从这一点上说，上海尚未有机整合整个城市的空间结构，这同时也意味着上海的城市实验仍将继续进行下去。

“阿拉上海人”

上海的城市建设实验比起“硬环境”的建设更注重“软环境”的开发。由于大部分城市空间是在极其落后的基础上形成的，因此填补这些空间的绝大多数人当然也不是当地人。1843年开埠当时上海人口仅20万左右，可到了1949年新中国成立的时候已经增加到546万，短短的百年间增长了20倍以上。上海的这个人口变化说明他们的大多数都是从别的地方迁移来的外来人口。在中国，上海与别的城市相比可以说是极端的移民社会，这就决定了上海只能在迁移人口的相互关系中进行多样的城市建设尝试。

事实上，就是在开埠之前上海人的地域观念也不那么强烈。这就是说在当时的上海人身上看不到什么明显的地域文化特征。上海在文化特征上是属于苏州文化圈的地区，因此直到那个时候尚未形成“上海人”或“上海文化”的观念。即便把徐光启或者董其昌说成是“上海人”，也不过是指他们的籍贯而已。也就是说他们的主客观念并不那么强烈。就广州、成都、苏州等其他历史古城来说，他们的地域意识非常强烈，对待本地人和外地人是有严格区别的，与之相比，上海对本地人和外来人的区别意识并没有那么强烈。[1]

开埠以后的上海城市空间虽然由外国人主导，可人口的绝大多数还是中国人，外国人（包括移民）的比重是非常有限的。比如开埠时的1843年外国人仅26名，1865年为2757人，1910年为20924人，1934年为78308人，1942年达到高峰，为150931人，到了1949年锐减为28683人。按国别来算，1915年之前英国人居多，1915年之后日本人占多数。这些外国人都有强烈的国家意识，国籍、人种、语言等方面坚持拒绝与上海同化，从而严重削弱了作为“上海人”的整体意识。事实上，1949年以后这些外国人基本上都回到了自己的国家。

上海人口的增加大体上经历了三个移民潮。第一次是太平天国时期，江苏、浙江等扬子江（长江）流域的难民为躲避因太平天国运动引发的战乱大举流入上海，1855—1865年的十年间上海人口净增加11万人；第二次是抗日战争时期，仅两个租界的人口就增加了78万；第三次是国共内战时期，当时，上海人口已经增加到208万。

随着大量外来人口的流入，上海在人口结构上已经变成了极端的

1 参照黄苇、夏林根著，《近代上海地区方志经济史料选辑》，第304页。

移民城市，即非上海籍人口远远超过了上海籍人口。据1885年以来的统计数字，美英公共租界的非上海籍人口占80%以上，华界的非上海籍人口占75%以上。即使是租界被回收以后的1946年，非上海籍人口仍占79%，上海籍人口仅占21%。新中国成立后的1950年这个比例进一步恶化，非上海籍人口占85%之多，上海籍人口还不到15%。

这些移民来自江苏、浙江、安徽、福建、广东、山西等几乎中国所有的省份。从公共租界和华界人口的籍贯上看，公共租界的华人移民数依次为江苏、浙江、广东等，华界的移民数依次为江苏、浙江、安徽。从租界被彻底回收后的1950年1月份的统计资料上看，江苏出身的移民占200万以上，浙江出身的移民占100万以上，广东、安徽、山东出身的移民占10万，此外还有一些来自湖北、福建、河南、江西、湖南等省份的移民。[1]

由各国的外国人和多个省份的移民组成的上海社会简直是个规模庞大的人种展览馆。来自西方的外国人，上海当地人，以及来自中国其他地区拥有不同籍贯的移民形成了上海多样性文化的城市空间，并在这个空间里相互接触和交流。由于上海当地文化基础十分薄弱，要想实现这些国籍、籍贯各异的人群之间的文化大融合，自然要产生剧烈的摩擦。然而最后为实现这个大融合而起到主导作用的不是中国文化，而是租界的西方文化。[2]租界是向中国人展示西方现代文明的一个“摩登”(modern) 空间，事实上当时上海的文化志向就是西方的这个“摩

1 参照邹依仁著，《旧上海人口变迁的研究》(上海人民出版社，1980)，第112—115页。

2 上海的中国人同时经历了时间上的“近代人”和空间上的“上海人”的社会化过程。参照忻平著，《从上海发现历史：现代化进程中的上海人及其社会生活》(上海人民出版社，1996)，第199—300页。

登”空间。然而，在上海人心目中“摩登”一词并不是代表现代价值观的概念，而是对“新”、“奇”、“异”的盲目追捧，准确一点说比起追捧这个词的原意“现代性”(modernity) 更倾向于追捧“流行”。[1]世人瞩目的上海城市文化的实验就是在这样的空间进行的。

这里还有一个值得关注的事情，那就是不同地域的移民通过相互摩擦和协商追求共同文化意识和行为规则的过程。上海是在国家、民族、人种、地域、文化、资本、技术、意识形态等方面各有来头、各有主张的不同性质的群体共存的空间。在这样极其复杂的环境中实现一座城市统一的文化意识，上海的确经历了一段非凡的路程。这些性质各异的众多群体是在相互调整各自的利害关系和行为准则的过程中寻求共存方式的。[2]在全球一体化现象越来越严重的今天，我们有必要好好研究上海的这一社会实验过程。

在由租界的外国人主导上海社会的很长时间内，作为上海主体的中国人始终未能占据自己所应占的位置。他们被租界所炫耀的物质文明和金钱财富所压倒，谁都没有关心过这个城市的未来。沉迷于物质和金钱的上海人甚至丧失了伦理道德的底线。当时上海流行一句话，叫作“笑贫不笑娼”。深陷拜金主义、物质万能主义的上海女性往往成为有识之士讽刺、批判的对象。令人心痛的是上海人不顾这些讽刺和

---

1 香港中文大学的李欧梵教授从近代化的角度高度评价了这个时期上海的城市文化。参见 Lee, Leo Ou-fan, *Shanghai Modern: the Flowering of a New Urban Culture in China, 1930—1945* (Harvard University Press, 1999)。同时还存在着上海人的“摩登”志向并不是单纯对西方的推崇和模仿，而是中国近代化形成的过程一说。参见 Wen-hisn Yeh, “Shanghai Modernity: Commerce and Culture in a Republican City” , Frederic Wakeman Jr. and Richard Louis Edmonds (ed.), *Reappraising Republican China* (Oxford University Press, 2000)。

2 Nara Dillon and Jean C. Oi (ed.), *At the Crossroads of Empires: Middlemen, Social Networks, and State-building in Republican Shanghai* (Stanford University Press, 2007).

批判仍把上海看成是发财致富的躁动空间。“笑贫不笑娼”，言外之意就是不能错过这样的“良机”。

上海人之所以缺乏自信，也有如此“轻佻”的一个原因。“你真不像上海人”，这句话在中国北方人那里往往以褒义挂在嘴边。事实上盲目追求财富与物质价值的上海人形象在传统的中国人眼里的确是难以信赖的对象。如今在上海，“老上海”一词是很敏感的话题。这些“老上海”如何摆脱“轻佻”的阴影，继承和发扬老上海人的光荣传统，树立“新上海”或“新上海人”的整体形象必然会成为大家关注的焦点。上海，作为决定中国今后发展方向的导向城市，这个城市的文化发展的确万众瞩目。

想看到上海人用自己的能力来设计自己的城市，就必须等待他们走过从移民到居民的过程。任何一个移民都不可能在移民当天就把那个地域当成自己的归宿。大多数移民都是抱着逃避战乱、挣钱糊口的暂避意识（旅沪意识）移居上海的。无论是美英公共租界、法国租界还是中国人聚集的华界，都各自构成不同的市政体系，就连华界内部也分割为南市、闸北、沪西等不同的地域。甚至离城市中心较远的浦东或江湾一带的居民去市中心的时候都说“去上海”。可见虽然同为上海人，当时他们的整体性有多么脆弱。

然而他们也不是没有整体性的，他们的整体性其实都与自己出生的地方连接在一起。同乡会对上海人来说是再熟悉不过的组织形式，同乡是他们最亲密的关系之一。开埠之前来到上海的浙江、安徽、福建、广东等省份的人分别组织了浙绍公所、徽宁会馆、潮州会馆等同乡馆所进行往来，开化以后随着移民的增多更增添了诸如四明公所、三山会馆、广肇公所、平江公所、锡金公所、江宁会馆、楚北会馆等代表性的同乡会馆、会所。到了1911年这样的同乡馆所已经多达六十多所。这些组织帮同乡人寻找活计、解决纷争、鸣冤诉苦，也帮同乡人办理红白喜事。值得一提的是这些馆所还设立“义冢”、“殡舍”等，将客死他乡的同乡送回故里安葬。这些义举为同乡人在异乡安心做生意提供了很大的帮助。此外，几乎所有的馆所都为自己的同乡人按当地的风俗习惯祭祀土地神。同乡组织的这些活动为自己的同乡人拥有群体归宿感和整体性起到了重要作用。[1]

据了解，直到开化以后的四五十年间上海居民仍未确立定居意识和地域整体性。上海话是由苏州、宁波、广东等不同地域的方言混合而成的语言，19世纪末已经形成其雏形。比如1892年在上海出版的韩邦庆小说《海上花列传》完全用上海话（吴语）写就。小说问世后大受欢迎，出版社竟然连续再版了六次。1958年以后随着城市人口流动被停止，上海话也逐渐得以统一，尤其在广播节目和沪剧中的使用进一步推动了上海话的规范化。可以说上海话是表示上海人整体性和优越性的一种重要表现形式。“阿拉上海人”这句话也往往成为描写上海人这种心态的带有一丝讥讽意味的用语。[2]

综上所述，上海人最终实现地域整体性有如下几个方面的原因。第一个原因是居住空间。一般来说移民在定居地点上拥有的归宿感与他们在该地方居住的时间长短成正比。上海的中国居民剧增是19世纪末的太平天国以后的事情，那些移民通过生儿育女在上海逐渐走上了定居阶段，这就决定他们的子孙自然而然地把上海当作自己的家乡，

1 参照熊月之编，《上海通史第一卷导论》（上海人民出版社，1999），第75页。

2 同上，第82—83页。

拥有强烈的归宿感。第二个原因是城市形象的完成。上海从开化以前的小县城开始，先后经历了开化以后的美英公共租界、法国租界建设过程、华界的自治建设过程、国民政府的“大上海计划”以及中华人民共和国政府的浦东开发等历史阶段，在这个历史过程中完成了自身城市形象的塑造。随着城市形象的完成，其居住人口也自然而然地获得了城市居民身份。第三个原因是地域文化的形成。开埠之初上海居民所共有的文化领域是非常有限的，他们各自都拥有移居上海之前的各地不同的文化特征。可这些因素在不断的交流和融合当中形成了共有的文化圈，形成了西方与中国、国内不同地域的不同文化要素融合在一起的具有地域特色的文化形象。可以说，这个地域文化形象为上海居民寻找作为上海人的自我意识起到了重要的作用。

上海，中国指向太平洋的箭头

往往有人把上海在中国的地理位置比作箭头。按照他们的说法，如果画一条以渤海湾的大连为起点经过上海和福建泉州连接香港澳门的曲线，那么这条曲线便形成一张巨大的弓；再画一条以上海浦东为起点向西经过武汉连接重庆的长江经济带的直线，那么这条直线便形成一支弓箭；由北京到广州、香港九龙的两条铁路线是弓弦。随着西部大开发的推进，弓弦将向西部拉开并越来越绷紧，如果放开这个绷紧的弓弦，弓箭就会朝太平洋射出去。充当箭头的理所当然就是上海。这个比喻恰到好处地说明了上海在目前中国经济发展中所处的位置。[1]

从历史的角度看上海，这座城市具有正反两方面的含义。首先，上

---

1 参照老枪著，许悠英译，《中国城市现状报告书》(hans出版社，1999)，第75页。

海是中国清政府在中英鸦片战争失败以后被迫开放的港口，后来又充当了入侵中国的帝国主义列强的主要据点。从这一点看，上海可以说是中国近代史上耻辱的象征。可这座城市的活力和华丽又是使中国人自豪的象征。尤其在20世纪30年代前后，作为现代城市展现全盛期的上海被世人授予了“东方珍珠”、“东方巴黎”、“东方纽约”等美誉。有迹象表明中国目前正想方设法再创20世纪30年代的那个辉煌。

上海是个地理条件上占有很多优势的城市。上海背靠长江下游的长三角（包括江苏、浙江、安徽等）、长江流域城市（包括湖南、湖北等）等经济带，并与这些地区有着密切的经济联系和人脉联系，从中不断地获取发展动力。同时上海又位于长江流域经济带（上海—九江—重庆）的最东端，因此能够为长江流域与东部沿海的优势互补、资源整合起到积极的作用。物流、交易上的这种地理优势是上海这座城市一直维持经济繁荣的最基本因素。

上海成功地把这个优势转换成别的城市未曾拥有过的城市功能。开化之前以县城为中心的城市发展为一座贸易城市，就是不停地强化这一优势的过程。开化以后以租界为中心的城市建设也是为适应国际环境而试图以自身的优势发展城市功能的一次尝试。结果取得了似乎是比较满意的成功。随着以贸易、金融业为中心的多种城市功能的合理配置，上海开始向世界展示出自己华丽的现代城市面孔。

当时上海存在着殖民城市的问题。由于城市发展的主导权掌握在租界和外国人手里，中国人无法自主创造推动其发展的经济内需和发展理念。城市虽然从外延上得到了发展，可城市发展所需要的内需和理念却是由外部提供的。结果便是中国人生活在现代化城市当中，却不能把握这个现代化城市的未来。

要想解决这个问题就需要等待上海人积蓄主宰城市发展的内在动力。他们之所以缺乏城市发展所需要的经济内需和发展理念，也有他们长期以来作为移民人口未能拥有地域主体意识和责任意识的原因。他们只是作为填满现代城市上海空间的个体而存在，却没有占据建设这座城市主体的主人公地位。经过漫长的20世纪，他们已经产生了定居意识和地域主体意识，如今作为一个主体正在做着主导上海这座城市未来建设的梦。

上海人能否从历史经验中吸取教训，这是一个值得关注的问题。在经济上，上海正以极快的速度膨胀，我们不敢断言在这个过程中上海就不会重蹈租界时期被拜金主义和享乐主义所压倒的“轻佻”的覆辙。上海人能否成为自主创造城市发展所需的经济内需和发展理念的主导，能否彻底摆脱“轻佻”，通过对城市与城市住人最根本性的洞察，将这座城市建设成充满人性化的，人人为实现自我价值而奋斗的空间，世人正拭目以待。不仅上海一座城，东亚很多大城市的空间上都笼罩着殖民主义的历史阴影。要驱散这个历史阴影，每个国家都需要持有这种洞察态度。

第六章
伦敦，横跨两个世纪的风景

李永石

从边防小站到中心城市

众所周知，今天的伦敦既是英国的首都，同时也是欧洲的门户，更是国际金融和文化的中心。然而，这座城市超越英国的边界成为世界经济中所占比重远高于欧洲其他地区的城市，则是18世纪后半叶的事情。当然，在那之前伦敦无论在城市规模还是在人口数量上都没有赶上大陆上互相角逐的那些城市。18世纪以前，伦敦的人口增长率非常缓慢，只是在进入18世纪以后伴随产业化风潮和大英帝国的扩张以及国际贸易的繁荣迎来了急速增长期。[1]

1 18、19世纪伦敦人口的年平均增长率可推定为1701—1750年为0.3%，1751—1800年为0.5%，1801—1850年为0.8%，1851—1900年为1.2%。这个数字是根据以下资料推算的：Roy Porter, *London: A Social History* (Cambridge, Mess.: Harvard University Press, 1994), p.131; B. R. Mitchell, *British Historical Statistics* (Cambridge University Press, 1988), p.25。

1572年的伦敦地图

伦敦原本是罗马帝国时期驻扎在大不列颠岛上的罗马军的一个小兵站。罗马军之所以选择这里作为兵站也许是与“伦敦”这个名称的来源——泰晤士河下游有利的地理位置有关。[1]拉丁语“civitas”一词不仅有“城邦”的意思，同时也有“市民资格”或“市民条件”和“市民权利”的抽象意思。在大不列颠岛上只有伦敦是能够满足这个意思的一座城市。人们习惯性地把伦敦旧城区称为“the City”，而“the City”一词恰好说明这一点。

可这并不意味着伦敦从中世纪初期开始就成为政治首都。诺曼底王朝和继之而来的金雀花王朝（Plantagenet）的国王们严格遵循以巡视

1 “伦敦”这个名称源自凯尔特语“LynDin”，即“河流过宽而不好渡过”的意思。

全国的方式统治王国的惯行。国王和大臣们在巡视中歇息的地方并没有仅限于一个伦敦，也包括布里斯托尔和约克等地方城市。然而，百年战争以后国王的统治主要围绕着威斯敏斯特宫（Palace of Westminster）而进行，议会活动也开始在这个地方进行。到15世纪，伦敦已经成为了囊括旧城区商业中心和行政中心威斯敏斯特市区的名副其实的首都。

伦敦的城市发展是与近代国家英国的发展在同一个轨迹上进行的。17世纪后半叶英国打败自己的竞争对手荷兰和法国，在国际贸易和海外殖民地的争抢中大出风头。英国的这一发展过程导致了金融革命和产业革命，并最终形成了大英帝国。英国的这一变化原原本本地镌刻在了伦敦的城市景观上。到了17世纪60年代虽然经历了“伦敦大鼠疫”（Great Plague）和“伦敦大火灾”（Great Fire）等浩劫[1]，可伦敦还是并行于英国的发展步伐急速膨胀起来了。

塞缪尔·约翰逊的伦敦

伦敦城的高夫广场（Gough Square）17号，这座三层楼的砖瓦房是英国著名的作家、文学评论家和诗人塞缪尔·约翰逊于18世纪40、50年代编写《英语大辞典》（*Dictionary of the English Language*）的地方。约翰逊始终为自己是一个伦敦人而引以为豪，尤其高度评价以伦敦城为中心进行的贸易往来和商业活动。“伦敦的生活有多么幸福，生活在这里的人不一定知道。半径十英里以内是我们现在所处的地方，有谁

1 “伦敦大鼠疫”又称“伦敦黑死病”，指的是1664—1666年间肆虐伦敦的一场大瘟疫。这场瘟疫夺走了伦敦7—10万人的性命，相当于当时伦敦五分之一的人口。“伦敦大火灾”指的是发生在1666年9月2日的火灾，因一家面包工厂的不注意而引起的大火持续烧了五天五夜，烧毁了城区和威斯敏斯特等泰晤士河北岸80%的住宅。火灾之所以延续五天是因为这一带全都是木质结构的建筑物。

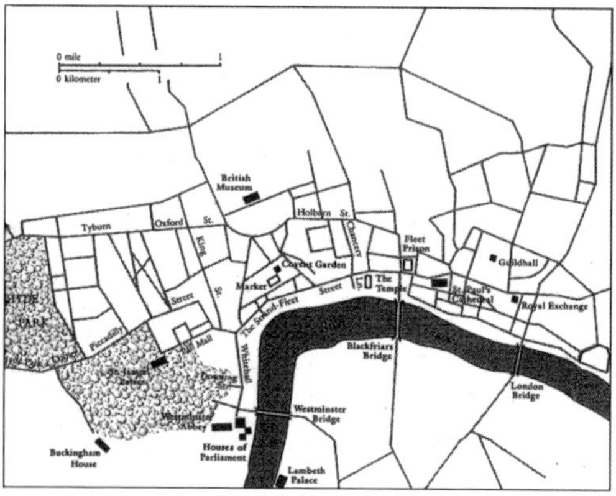

约翰逊时代的伦敦

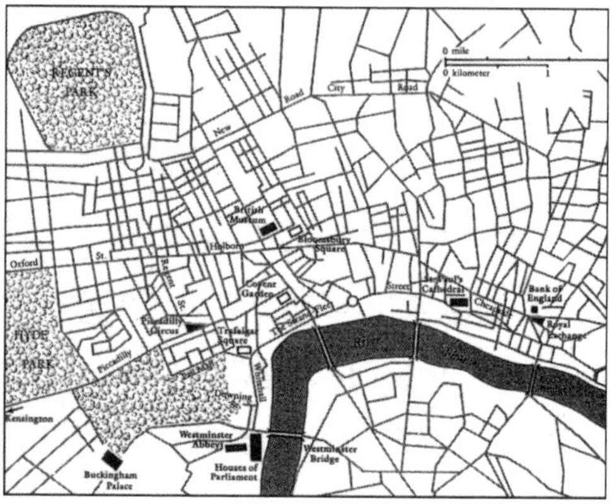

维多利亚时代的伦敦

18世纪中叶和19世纪中叶的伦敦

敢说哪一个国家比我们所拥有的知识和学问还要多？如果说有人厌倦伦敦，那么他就是厌倦了自己人生的人。因为伦敦是具备你的人生所需要的一切东西的地方。”[1]这是约翰逊为伦敦留下的一句名言。

约翰逊生活的18世纪中叶伦敦人口约为六十七万，到了18世纪末达到了九十万。[2]直到约翰逊时代伦敦的经济活动中心还只限于旧城区。想要通过海外贸易挣钱就必须在旧城区获取有关世界市场的相关信息，因此人们的工作地点和居住地点不能离得太远。居住在旧城区的居民大多都是从事海外贸易领域的人。后来，除了这些商人以外，在国债投资、股份投资、保险、海运、金融等领域又出现了积累大量货币资产的阶层。属于这个阶层的人都是极具“金钱利害关系”的人，主要从事货币信用、货运和船舶保险等领域的工作。

1 James Boswell, *The Life of Samuel Johnson* (London: Pitman, 1911 ed.), p.77, p.238.

2 参见E. A. Wrigley, “A Simple Model of London’s Importance in Changing English Society and Economy, 1650—1750”, *Past and Present*, no.37 (1967), pp.44—45。18世纪伦敦的商业状况可参照李永石著,《18世纪初伦敦商人的生活世界》(《社会与历史》第60期, 2001), 第206—238页。

到了18世纪后半叶随着人口的密集，旧城区地下排水管网老化破损、城市道路泥泞肮脏，居民出行叫苦不迭，伦敦的环境进一步恶化了。当时的伦敦事实上已经面临生态危机，解决问题的办法不是改造旧城区和开发毗邻区域就是逃离那个地方。伦敦人选择了前者，在以改善环境为目的的旧城区改造过程中，他们建设了花园广场、园林广场等意大利风格的广场。与此同时，郊外扩张也开始进行了。当然，狭窄的旧城区和威斯敏斯特的外围还有很多贫民居住地阻碍着旧城区改造的步伐，可伦敦的扩张势在必行。18世纪后期开发的重点是位于泰晤士河北岸的西部新居住区。这个后来被称为伦敦西区的地方很快建起了诸如坎伯韦尔、克拉珀姆、霍尔本、帕丁顿、金斯敦、切尔西、肯宁顿等新市区和住宅区，富裕阶层和中产阶层的贵族绅士们开始涌入这里。

城市的膨胀

到了19世纪伦敦的人口呈现快速增长的趋势。19世纪初伦敦人口仅为100万，1851年增至268万，到了1901年达到了658万。[1]这是大量人口从周边地区持续流入的结果。据一项研究统计，伦敦的人口增长以19世纪中叶为界呈相反趋势。也就是说19世纪前半叶的人口增加主要以来自埃塞克斯、萨里、肯特等伦敦附近的近距离迁移人口为主，而19世纪60年代以后则以来自英格兰西北部、威尔士、爱尔兰、东欧等远距离的迁移人口为主。[2]

1 Mitchell, *British Historical Statistics*, p.25.

2 D. Friedlander, “London’s Urban Transition, 1851—1951”, *Urban Studies*, vol.11, no.2 (1974), pp.127—141.有关伦敦郊外开发的内容可参照李永石著,《19世纪伦敦：社会史上的风景》(《内部与外部》第9期,2000),第93—116页。

快速的人口增长给城市的地域结构带来了巨大的变化。虽然过去曾经有过以中产阶层为主导的郊外开发先例，可伦敦的整体风格还是保持“内富外贫”的传统城市模式。也就是说在整个18世纪，狭窄的旧城区和郊外的贫民区共存的二重结构成了阻碍城市发展的绊脚石。[1]这也是后到的移民纷纷紧挨着旧城区边缘落脚的原因之一。于是在中产阶层的主导下伦敦开始了大规模的郊外开发。当然，19世纪中叶还留有过渡期的痕迹，即旧城区很多地方还留存着穷人和富人共存的空间。这样的现象在19世纪后期逐渐消失，出现了以富裕的中产阶层为主的郊外和以穷人为主的旧城区的与以前完全相反的二重结构现象。为什么会出现这样的现象呢？

首先，19世纪产业革命时期伦敦的产业基础十分脆弱，可在金融、贸易等领域却很发达，各种服务业和消费品工业也紧密相联，以低工资、高强度的“血汗制”(sweating system)为代价的廉价服装制造业也有了迅速的发展，家具、服装、皮革等小规模手工作坊也很繁荣。换句话说，伦敦的经济已经打下了能够吸收农村过剩人口和年轻一代劳动力的基础，在这一点上不亚于西北部工业地带。[2]19世纪的伦敦旧城区已经到了难以承受新的外来移民压力的地步，随之以前“富裕城区”和“贫穷郊外”的区分也渐渐模糊不清了。

其次，郊外开发和中产阶层逃离城区是更复杂的因素作用的结果。这个倾向是由城区的密集化与新的家族伦理的形成相互作用而来的。

1 H. J. Dyos, “The Growth of a Pre-Victorian Suburb: South London, 1580—1836”, *Town Planning Review*, vol.25, no.1 (1954), pp.66—78.

2 P. L. Garside, “London and the Home County”, in F. L. M. Thompson (ed.), *The Cambridge Social History of Britain 1750—1950* (Cambridge University Press, 1991), pp.492—493.

按照劳伦斯·斯通（Lawrence Stone，英国历史学家）的话，新的家族伦理是与以“感性个人主义”（affective individualism）为基础的“以家庭为中心的核家族”的出现紧密相关的。夫妻关系或者父母子女关系与以前不一样了。17世纪以来大多数中产阶层家庭特别看重家庭成员之间的情感，一改过去开放型家庭模式而变得越来越呈封闭型家庭模式的特征。这就出现了一个问题，即人们遇到了城区的开放性和封闭的新家族伦理难以共存的现实问题。[1]尤其随着贫民阶层涌入城区，中产阶层就强烈地表现出在空间上尽量远离贫民阶层的倾向。解决这个问题的方法只有一个，那就是离开城区在郊外重新建造一个自己的安乐窝。

18世纪的英国福音主义运动为中产阶层逃离城区起到了推波助澜的作用。福音主义运动是在安稳的基督教家庭里寻求救援道路的。福音主义者们关注的是城区越来越严重的垃圾和远离快乐的家庭。为了不让自己的子女被污染，父母必须远离城区的危险环境。进入19世纪，福音主义运动和新的家族伦理涉及整个中产阶层甚至还包括一些高级阶层。

那么伦敦的郊外开发具体是怎样进行的呢？自18世纪后半叶福音主义者的住宅区坐落在克拉珀姆区域以后，郊外的很多地方出现了富裕阶层居住的高级住宅群。他们的住宅群分别坐落在泰晤士河北岸的亨普斯特德、海格特、赫莫塞、沃尔瑟姆斯托，以及泰晤士河南岸的达利奇、沃尔沃斯、坎伯韦尔等地。这一带的住宅群是沿着城市道路建起来的，因此呈明显的带状分布。这里值得注目的是地主和建筑师共同

1 Lawrence Stone, *Family, Sex and Marriage in England 1500—1800* (New York: Harper & Row, 1977), pp.7—8.

参与开发，建设计划十分周密，整个建筑群与附近的其他古建筑的共存十分和谐。伊顿公学所在的温莎镇的开发就是典型的例子。[1]

1822年，建筑师约翰·索（John Show）分期购买约二百三十英亩的宅基地建造了三十四幢独立住宅。后来他的儿子约翰·索二世接过了父亲的班继续从事住宅建设行业。然而约翰·索二世的建筑风格比他父亲的建筑更具特色，每次建设楼房的时候还特别重视城市道路建设，一再强调留有公共开放空间的必要性。他在三条马路两旁建造了好几座住宅楼群，可每建造一幢楼之前都会先建造教会、酒吧等公共设施。无独有偶，当时伊顿公学方面想把自己学校的周围开发成典型的中产阶层居住区，而他们为开发商制定的建筑原则也是侧重于城市公共设施的建筑风格。温莎宅基地是以低密度住宅楼群为原则制定的，住宅形式以“独立式小洋楼”（detached house）和一个屋檐下住两户的“半独立式小洋楼”（semi-detached house）为主。“半独立式小洋楼”的出现意味着以中产阶层为对象的郊外开发模式开始发生变化。这种住宅模式自建筑师约翰·纳什（John Nash）在摄政公园建造大规模的“园林式村庄”以后，在伦敦迅速普及开了。[2]

“半独立式小洋楼”虽然在一个屋檐下有两个住户，可每个住户的前后都附加了一到三英亩的庭院和后院，是属于“园林式村庄”的住宅。19世纪后半叶伦敦通过地方自治团体条例对住宅制定限制条款，从而向社会提供了大量的适用新的建筑标准和卫生标准的房屋。享用这些房屋的阶层甚至扩大到了高级工人阶层。这些住宅群里既有“半

---

1 Olsen, D. L., “House upon House” , in Dyos, H. J. and Wolff, Michael (eds.), *Victorian City* (London: Routledge and Kegen Paul, 1973), vol.1, pp.333—358.

2 F. M. L. Thompson, *The Rise of Suburbia* (Leicester University Press, 1982), p.9.

独立式小洋楼”，也有好几户共住的相连的“排屋”(terraced house)。即使是“排屋”，屋前屋后也严格遵守附加庭院的原则。[1]

伦敦的郊外建设模式与通过城区开发带动整体发展的巴黎建设模式恰好相反。其原因非常复杂[2]，可我们只要了解两座城市行政组织上的差异也就多少能够知道其中的奥秘。如前所述，伦敦虽然通过18世纪后期对伦敦西区和泰晤士河北岸的开发以及19世纪初对泰晤士河南岸的开发急速扩大了城郊区域，可开发的主体却不是固定的。19世纪伦敦的唯一一个行政组织是伦敦市政厅(City Corporation)，可这个行政组织却一直维持着由九十多个行会(同业组合)组成的参事会(Court of Aldermen)选举市长的中世纪的传统行政模式。伦敦市政厅的权限虽然以国王颁发的宪章为依据，可这个权限还要受市长、司法官和参事会的制约。就连1835年颁布的《自治城市法》(*Municipal Corporation Act*)里也没有提到伦敦。换句话说，直到19世纪中叶没有一个行政组织能够管辖伦敦城区以外的其他地区。就这样，伦敦郊外的膨胀完全按照个别土地所有者，尤其是按照王室的意图自发性地进行着。[3]可以说，没有行政组织的统一部署反而加快了那个时期伦敦非正常的郊外膨胀。

19世纪的伦敦之所以能够对西部和北部大举开发，甚至对南部郊

1 欧洲的庭院都市运动虽然在20世纪发生，可英国早在19世纪的郊外开发中就出现了类似的运动。可以说带有前后院的住宅建设是20世纪初的“Letchworth Garden City”(1903)、“Hampstead Garden Suburb”(1906)等运动的继续。当然这些运动是以白领阶层或中产阶层为对象进行的。

2 在巴黎直到20世纪初还残留着城墙。城墙既是防止城外人进入城里的界线，同时又是阻止城里的市民外出城外的界线。

3 David Owen, *The Government of Victorian London* (Cambridge, Mess.: Harvard University Press, 1982), p.26.

区进行大面积扩张，与铁路的铺设是分不开的。19世纪蒸汽机车的出现是近代化的重要标志。欧洲产业化时期各国首都的大规模膨胀也借助于铁路建设。因为不管是哪一个国家，首都一向是一个国家铁路网的中心枢纽。以首都圈为中心的铁路网越往外辐射越加快人口向首都的集中速度。事实上，欧洲各国的铁路建设与产业化的进程速度并没有多大关系。如果说铁路革命是英国产业化的终点，那么对欧洲大陆国家来说则是产业革命的起点。铁路在伦敦首次问世是1836年的事情，而巴黎也早在1842年就已经开通了部分北部线路。

像德国等后起的产业国家城市都设有中央车站，可在伦敦和巴黎却看不到这种车站。在伦敦主要是由个别铁路公司在已经定型的城区近郊设置铁路枢纽并从那里向外铺设铁路的。直到那个时候为止铺设铁路不是考虑短途，而主要是针对长途运行的。其实贵族、地主以及旧城区的金融家们还真的不喜欢铁路枢纽坐落在城区中心，他们担心的是客运中心给城区带来没必要的混乱。比如伦敦至伯明翰的铁路枢纽就设在了离现在的尤斯顿车站十一英里外的哈罗镇，西部大干线的枢纽也位于离帕丁顿车站六英里远的伊灵。

然而也有一些具有前瞻性的城市设计家们为伦敦车站无序散落的事实而慨叹。他们的忧虑很快被现实所证明。从整体上看伦敦铁路运输网这种无序散落的车站实在是不敢恭维，更谈不上什么效率性。后来也有人提议伦敦铁路应该像欧洲其他国家一样设置中央枢纽，可等到说服运营各条干线的铁路公司已经为时晚矣。19世纪50年代中期伦敦的铁路网已经连接了伯明翰、米德兰、北部、东英格兰、南部海岸、布里斯托等各个地方，到了同世纪末伦敦的火车站多达十六个，分别散落在尤斯顿、帕丁顿、国王十字街、圣潘克拉斯、查令十字街、维多利亚、滑铁卢等地区。

地理上的两极化

18世纪后期，伦敦在威斯敏斯特区的西侧建设了包括牛津大街、摄政大街、帕丁顿大街、金斯敦大街、圣琼斯伍德大街等在内的所谓的“伦敦西区”，19世纪又开发了东区和泰晤士河南岸地带，可开发这些地域的主体并不是市政厅当局。19世纪伦敦的城区开发是在土地所有者贵族，尤其是在王室的主导下进行的。比如负责摄政大街和特拉法尔加广场等广场街区建设的不是市政厅当局，而是王室的山林管理专员（Commissioner of Wood and Forests）。[1]

随着伦敦大鼠疫爆发，伦敦市政厅当局才迟迟地意识到设置一个总管整个城市的行政机关的必要性。自1832年大鼠疫之后，伦敦的公共卫生、给排水设施等有了很大的改善，市政厅对道路交通的投入也提高了许多，1848年市政当局又颁布、实施了在埃德温·查德维克（Edwin Chadwick）倡导下制定的《公众保健法》（*Public Health Act*），这些都是在公众的呼声中出台的。可当1849年鼠疫重新席卷而来的时候，伦敦各地仍处于毫无防备的状态。1855年颁布的《首都地域政府法》（*Metropolis Local Government Act*）是为了规整分散在各区域的行政权限而出台的法规。这条法规实际上也没有提及有关总管全区域的综合行政机关的设置问题，只是将原先负责各地行政的二百五十多个行会和团体改编为相关区域委员会，因此只不过是提

1 David Owen, *The Government of Victorian London* (Cambridge, Mess.: Harvard University Press, 1982), p.26.

高行政效率的措施罢了。可这条法规也具有一个划时代的意义，那就是提出了设置总管给排水设施、道路改建、路灯安装等业务的综合管理机构的必要性。根据这个法规，伦敦成立了“首都建设委员会”(Metropolitan Board of Works)，19世纪50—60年代大举进行了给排水设施改造和城市道路改造工程。[1]

当时的伦敦人为自己居住在世界最大的城市而感到自豪。19世纪中叶的伦敦，其规模已经扩大到纽约和巴黎之和那么大，即使到了19世纪末仍比别的城市占据绝对的优势。当时的英国人理所当然地认为伦敦就是世界的中心。把伦敦城外的格林尼治天文台定为本初子午线，对他们来说也是理所当然的事情了。不仅如此，英国人还为展示伦敦文化上的优越性而付出了努力。比如在城区内力争营造独特的文化空间就是其中之一。此间伦敦的旧城区里开始出现了所谓的维多利亚风格的大型石雕建筑物。这些建筑物都是展示高品位文化的大型空间。这个时期修造的象征性建筑物有大英博物馆、皇家阿尔伯特音乐厅、维多利亚和阿尔伯特博物馆、自然史博物馆、国立美术馆等。

一些贵族也将自己的私有土地改装成公园或广场向一般市民开放了。布鲁姆斯伯里广场、雷赛斯特广场、肯色顿公园等都属于私设的广场和公园。无论是政府投资建成的还是私设的广场公园，这些空间

---

1 David Owen, *The Government of Victorian London* (Cambridge, Mess.: Harvard University Press, 1982), pp.33—37. 1862年又制定了《泰晤士河堤坝法案》(*Thames Embankment Act*)。随着首都建设委员会掌管泰晤士河堤坝修筑和治水、修桥等业务，以泰晤士河两岸为中心的整体城市规划开始付诸实施，1872年的《首都道路法》(*Metropolitan Street Improvement Act*)和1875年的《劳动者居住法》(*Artisans' and Labourers' Dwelling Act*)的制定又推动了大规模的住宅群建设。有关首都伦敦建设的正规行政组织是在第一次世界大战以后才出现的。

都象征着伦敦城区的高品位文化。除此之外，郊外沿着铁路两旁建造的带状住宅群也颇为引人注目。到处散落的“半独立式小洋楼”被公园和树林所环抱，这些小洋楼与世界最大的城市形成鲜明的对照，以其独特的田园风格构成城外的“世外桃源”。令人意料不到的是，像约翰·拉斯金（John Ruskin）等英国知识分子极力主张的“英格兰庭院”（England Garden）竟在嘈杂纷繁的大城市伦敦也能适应。

还有一件意料不到的事情，那就是与旧城区、威斯敏斯特区、伦敦西区等区域形成鲜明对照的伦敦东部区域（East End）竟然引发了当时被称为19世纪中叶社会调查先驱的社会学家亨利·梅休（Henry Mayhew）、查尔斯·布思（Charles Booth）等人的极大兴趣。他们之所以对这个地方感兴趣，因为这里就是伦敦代表性的贫民区。有趣的是，英语里表示贫民区的“slum”（衰落、陷落）一词原本是与大城市无关的词汇。在英语里这个词出现于19世纪20年代，源自表示“沼泽、泥潭”（wet mire）之意的古英语“slump”。德语、丹麦语里的“slam”也表示沼泽或泥潭。后来这个词逐渐用于产业城市里因排水困难而遭受痛苦的区域，或用来表示城市某些区域恶劣的生活环境。这个表示19世纪城市贫困区域的词汇与英国在产业化时期经历的特殊环境是分不开的。在产业化初期英国的棉纺工厂都设在了便于安装水利设施的偏僻山区，可后来随着蒸汽机的出现，这些工厂搬到了便于煤炭运输的江河、运河两岸，即那些工厂主们专门寻找地势低的地方安置工厂。随着工厂的设置，工厂周围开始出现了工人们居住的“工厂村”。开始时“slum”一词指的是雨季排水不畅的居住地，即专指棉纺工厂一带“工厂村”。可进入铁路时代后，这个词的含义发生了微妙的变化，工业城市此伏彼起，工厂周边到处散落着规模庞大的工人居住区，于是“slum”

19世纪末伦敦东区的贫民区

一词不可避免地变成了贫民和社会底层人群居住的环境恶劣的居住地代名词。

由于伦敦东区不是伦敦市政厅具体规定的行政单位，因此其区域分界也并不明显。直到19世纪前半叶，所谓的东区单指伦敦的斯特普尼区，可到了19世纪80年代，当查尔斯·布思对伦敦东区着手进行社会调查的时候，调查对象的名单上除了斯特普尼以外还新增加了怀特查佩尔（白教堂）、麦尔安德、圣乔治、贝斯诺格林、波普拉、哈克尼等地区的名字。就在18世纪这一片地域还是田园风光，只是以麦尔安德和贝斯诺格林为中心居住着少量的手工纤维工匠和手工丝织工人而已。

那么到了19世纪这些紧挨着城区的地方为什么没有发展反而变

成贫民区了呢？

首先，在传统城市里，人口的居住结构往往是商人和富裕阶层住在城区，贫民阶层居住在城外。可伦敦的这种人口居住结构早在18世纪末就已经开始发生变化。首先，在维多利亚时期，伦敦城区和伦敦西区建造了大型的石雕建筑物和大型展示空间，为了修筑这些工事而来的成群结伙的建筑工人最后留在了伦敦城区内。这些建筑工人需要的是廉价的住宿条件，于是简易板棚之类的工人宿舍便应运而生。建造一座大型石雕建筑物又需要漫长的工期，因此建筑工人也就随之不断增长起来了。

其次，伦敦港的码头扩建，从事装卸行业的码头工人也随之增加，而这些码头工人安营扎寨的地方都是离码头较近的东区一带。随着装卸工的增多，除码头工人以外的与装卸工作直接、间接相关的行业雇工也多了起来。箍桶匠、缆绳匠、木匠等从事的是较正规的行当，他们下面还有不少打短工的工人。1887年，比阿特丽丝·波特（Beatrice Potter，1858—1943年）专程访问包括威斯特—东区的西印度码头在内的主要船舶公司了解了码头工人的状况。调查结果显示，仅主要船舶公司就雇佣正规、非正规码头工人6199人。如果再加上中小规模的船舶公司，工人数就会远超这个数。[1]当时码头工人的绝大部分居住在东区，其中居住在怀特查佩尔的工人尤为居多。

再次，日益增多的东欧移民，其大多数滞留在东区过上了定居的日子。19世纪前半叶的爱尔兰移民，19世纪80年代的波兰和俄罗斯犹太

1 Beatrice Potter, “The Dock Life of East London” , *Nineteenth Century*, vol. 22 (Oct. 1887), pp.487—488.

人移民相继聚集在了伦敦东区。19世纪80年代，俄罗斯政府制定临时限制法想方设法迫害和驱逐犹太人，与之相应，英国的海运业者们纷纷站出来收容了大批犹太人。当时东欧难民首先想到的是伦敦，这是因为在西欧国家当中唯有英国没有对移民采取任何限制措施。从19世纪80年代到第一次世界大战爆发，有二百多万的东欧犹太人加入到移民行列，其中至少有十五万以上来到英国定居了。[1]

最后，盛行于服装、鞋类、家具等制造领域的“血汗制”大大刺激了这个地区的人口增长。所谓“血汗制”指的是倒卖商或中介商手下的转包商利用狭窄的工作场地以廉价劳动力制造产品的经营方式。这种经营方式实际上是新的生产技术、市场需求的变化以及廉价劳动力充沛等经济因素促成的产物。缝纫机的出现、大量东欧移民的涌入、对廉价工作服需求的增加等形成了新的经济环境。比如服装业，随着大量的工人需要廉价工作服，于是生产廉价工作服的生产组织就应运而生。

帝国城市与移民

到了19世纪末，大英帝国走进了第二次的膨胀局面。19世纪80年代，英国在加强白人定居地的同时，将印度大陆全域和阿拉伯半岛一部分、非洲多个地方以及直布罗陀、塞浦路斯等地理要塞编入到大英帝国的殖民地版图里。当时英国制造业领域被部分竞争国超出，这虽然有失于英国世界第一产业国家的名声，可因工业品的进口而产生的贸易

1 Andrew Godley, “Leaving the East End: Regional Mobility among East European Jews in London, 1880—1914” , in A. J. Kershen (ed.), *London, the Promised Land?* (Aldershot: Avebury on Behalf of the Centre for the Study of Migration, 1997), p.56. 有关这个时期的犹太移民问题可参照李永石著,《维多利亚后期英国社会与犹太人问题》(《英国研究》第12期,2004) ,第47—74页。

赤字他们还能以海运、金融等贸易外收支来弥补。英国之所以能够挺得住，一方面伦敦仍然是国际贸易中心，同时仍然是世界“票据交换中心”[1]。[2]至少在第一次世界大战之前，伦敦既是初加工产品的交易库，同时又是所有商品的中介和买卖以及短期信贷的中心。

19世纪末伦敦作为大英帝国的首都，修筑了许许多多象征帝国地位的雕塑和纪念物。骑士桥桥头上矗立着在叙利亚和印度屡建战功的休罗斯将军的骑马铜像，泰晤士河边的堤岸广场上也竖有高达68英尺的“克娄巴特拉方尖碑”。作为帝国的象征，最著名的还数位于城市中心的特拉法尔加广场。广场中心耸立着英国海军名将纳尔逊的铜像，铜像周围卧有象征英国国家权力的四只守护铜狮。

这个时期的伦敦也可以说是多种文化相互竞争的一个文化赛场。旧城区的经济、威斯敏斯特的政治，还有遍布西区的文化象征物等都在如实展示伦敦国际化城市的面貌。在大英帝国的鼎盛时期，伦敦居民的绝大多数是帝国最忠实的支持者。他们为帝国的成就和帝国的尊严而感到自豪，同时也更加熟悉了海外的文化。从这一点看，伦敦的确不愧为近代世界首座大都会。伦敦的这个地位对市民的整体意识到底产生了多大的影响，只有他们自己知道，旁人是无法准确把握的。

到了19世纪末，随着移民潮高峰的到来，伦敦进一步显示出了作为帝国中心城市的特征。如前所述，从19世纪80年代到第一次世界大战爆发为止，至少有20万犹太人移居英国，而其中的大部分人定居于

1 又叫清算中心，是集中办理同城或同一区域内各银行间应收应付票据的交换和资金清算的场所。——译注

2 P. J. Cain and A. G. Hopkins, *British Imperialism I: Innovation and Expansion, 1688—1914* (London: Longman, 1993), pp.162—172.

伦敦。移居别的国家的犹太人大多为单身年轻人，可移居英国的犹太人大多都是拖家带口的。移居英国的犹太人当中女人和孩子居多也是这个原因。以前从事过小规模商业或手工业的东欧移民在伦敦谋生已经不容易，而在伦敦东区谋生更是一件难上加难的事情。由于当时伦敦已经开始使用缝纫机等新机器，他们可以大量雇佣不熟练的劳动者，这就使服装类、鞋类等制造部门不可避免地实施“血汗制”生产方式。

19世纪末，东区服装制造部门的工人几乎全都是犹太人。由于他们原本都是从事过手工业和商业的人，因此“血汗制”是最适合于他们的工作方式。他们定居初期在东区的“血汗制”工厂里学本事，等本事学到手了就离开工厂另立门户，走上自我谋生的道路。1887年比阿特丽丝·波特曾对东区“血汗制”工厂做过详细的调查。这些工厂主要集中在怀特查佩尔、麦尔安德、圣乔治等狭窄的地带，有些服装类工厂在不到一平方英里的工厂里竟有数万名犹太人拥挤在一起做工。在踏查过程中波特发现这一带的大街小巷处处挂有用希伯来语或意第绪语（Yiddish）写成的牌匾和广告板。[1]

19世纪80年代以后，东区一带已经成为闻名遐迩的“贫民区”，而东区获得这个名字与来自东欧的犹太人对这一区域所产生的影响是分不开的。然而，进入20世纪以后，东区的犹太人社会却发生了急速的变化。移民的第二代与他们的父辈不同，在接受、融入英国社会和文化方面表现出了积极的态度，并以自己的诚实和勤劳得到了当地人的认可，于是无论是在社会地位上还是在经济地位上均超越了父辈。在大城市里，贫民区的世袭贫困和再生贫困往往成为城市的一大痼疾，可在犹太

1 Beatrice Potter, “East London Labour”, *Nineteenth Century*, vol. 24 (Aug. 1888), p.166.

人社会里贫困并不是世代相传、不可治愈的顽疾，往往在某一代就突然中止贫困走向富裕。从伦敦东区移到伦敦西区，再从西区移到美国，犹太人的移动性、适应性非常出色。传统的观点认为移居伦敦东区的犹太人大多都是通过第一次世界大战后的大逃亡过来的，而加入这一大逃亡行列的大部分又是移民二代或三代。可最近的研究结果表明，伦敦东区犹太人的25%却在1880—1914年间移动过两次。这就是说，移民一代的一部分也有可能在劳动力市场周边成功地进入到了城区。[1]犹太人走过的地方往往又有来自印度的孟加拉人和加勒比海出身的黑人紧随其后。

在伦敦东区的移民史中最有趣的部分就是宗教的多样性。18世纪为逃避宗教迫害，法国北部和荷兰的教徒们移居伦敦东区的斯皮塔佛德从事了纺织行业。英国的纤维工业正是靠他们带来的新式纺织机而实现了长足的发展，这是众人皆知的事情。继19世纪后期犹太人大举移民之后，20世纪的后期又有大批以孟加拉人为主的穆斯林移民涌入了伦敦。莫说马克斯·韦伯（Max Weber）和理查德·亨利·托尼（R.H.Tawney）的政治理论，在资本主义兴盛时期有不少宗教人士也沉迷于财富是人人皆知的事情。不管是来自法国北部的加尔文新教徒也好，还是19世纪末的犹太人移民也罢，都呈现出同一代人两次移居或下一世代迁出贫困区的倾向。那么孟加拉人的情况是怎么样的呢？

孟加拉人的移民是发生在20世纪中叶的事情，可查看他们的移民

---

1 William J. Fishman, “Allies in the Promised Land: Reflections on the Irish and the Jews in the East End”, in A. J. Kershen (ed.), *London, the Promised Land?* (Aldershot: Avebury on Behalf of the Centre for the Study of Migration, 1997), pp.60—62.

史，则可以追溯到久远的18世纪。当时东印度公司在印度雇用了大量的贸易船舶水手（Lascar）和力工，其中大部分是印度东北部贫困地区出身的年轻人。他们居住在伦敦东区简陋的廉价旅店，在东印度公司做码头装卸工或远航水手等苦力为生。18世纪末，东印度公司在伦敦东区修建了公司所属亚裔船员们定期住宿的设施。随着东印度公司的贸易往来日渐滑坡，移居到东区的孟加拉人再也没有扩大。20世纪20年代来自印度东北部贫困地区的个别印度人曾在东区开过孟加拉人的食堂，在第二次世界大战期间也有孟加拉人在东区的“血汗制”工厂里从事制革业和裁缝业，可他们谁都没有料到战后孟加拉人竟会成为东区最大的移民集团。[1]

第二次世界大战后随着大英帝国的解体，原属英联邦国家出身的少数人种大举迁入了英国，这也是世人皆知的事情。英国是凭借帝国经验在所有欧洲国家中最早实施开放性移民政策的国家，而这一移民政策使大量的廉价海外劳动力涌入英国劳动力市场，有效地缓解了20世纪50年代经济复兴期对劳动力的需求。当然在此之前已经有为数不少的少数人种居住在英国，作为帝国统治的附产物他们大多来自印度和加勒比海沿岸国。通过他们的人脉网络涌入英国劳动力市场的移民也占有不少比重。

20世纪50—60年代又有一批相当数量的印度东北部年轻人涌入了英国，可这一批年轻人来到英国的目的不是移民，而是在短时间内多挣钱再回到自己的国家去消费。他们在印度东北部并不属于最贫穷的

1 孟加拉人的移民过程可参照A. J. Kershen, “Huguenots, Jews and Bangladeshis in Spitalfields and the Spirit of Capitalism”, in A. J. Kershen (ed.), *London, the Promised Land?*, pp.66—90。

阶层，而是属于“为了未来的好日子情愿忍受暂时痛苦的中下层家庭出身”的年轻人。[1]在印度东北部，凡是有一定实力的父母都在勒紧裤腰带拼命挣钱努力想把自己的子女送到英国。这在当时的印度东北部农村已经形成了一股风气，而来到英国的年轻人也都心怀衣锦还乡的美梦拼命挣钱。当时来到伦敦的年轻人都是幸运地得到英国签证的人。尽管英国政府开放了移民政策，可在印度东北部贫困地区盼望出国挣钱的众多人当中往往只有少数人才能拿到英国政府批准的入境签证。20世纪50年代初期，印度移民的绝大部分在伦敦东区的制革、纤维、缝制等“血汗制”工厂里做工，挣到一笔钱汇一笔，只要有了一定的积蓄就毫无留恋地离开英国返乡。用他们在英国挣的钱，家里人足以购得一片田地成为一个独立的农户过上自给自足的小日子。印度东北部的当地人甚至戏称这些靠海外打工起家的人为“伦敦人”(Londoni)。[2]

直到20世纪50年代为止，还是属于少数人种的孟加拉人如今成了伦敦东区最大的移民集团，那么到底是什么原因促使他们形成一个庞大的集团的呢？首先他们要感谢英国政府于1962年颁发的《联邦移民法》。英国的这项法律是为了预防战后随着海外移民的增加而有可能出现的雇佣市场和种族矛盾恶化的问题而制定的。为了限制海外移民的增加，该法律明文规定只允许获取劳动部就业许可证的英联邦国家的公民移居英国。这条法律的制定和实施反倒对印度东北部贫困地区梦想移居英国的人起到了推波助澜的作用。他们施展浑身解数争取在新的移民法实施之前移居英国。短期就业证很容易从已经在东区落脚

1 A. J. Kershen, “Huguenots, Jews and Bangladeshis in Spitalfields and the Spirit of Capitalism”, p.78.

2 同上，第79页。

的亲戚或同乡那里买到，于是办理短期就业证的中介行当便兴盛起来了。当然，直到那个时候聚集在伦敦的孟加拉人并没有放弃“多干活多挣钱争取早日返乡”的梦想。可到了20世纪60年代他们的这个梦想就很难实现了。随着经济衰退，不谙城市经济活动规律的孟加拉出身的年轻人不用说积蓄，就连最起码的生存也难以保障。事到如今，挣钱回家购置田地的梦想已经破灭了，于是他们只好把家里的人带过来继续在英国打工。

其次，1971年的东巴基斯坦纷争又刺激该地区的人涌入英国。国内局势动荡不定让东巴基斯坦地区掀起了一股移民潮。在孟加拉国没有土地的佃户普遍受到全社会的歧视，被认为是最卑贱的阶层。在东区打工的孟加拉年轻人给家里汇款也是为了购得一块田地以摆脱“最卑贱的阶层”。就这样，巴基斯坦纷争以后巴基斯坦佃户出身的大量难民涌入了英国，可出于政治上的原因英国政府只能默认这些难民的流入。目前印度东北部人在伦敦东区里形成最大的种族集团。他们从1961年的6000人猛增到1991年的16万人。[1]如今来自加勒比海沿岸国的移民在人数上正紧随其后。

通过1971年的行政改编，以前的东区地域现今已经设定为哈克尼和陶尔哈姆莱茨两个市区，其中哈克尼区是将原有的哈克尼和索迪治合二为一的市区，陶尔哈姆莱茨区则是包括贝斯诺格林、麦尔安德、波普拉、斯特普尼、怀特查佩尔等地域的市区。哈克尼人口于1891年曾达到36万9209人，可到了下一个世纪却急剧减少，到2001年只剩下20万2819人。从种族结构看，2005年该区人口中白人占59.9%（其中英

1 National Statistics Online. http://www.statisticsgov.uk/census2001/profiles/00bg.asp

国出身的白人占47.1%，爱尔兰出身占2.6%，其他白人占11.2%），孟加拉人占2.8%，加勒比海黑人占9.2%。陶尔哈姆莱茨区的人口变化则是，1891年为58万4936人，1901年为57万8143人，到了2001年则减少为19万6121人。2005年该地区的种族结构是白人占53.9%（其中英国出身的白人占44.2%，爱尔兰出身占1.8%，其他占7.9%），孟加拉人占30.5%，加勒比海黑人占2.2%。[1]

喜迎千禧年之际的伦敦

大城市的贫民区是在近代产业化进程中由人口剧增所导致的不可避免的现象。19世纪产生的伦敦东区的贫民区与英国社会的内在结构密切相关。18世纪末19世纪初，随着圈地运动而产生的移民增加、城市开发、伦敦港扩张等现象导致大量劳动力流入旧伦敦城东郊一带。值得注目的是作为帝国中心城的伦敦为这一地区的变化产生了极大的影响。伦敦作为大英帝国的心脏，通过帝国这一巨大的网络从海外不断地吸入廉价的劳动力，而属于英联邦的各国移民也趁机聚集在了伦敦东郊。比如18世纪移居的胡格诺教徒，19世纪前期移居的爱尔兰人，19世纪后期和20世纪初期涌入的犹太人，还有20世纪后期流入的孟加拉移民和加勒比海黑人等。

2000年喜迎千禧年之际，英国政府为改变伦敦城内外部分落后地区的面貌开展了一场规模庞大的城市改造工程。通过这项工程，坐落于泰晤士河两岸伦敦港一带的贫民区全部消失，代之以一群新的现代

1 http://en.wikipedia.org/wiki/London_Borough_of_Tower_Hamlets; http://en.wikipedia.org/wiki/London_Borough_of_Hackney

改造后的道格斯岛全景

建筑物，也有一些地方变成展示空间或公演的场地，为伦敦的文化生活注入了新的活力。对落后地区的改造工程以多种方式开展，其中最具代表性的方式是由政府投资公司主导的改造工程。1981年英国政府为伦敦码头区的改造特意设立了“伦敦码头区开发公司”(London Docklands Development Company，简称LDDC)。这个公司利用十九年的时间开发了多达二十二平方千米的城区面积，从根本上改变了伦敦的外观。除此之外，改造道格斯岛（Isle of Dogs）上原有的西印度码头米尔沃尔码头，使这个原先丑陋的小岛变成摩天大楼云集，大型购物中心和大型会议中心鳞次栉比的现代城区，一举改变了伦敦的空中轮廓。如今这个区域已经成了全伦敦高楼大厦最密集的地方。以伦敦综合贸易中心引以为豪的爱克塞尔展馆就在这里，2012年伦敦奥运会的陶尔哈姆莱茨区奥运村也设在了这里。

大英帝国解体后随着英国经济的衰退，伦敦很长时间处于默默无闻的状态。可进入20世纪90年代以后随着英国经济的复苏，伦敦再次成为了世界瞩目的地方。伦敦作为世界金融中心，随着欧元化的推进，其旧城区的威望越来越高，同时伦敦又是设计、时装、工艺、公演、展示等各种文化活动最为活跃的地方，是综合反映整个欧洲文化发展趋势的文化中心。然而，坐落于伦敦东区泰晤士河岸的贝斯诺格林—斯特普尼一带相当一部分地区至今没有完全摆脱贫民区状态，仍然是以孟加拉移民和加勒比海黑人种族集团为主流的区域。这个与伦敦都城形成鲜明对照的东区算是帝国统治留存下来的一个“遗物”。

第七章
巴黎，革命与艺术的城市

闵有基

走进巴黎城

16世纪上半叶，神圣罗马帝国的查理五世留下一句名言："巴黎不是一座城市，而是世界（Lutetia non urbs，sed orbis）。"没错，一座大城市就是一个小宇宙，可巴黎却与众不同，那里有所有人梦想拥有的一切。"香榭丽舍大街，香榭丽舍大街，不管晴雨不管昼夜，香榭丽舍大街有你想要的一切……昨夜的两个陌生人，经过长长的一夜，今早在大街上已成为一对冒失的情人。"这是创作于1969年的一首香颂（法式浪漫小调），唱的就是巴黎的浪漫情调。就像罗伯特·杜瓦诺（Robert Doisneau）的作品《巴黎市政厅前之吻》一样。

就像瓦尔特·本雅明（W. Benjamin）在评论"近代首都"巴黎的19世纪城市文化时谈论幻想与梦想一样，巴黎的确是个令人浮想联翩的城市。[1]“索求所有不可能的东西！”这是1968年法国“五月风暴”中提出的一句口号，尽管当时只是一句政治口号，可用在今天的巴黎仍旧没有过时。2004年韩国电视台制作的偶像剧《巴黎恋人》曾轰动一时，描写的是旅居巴黎的两个韩国年轻人既不是幻想也不是现实的一段浪漫的爱情故事。电视剧的内容似乎有些荒唐，可在幻想与现实经常交织在一起的巴黎，“既不是幻想也不是现实”的逻辑并不是荒唐的。在浪漫的巴黎，不少生活在幻想中的人迟迟不肯回到现实之中，而浪漫的巴黎人对这些人始终持以宽容的态度。

1867年的巴黎万国博览会，法国的知名作家和艺术家们出版了一套巴黎宣传册子。维克多·雨果（Victor Hugo）盛赞巴黎既是集耶路撒冷、雅典、罗马为一身的城市，同时也是“文明之帆”[2]。世界所有城市当中还没有像巴黎这样持续受到世界各地人们青睐的城市。西罗马没落以后的12—13世纪，久经动荡的欧洲城市开始复苏，而巴黎又是如实反映这一文明史的见证者。巴黎是世界上第一个放飞热气球和开办连锁百货店的城市，也是世界第一部电影诞生的城市。世界著名的作家、美术家、音乐家、建筑家、神学家、哲学家、数学家、化学家、时装设计师、革命家、民主主义者、自由主义者、社会主义者、贫民运动家，不管是拥有什么思想的人都曾在巴黎留下崇高的名声和伟大的足迹。

包括法国在内的众多国家的文人、艺术家、科学家不分国籍地聚集在浪漫的巴黎，创造出脍炙人口的艺术作品和举世瞩目的科研成果。

---

1 参照瓦尔特·本雅明著，赵亨俊译，《巴黎拱廊街》（新潮出版社）。Walter Benjiamin, (Rolf Tiedemann ed.), *Das Passagen-Werk* (Frankfurt am Main: Suhrkamp Verlag, 1982); Jean Lacoste trad, *Paris, Capitale du XIXe siècles* (Paris: Editions du Cerf, 1989).

2 Victor Hugo, “Introduction”, *Paris-Guide 1867 par les principaux écrivains et artistes de la France* (Paris: Librairie internationale, 1867), t.l, p.XXVI, p.XIX.

爱尔兰籍的作家塞缪尔·贝克特、西班牙出身的画家毕加索、波兰出身的音乐家肖邦和科学家居里夫人、捷克出身的小说家米兰·昆德拉、美国出身的歌星约瑟芬·贝克等名人成名的地方都是巴黎。“我有两个爱人，一个是我的国家，一个是巴黎。”这是1906年出生于圣路易斯的黑人女歌星约瑟芬·贝克（Josephine Baker）的成名作《我有两个爱人》里的一段歌词。1931年贝克在巴黎舞台活跃，就在这一期间她推出了自己的这首代表作并走红世界各地。为了世界和平，她在第二次世界大战期间主动参加法国抵抗运动组织，站在了反对纳粹德国的第一线。此外，巴黎是为追求自由和平等而奔波过的马克思、列宁、托洛茨基等共产主义者流亡过的地方，也是周恩来、邓小平、胡志明等亚洲年轻一辈有识之士留学并与法国左派活动家们一起生活、交流过的地方。

法国诗人纪尧姆·阿波利奈尔（Guillaume Apollinaire）在1913年发表的作品《蜜蜡波桥》中写道：“塞纳河在蜜蜡波桥下扬波，我们的爱情应当追忆什么……一天又一天消逝，一周又一周流淌，不管是时间还是爱情，过去了就不再回头，塞纳河在蜜蜡波桥下奔流。让黑夜降临让钟声吟诵，时光消失了只有我没有移动。”塞纳河终归要流淌下去，不管是过去还是现在和将来，火热的爱情也会留下“甜蜜之吻的追忆”而消失，一生厮守的老年夫妻的爱情也会随着时间的流逝而淡忘，只有巴黎两千多年的历史气息原封不动地留存下来。是的，历史在毫无隐瞒地向我们述说着巴黎曾经是一座文化的都市、艺术的都市，同时又是革命的都市。

我们将要走进这座拥有两千多年历史的文化古都。孔子在《论语》中说：“知之者，不如好之者；好之者，不如乐之者。”我们此次对巴黎城市历史的研究为的是去闻一闻至今留存在巴黎的文化和历史气息。我们不能只停留于巴黎带给我们的浪漫的幻想之中，而应该去探索巴黎人追求自由平等、博爱宽容、团结向上的生活方式，使之融入我们的现代生活方式之中，使我们的生活也充满浪漫和幻想。就像2001年的佳片《天使爱美丽》中虽然不怎么阔绰，但一直在给身边的人们传播爱与希望之火种的女主人公一样。

从古代到绝对专制王政的巴黎历史

从考古学家们发掘的文物和古迹看，巴黎一带早在公元前8000多年的时候就已经有人类生活过的迹象。[1]可有关巴黎的最早文字记录是从公元前52年恺撒的《高卢战记》开始的。这是一部描写罗马军队打败由维尔琴革托里斯克（Vercingetorix）率领的高卢族军队最终占领卢特斯（Lutèce）的文献。[2]占领卢特斯之后，罗马军队为了修筑一座能够容纳5000—6000人的中等规模罗马式城市，先后建造了圆形竞技场、公墓、神殿等城市设施。如今巴黎市中心的五区还有由19世纪60年代被发掘并于1883年定为历史遗址的圆形竞技场遗址。卢特斯这个名称源自生活在这一带的高卢族人的名字"巴黎志"（Parisii），到了公元2世纪才更名为巴黎。

巴黎拥有两个宗教神话。巴黎圣母院墙壁上的雕塑中有一个手提自己头颅的人，他就是为给高卢族人传播基督教，而于公元250年在号称"殉教士之坡"的巴黎北部蒙马特山上被处死的圣丹尼（Saint Denis）。提着被砍下来的自己的头颅消失在巴黎北部蒙特马山那边，

---

1 1991年对巴黎十二区的贝西地区进行城市改造的时候发现了公元前4000年左右的考古文物，2008年法国国立考古学研究院在巴黎十五区塞纳河附近发现了公元前8000年左右的考古文物，2003年在巴黎西郊拉德芳斯和楠泰尔附近发现了公元前200年的高卢人遗址。有关古代和中世纪的巴黎历史可参照Alfred Fierro, *Histoire et dictionnaire de Paris* (Paris: Robert Laffont, 1996), pp.7—54。有关2008年的发掘可参照*Libération*, le 25 juin 2008。

2 "卢特斯"一词源自高卢语"沼泽"。

传说中的圣丹尼不仅对基督徒，对普通人来说也是良心和自由的化身。另一个神话的主角是巴黎的守护者圣热内维耶瓦（Sainte Geneviève）。公元451年匈奴阿提拉逼近巴黎，圣热内维耶瓦便祈祷上帝保护巴黎。也许她的祈祷灵验了，阿提拉没有攻击巴黎而绕道朝南攻去了。圣热内维耶瓦于公元502年去世，为了纪念她人们在她祈祷过的山坡上修建了圣热内维耶瓦修道院，那个山坡也就叫作“圣热内维耶瓦山坡”。16世纪，圣热内维耶瓦修道院改名为圣爱蒂安迪蒙教堂并一直到现在。这座教堂的旁边还有一座18世纪路易十五世为奉献上帝而修筑的教堂，后来这座教堂又成为专门存放法国大革命时期献身的英雄人物和其他历史伟人骨灰的法国国家公墓“先贤祠”。现在这里还安放着法国启蒙思想家伏尔泰和卢梭、文学巨匠雨果和佐拉以及社会主义者让·饶勒斯等七十五位法国人心目中的伟人的骨灰。

墨洛维是击退匈奴的进攻创立法兰克王国墨洛温王朝的人，他的孙子克洛维（Clovis）在圣热内维耶瓦的劝告下于公元496年改信基督教，并在公元508年将巴黎定为法兰克王国的首都。然而，随着公元8—9世纪继墨洛温王朝而建立的卡洛林王朝的没落，巴黎失去了法兰克王国的中心地位。几乎在同一时期沿塞纳河入侵的海盗在法兰克持续了一个多世纪的骚扰。击退海盗的侵扰之后，雨果·卡佩（Hugues Capet）建立法国历史上的卡佩王朝，巴黎重新成为法兰西王国的首都，并从12世纪初开始随着日趋稳定的王朝政权逐步发展起来。12世纪初，路易六世下令修建了巴黎中央市场雷阿勒（Les Halles）街区，据当初的建造设计，这个中央市场完全可以使用到20世纪中叶。路易六世的儿子路易七世于1163年为巴黎圣母院打下了基础，腓力二世则在13世纪初修建了以自己的名字命名的城郭。死后被教会谥号为圣人的圣王路易九世于

巴黎圣母院雕塑上的圣丹尼

13世纪初创建了巴黎大学。巴黎大学为纪念罗伯特·德·索邦神父将该校的神学院改名为索邦神学院，后来成了西欧中世纪问题研究中心。[1]在14世纪中期因黑死病引起的人口大减少之前，巴黎的人口已经超过二十万，成为欧洲人口规模最大的城市。而同期伦敦的人口仅有四五万。

卡佩王朝于1328年被瓦卢瓦王朝所代替，而瓦卢瓦王朝的掌权导

1 1968年的五月革命以后，巴黎大学通过大学改革在巴黎和周边小城市分设了巴黎第一大学到巴黎第十三大学共13所综合大学。索邦神学院为巴黎第一大学，新索邦大学为巴黎第三大学，巴黎—索邦大学为巴黎第四大学。

致了后来英格兰王爱德华三世仗着卡佩王朝出身的母亲的势力要求继承法国王位的事件，这一事件又成了后来发生的百年战争（1337—1453年）的直接导火线。百年战争初期，法国瓦卢瓦王朝二代国王约翰二世被英军俘虏，于是法国王朝为商讨赎回国王和战争费用事宜召集了“三级会议”。趁此机会一直倾向于资本主义的巴黎市长艾顿·马塞以夺回“三级会议”的课税权和政府统治权为目的率众起义，起义后来被镇压。14世纪后半叶，法兰西国王查理五世在停战时期通过修筑卢浮宫、巴士底狱和凡圣城、巴黎城郭等活动改变了首都巴黎的面貌。15世纪初战火重新燃起，法国遭重创，北部大部分被英军占领，多亏圣女贞德的出现才让法国终于击退英军结束了百年战争。

15世纪后半叶和16世纪初，巴黎作为中央集权制王国的首都逐渐巩固了自己的地位，可弗朗索瓦一世即位以后立刻在卢瓦尔河谷筑起新城，将自己的住处搬到了那里。然而到了1528年，他又将住处搬回巴黎，并为扩散人文主义思想命令人文学家纪尧姆·巴德创建皇家大学。这所皇家大学就是向世界所有人开放的法国最高高等教育机构法兰西学院（Collège de France）。16世纪末，巴黎又经历了一场因宗教派别的矛盾而导致数千人被害的宗教大屠杀。为了使南部一带信奉的新教胡格诺教和北部一带信奉的基督教和平共处，查理九世将自己的妹妹嫁给了纳瓦拉国王胡格诺教徒恩里克三世，而在1572年8月22日的婚礼上却发生了基督徒集体杀害参加婚礼的胡格诺教徒的“圣巴托罗缪惨案”。查理九世的胞弟亨利三世继承王位建立了瓦卢瓦王朝，但因无子可嗣而结束，法国的王位于1589年由纳瓦拉国王胡格诺教徒恩里克三世继承，而那个恩里克三世正是波旁王朝的创始人亨利四世。

亨利四世为统治法国将自己原来信奉的胡格诺教改为基督教，

1598年作为保证宗教宽容的宣言，发表《南特赦令》容许了人们对胡格诺教的信仰。为了强化王权救济贫民，亨利四世将很大的精力倾注于城市改造。16世纪初，亨利四世在巴黎修建了塞纳河上第一座石质大桥——巴黎新桥。这座桥宽20米长238米，是当时全欧洲任何一座桥梁和马路都无法比拟的建筑巨作。为纪念1610年不幸被暗杀的亨利四世，巴黎当局于1614年在新桥中央建造了亨利四世的骑马铜像。亨利四世在位期间大搞道路扩张、广场扩建、卢浮宫续建等城市美化工程。受亨利四世的影响，后来17—18世纪的法国国王也在自己的执政期间将重点放在了城市建设上。追求专制主义的法国历届国王为了显耀自己的权贵，无视大众的创造力在巴黎建造了无数个里程碑式建筑物。路易十三世的母后从杜伊勒里花园沿着塞纳河修了一条笔直的“皇后林荫道”(Cours la Reine)，给贵族和资本家阶层的散步和马车游览提供方便，从而创造了17世纪上流阶层的休闲文化[1]。路易十三世时期新建或重建的

中世纪艾顿·马塞的城市起义

1 参照马克·吉罗德著，闵有基译，《城市与人类：中世纪到现代的西方城市文化史》(与书同步出版社，2009)，第264—265页。

教堂多达六十多座，路易十四世时期又修建了专门收留伤残军人的医院“荣民院”和闻名遐迩的香榭丽舍大街。

路易十四世并不喜欢巴黎，小时候曾因参与贵族和资产阶层为抗议绝对专制王朝而发起的“投石党之乱”[1]而逃出过巴黎。于是执政以后的路易十四世将王朝搬到凡尔赛宫，直到1789年的大革命爆发为止。即使权力的中心移向凡尔赛宫，可巴黎的城市美化工程并没有停下脚步。18世纪60年代路易十五世时期，塞纳河边筑起了气势恢宏的货币铸造厂，向世界展示了国家的强盛和富裕。[2]路易十五世时期修建奥德昂国立剧院和陆军士官学校，1774年登上王位的路易十六世为收取“入市税”修筑了巴黎城墙。绝对专制王朝历经17—18世纪为展示自己的威严在巴黎处处修筑显示王权的宫殿和教堂、雄壮华丽的官厅和军队设施、供上流阶层消遣的休闲林荫道、纪念历史伟人的各种铜像等象征性建筑物。

从王权的角度看，城市建设有利于王国的繁荣昌盛，可同时对绝对专制王朝来说又是一个潜在的危险。城市建设无意中给市民注入了自由思想、自由发言、自由印刷的倾向，也助长了激进分子抨击王权专制的苗头。18世纪，在贵族和资产阶层的沙龙文化中展开的自由讨论和艺术批评，逐渐发展为激进的资产阶层思想家们公开批判王朝专制的咖啡厅聚会。巴黎第一家咖啡厅问世于1672年，可随着意大利人普罗柯皮欧于17世纪80年代开办的咖啡厅大获成功，巴黎市内便刮起了咖啡厅热，到了1723年市内咖啡厅增至380多家。法国著名剧作家、文学

1 又称“福隆德运动”，发生于17世纪中叶的法国内战。——译注

2 Allan Braham, *The Architecture of the French Enlightenment* (London: Thames and Hudson, 1980), p.120.

20世纪初的巴黎咖啡厅聚会

批评家梅西埃（Louis-Sebastien Mercier）在他1781年撰写的《巴黎风景》里描述道："在六七百家咖啡厅里展开激烈的学术性研讨和对戏剧的批判。"[1]国王们居住在凡尔赛宫的18世纪，在巴黎众多的咖啡厅里人们对新社会的渴望达到了高潮。19世纪的巴黎咖啡厅仍然是工人运动和社会主义者的聚集场所。而20世纪初的蒙巴纳斯和20世纪中叶的圣日耳曼德佩的咖啡厅聚会既是艺术家、亡命客、知识分子研讨和写作的场所，同时又是让·保罗·萨特和西蒙娜·德·波伏娃所说的市民恋爱的场所。

1 参照克里斯托·勒费比尔著，姜周宪译，《咖啡的历史》(hyohyung出版社，2002)，第19、21、31页。

从革命城市到奥斯曼近代城市的重组

1789年7月12日，卡米尔·德穆兰（Camile Desmoulins）在巴黎皇家宫殿附近的一家咖啡厅里发表演讲，号召市民拿起武器推翻绝对专制的王朝政府，两天以后巴黎市民果真拿起武器攻占了巴士底狱。当时法国革命的主力军是被王朝蔑称为“无套裤汉”（sans-culotte）的巴黎激进市民。攻占巴士底狱的第二天，按街区分别组成的各个民主自治团体直接选举了巴黎市长，而巴黎的妇女则在同年10月份举行了要求王朝给市民发放面包的示威游行。游行队伍一直走到凡尔赛宫逼迫国王和皇后重新搬回巴黎的杜伊勒里宫。1792年8月10日还是这些市民攻击杜伊勒里宫，推翻了自1792年春法国对外战争开始后一直妨碍和反对法国革命的路易十六世王朝。他们解散资产阶层革命家们于1791年制定的立宪王政和立法议会，成立了国民工会和第一共和政府。发生在1789—1799年间的大革命只不过是革命城市神话的前奏曲而已，这个前奏曲引发了1830年的七月革命和1848年的二月革命等持续整个19世纪前半叶的动荡。

拿破仑一世覆没以后成立的复古王政第二代国王查理十世是个反自由主义者，也是一个暴君。巴黎市民对这个暴君极为不满，并于1830年7月27日到29日在城市中心展开巷战，取得了七月革命的胜利。这场革命导致了号称七月王政的“自由主义立宪王政”的诞生，国王路易·菲利浦于1840年在巴士底狱广场修建了七月革命纪念碑。发起七月革命的虽然是要求恢复议会权利和言论自由的资产阶层自由主义者，可拿起武器展开巷战的却是城市手工业者和工人。19世纪法国浪漫主义画家德拉克洛瓦的作品《自由引导人民》生动描绘了当时的情景。用青铜铸造的七月革命纪念碑高五十二米，纪念碑的基石上刻有“光荣属于1830年7月27、28、29日为民众的自由而战的法国市民”的碑文。由攻占巴士底狱为导火索而爆发的法国大革命历经拿破仑帝国和复古王政两个政权，终于在“七月革命”后落下了帷幕。路易·菲利浦将七月革命纪念碑建在巴士底狱广场，充分体现了巴黎人对巴士底狱的怀旧情感。[1]

然而，通过“七月革命”而诞生的自由主义立宪王政越来越引发市民的不满，同时19世纪30年代法国产业化所导致的社会问题随着社会主义思想的扩散又酝酿了一场新的革命。第一共和政府实施了按照纳税额赋予普选权的政策，这就引发了得不到选举权的广大中下层市民的强烈不满，再加上政府强行禁止市民要求普选权的政治集会，愤怒的市民于1848年2月再次通过暴力革命推翻第一共和政府，成立了第二共和政府。1848年法国19世纪最著名的现代派诗人夏尔·波德莱尔(Charles Baudelaire)在自己的一首诗中写道:“要是理想变不成现实的社会，我就毫无留恋地唾弃它。”“二月革命”既是实现第二共和政府、公民普选权、言论出版集会自由的民主主义革命，同时又是切实保障市民劳动权的一场社会革命。同年6月为解决失业而设置的国民工厂遭到保守派的反对而被关闭，于是巴黎工人再次发动巷战，然而因寡不敌众被军队镇压，在12月举行的总统选举中拿破仑三世当选为第二共和政府总统。1851年拿破仑三世发动政变捣毁第二共和政府的宪政秩序，次年宣布成立第二帝国并自封为法兰西第二帝国皇帝。

1 参照闵有基著，《19世纪巴黎东部诸广场上的纪念物与城市政治符号学》(《符号学研究》第23期，2008)，第532页。

整个19世纪巴黎人口持续增长。据历届人口调查，巴黎人口从1801年的55万增加到1851年的100万，五十年间增长了近一倍。此后一直呈增长势头，1861年为170万，1876年为200万，1891年250万，1901年270万，1921年290万，到了20世纪20—30年代突破300万。然而，从20世纪中叶开始又呈渐降趋势，1968年为260万，1975年230万，到2010年下降到220万。[1]巴黎的面积为105平方千米，仅为首尔的六分之一。19世纪上半叶，狭窄的国土上人口过于密集，这使得穷人的生活环境变得更加恶劣。在巴黎狭窄的居住空间里混杂着资产阶层、城市手工业者和小市民以及进城打短工的外地人，而在19世纪30—40年代资产阶层普遍把城市劳动人口视为最危险的阶层。[2]这是资产阶层明目张胆地把犯罪、卖淫、群殴等日常暴力活动和城市脏乱差的原因归咎于工人和贫民阶层的行为。视邻里的劳动人口为危险对象，资产阶层的这种恐惧感大多来自过去发生过的工人巷战和传染病。19世纪横扫欧洲的鼠疫仅1832年一年间就夺走了巴黎18402人的生命，而包括鼠疫在内的各种传染病恰恰多发生在劳动人口密集的区域。[3]

1853年，拿破仑三世任命奥斯曼（E. Haussmann）为塞纳区行政长官，可奥斯曼因乱用预算而受到议会的批判，直到1870年1月卸任为止只履行了城市建设相关的工作。然而，奥斯曼在巴黎的城市建设中没

1 Alfred Fierro, *Histoire et dictionnaire de Paris, p.279. Journal official*, le 2 janvier 2010. 目前伦敦城市面积为1577平方千米，人口760万，柏林城市面积为891平方千米，人口340万。

2 Louis Chevalier, *Classes laborieuses et classes dangereuses à Paris pendant la premire moiti du XIXe siècle* (Paris: Plon, 1958).

3 有关传染病及其恐怖方面的问题可参见Jean-Pierre Bardet, Patrice Bourdelais, Pierre Guillaume, François Lebrun, Claude Quétel, *Peurs et Terreurs face à la Contagion: Choléra, tuberculose, syphilis XIXe—XIXe siècles* (Paris: Fayard, 1988)。

有辜负皇帝的期望，使巴黎市容发生天翻地覆的大变样。现今巴黎的市容市貌基本上还保留着19世纪50—60年代的风貌，以奥斯曼的名字命名的“奥斯曼城市模式”成为世界近代城市建设的样板。“奥斯曼城市模式”对巴黎城市结构带来了如下四个方面的变化：一是城市道路网络的扩充。以新建的城市街道连接巴黎新旧城和塞纳河左右岸，形成系统的城市道路网络。城市街道的扩建以东西主干线和南北主干线的交叉口为中心进行，在巴黎西部以凯旋门为中心向外辐射12条马路。二是修缮给排水管网，扩大城市绿地空间。“奥斯曼城市模式”出台后巴黎市的给水管网总长由原先的750千米延长至1550千米，1854年约160千米长的排水管到了1870年延长至540千米。作为提供新鲜空气的绿地空间，城市的东西两端分别设置了班斯诺森林和布洛涅森林，城市中心也修建了多处绿地公园。三是新建和扩建公共设施。新建、续建和扩建了车站、赛马场、医院、商业法庭、豪华饭店、剧院、警署、街区厅舍、学校、教会、塞纳河桥、市场等公共设施。四是自1860年1月1日起将城市周边的18个村镇编入到巴黎城区，扩大了巴黎的城市规模，至此巴黎从原先的12个区扩大到现今的20个区。[1]

巴黎大规模的城市改造的主要动因就是为了预防使资产阶层产生双重恐惧的传染病和市民的巷战，为此当局将改造重点放在了街道的扩张和卫生设施上。城市街道扩展了，市民无法设置路障，军队的进出速度也加快了。政府当局还以扩展路面和修筑公共设施为由强行拆迁或破坏了城区工人的密集空间。当局对城区贫民区的大规模拆迁扶持了房地产商的投机行为，尚未拆迁的被设定为公共设施改造地区的

1 参照闵有基著,《城市理论与法国城市史研究》(深山出版社,2007)，第202—205页。

地价也大幅上升了。“奥斯曼城市模式”深化了不同的阶层在城市空间的差距。给排水设施的改造大多集中在巴黎城西资产阶层的生活区和城市中心地带，对城市的边缘区域只是象征性地做了一些改造。因付不起高额房租而从城区被撵出来的工人阶层恰恰集中在城市的边缘区域。[1]第二帝国时期的1852年，世界第一家百货商场（Bon Marche）在巴黎正式营业了。这标志着巴黎的商业已经走在了世界前列。这个时期的巴黎，富裕的城西和贫穷的城东界线明确，变成了具有二重性质的城市。

文化艺术的城市，具有社会凝聚力的城市

在1870年的普法战争中拿破仑三世被打败，巴黎市民为第二帝国的崩溃而欢呼雀跃，共和派顺应民意趁机在市政厅广场宣布了第三共和政府的成立。尽管巴黎处于普鲁士军队的重重包围之中，可激进的巴黎市民们仍然反对停战，于1871年3月18日成立了自治政府。这个自称“巴黎公社”的自治政府明知自己处于孤立无援的境地，依旧为了实现所谓的“社会民主共和国”采取了很多相应措施。公社社员们模仿大革命时期激进的共和党员拆毁旧体制下建造的国王铜像的做法，拆毁凡顿广场上的拿破仑战胜纪念碑和拿破仑一世铜像，举行了对拿破仑第二帝国的极端排斥仪式。[2]巴黎公社占领巴黎城区，重新恢复了被“奥斯曼城市模式”取代的以民众为主体的城区共同体式的城市文

---

1 Roger-Henri Guerrand, *Moeurs citadines: Histoire de la culture urbaine XIXe—XIXe siècles* (Paris: Quai Voltaire, 1992), p.40.

2 参照迈特・松田著，《皇帝的偶像：法国人对拿破仑纪念碑的记忆变化》（杰里弗・K编，闵有基、崔浩根、尹永辉译，《国家与记忆：从国民国家观点看集团记忆的连续与隔阂》，民主化运动纪念工作会，2006），第91—124页。

化。然而，巴黎公社还是抵不住政府军的血腥镇压，从5月21到28日的短短一个星期内，在付出了三万多条生命后最终崩溃。从3月18日成立到5月28日崩溃，巴黎公社仅仅生存了七十二天。部分负隅顽抗的公社社员在巴黎东北部拉雪兹神父公墓被处死，活下来的部分人有的在监狱，有的在遥远的南太平洋新喀里多尼亚岛罪犯营结束了悲惨的一生。

法国19世纪诗人亚瑟·兰波（Arthur Rimbaud）留下了一句名诗，"这世上哪有没有伤痕的灵魂"。巴黎公社给巴黎这座城市及其市民留下的是累累伤痕。烧成灰烬的市政厅舍虽然于1882年得以重建，可巴黎公社留下的"暴力革命"的城市形象却久久挥之不去。到了1879年，随着共和派在上下议院占多数并赢得总统的位置，此前一直占据这个位置的王党派和保守派的势力开始减弱。从这个时候起，巴黎给人们留下的"暴力革命"印象开始淡化，共和政府渐趋安定，旨在社会改革的努力也随之付诸实施。1889年位于巴黎东部的共和国广场上竖起为纪念大革命一百周年的"共和政"纪念碑，1899年东部的民族广场上竖起了"共和政胜利"纪念碑。这两座纪念碑的竖立象征着19世纪的革命已经结束，而共和政府开始转入稳定期，也意味着巴黎的"激进革命"城市形象已经被消除。[1]

1880—1914年间，巴黎大举修建了文学艺术家和科学家的铜像。如今竖立在巴黎的街头、广场、公园等地方的三百五十多座伟人铜像，其一多半都是在这个时期建造的。在诸多的铜像当中，文人和艺术家

---

1 参照闵有基著，《19世纪巴黎东部诸广场上的纪念物与城市政治符号学》（《符号学研究》第23期，2008），第533—537页。

的铜像约占53%，科学家占25%，政治家和军人占22%。值得一提的是以往竖立在公共场所的铜像大多都是国王、皇帝、圣职者和军人，而第三共和政府追求的是民主化的伟人崇拜，通过竖立文学艺术家和科学家的铜像赞颂推动近代社会形成和发展的个人英雄。在巴黎的街头和广场上司空见惯的这些铜像，都是我们在日常生活中经常提及和崇拜的美术家、音乐家、文人，以及为世界文明而贡献毕生精力的科学家。这些铜像展示出了巴黎对文化艺术的重视程度，而这些铜像本身也为巴黎成为文学艺术城市起到了锦上添花的作用。[1]

巴黎万国博览会向全世界展示了巴黎作为文化艺术城市的形象。1851年伦敦举办了世界最早的万国博览会，四年后的1855年巴黎紧随伦敦主办了万国博览会，并从1867年至1900年每隔十一年举办一次万国博览会，即1867年、1878年、1889年、1900年的万国博览会。其中，第二帝国时期和1878年的万国博览会不仅展示了巴黎的奢侈品产业和艺术作品，同时还重点展示了通过“奥斯曼城市模式”而面貌一新的巴黎近代城市形象。为纪念大革命一百周年而举办的1889年博览会和号称“世纪总结算”的1900年博览会，比前几届更加华丽、更具魅力。埃菲尔铁塔是1889年博览会主会场的进出口。埃菲尔铁塔高324米，直到20世纪20年代美国摩天大楼建成之前都被称为是世界最高的建筑物，它的雄姿充分显示了法国雄厚的钢铁生产能力和精湛的建筑艺术。1900年的博览会又给巴黎增添了号称塞纳河上诸多桥梁中最美之桥的亚历山大三世大桥。著名的巴黎大皇宫美术馆、小皇宫美术馆，而巴黎

1 参照闵有基著，《巴黎文学艺术家铜像的建立与城市整体性的形成1880—1914》（《法国史研究》第23期，2010）。

地铁也是在那个时候竣工落成并通车的。[1]

随着巴黎文化艺术城市的构建，缩小富裕的城西区与“革命”的城东区之差距的努力也展开了。“奥斯曼城市模式”严重破坏了城区工人密集区，再加上持续的人口流入，巴黎城东区已经成了名副其实的贫民区。19世纪80年代初，普通市民阶层住宅租赁费一路飙升，巴黎不可避免地发生了住宅危机。危机发生后，激进的共和派和市政社会主义者围绕着普通市民阶层的住宅改革问题进行了无数次的商议，结果于1894年终于推出了巴黎最初的社会住宅相关法案。虽然在此后的1904年和1908年继续制定和完善了相关法律，可社会住宅的建设数量远远不能满足需求。1912年巴黎市议会向政府当局提出由市议会直接插手社会住宅区建设的方案并于当年获得了法律许可。开始时社会住宅区建设只限于片区小规模开发，可在两次世界大战期间建设规模持续得到扩大。这是巴黎市议会为普通市民居住改革做出的贡献。[2]社会住宅建设是在改善居住环境、稳定共和体制和促进社会安定、防治当时被看成是社会毒瘤的结核病和酒精中毒症、降低新生婴儿死亡率等复杂的背景下推进的，它与别的众多社会立法一样都以加强城市凝聚力为宗旨。

在巴黎，直到1919年还留存着城墙。19世纪40年代初修建的巴黎城墙当时是位于城外的，可到了19世纪60年代，随着城市规模的扩大，巴黎城墙便成了城区与郊区的分界，城墙外到处散落着无许可的板棚

1 Béatrice de Andia, *Les Expositions Universelles à Paris de 1855 à 1937* (Paris: Action artistique de la ville de Paris, 2005), pp.104—151.

2 参照闵有基著，《法国社会住宅政策发展中巴黎市议会的作用1880—1914》(《法国史研究》第10期，2004)。

1889年的巴黎万国博览会

村，而村里成群的不良少年常年作案，是巴黎最黑暗的一个死角。进入20世纪经济转换期，激进的共和派和社会主义者以及卫生主义者、环境运动家们出于各自的目的提出拆除城墙开发板棚村的要求，而后来为了防止土地投机活动他们还是齐心协力达成了共同开发的共识。终于到了20世纪20—30年代，城墙全部被拆除，过去的板棚村变成了社会住宅区、公园绿地、体育场馆、大学宿舍等。[1]

20世纪的五月神话与和谐城市

文化艺术的城市，具有凝聚力的城市，进入20世纪，巴黎的这一

1 参照闵有基著,《为城市公共开发的环境运动与社会主义式的协力：20世纪初巴黎城郭用地的应用》(《中央社论》第31期,2010),第229—264页。

城市形象依旧向世界散发着其特有的魅力。受1929年大恐慌的余波影响，20世纪30年代欧洲各国开始蔓延法西斯主义思潮，巴黎也接连出现了法西斯主义和反法西斯的民主主义者、社会主义者、共产主义者群体，也出现了这些反法西斯主义者的示威活动。1936年5月德国希特勒推倒魏玛共和国体制篡夺了政权，与此同时法国选举产生了由激进党、社会党、共产党联手组成且有全国工会组织加盟的人民阵线（Front populaire）。人民阵线的成立使巴黎市民欢欣鼓舞。他们高喊“面包、和平、自由”的口号举行庆祝游行，工人们占领工厂进行和平罢工，知识阶层举办各种集会讨论由大恐慌带来的经济危机和由法西斯主义导致的民主主义危机。社会党的莱昂·布鲁姆（Léon Blum）刚组成政府就与工会组织缔结了以提高工人工资、禁止对罢工者的制裁以及今后实施的工会准则等为主要内容的“玛蒂尼翁协议”（Matignon Agreements），同时还将后来成为人民阵线纲领的每周四十小时劳动制、每年两周带薪休假制、十四年义务教育制等提案用法律形式规定下来了。然而，在支援西班牙内乱的问题上左派政党之间发生严重分歧，人民阵线于1938年被瓦解。[1]

1939年德国入侵波兰，第二次世界大战爆发。次年5月纳粹军队攻进法国，法国于同年6月投降，7月份在温泉度假小城维希成立了亲德傀儡政府。与此同时也出现了反纳粹入侵的法国抵抗力量，同年12月第一次发生了抵抗力量成员被纳粹分子处死的事件。1944年6月巴黎的抵抗力量配合盟军的诺曼底登陆于8月19日展开了巷战。希特勒狗急

1 Michel Margairaz, Danielle Tartakowsky, Daniel Lefeuvre, *Le front populaire* (Paris: Larousse, 2009).

跳墙下令驻守巴黎的德军司令冯·肖尔蒂茨（von Choltitz）炸平巴黎，可肖尔蒂茨毅然拒绝了希特勒的这一残暴命令。8月25日，在市民的欢呼下戴高乐率领的“自由法兰西军队”与法国军队进军巴黎并解放了巴黎。在解放巴黎的时候戴高乐命令勒克莱尔将军抢在美军之前进军巴黎，试图以法国人的力量解放巴黎，同样巴黎市民也为自己的抵抗力量参与巴黎的解放而感到自豪。在第二次世界大战后期，盟军的轰炸只在城外郊区进行，巴黎几乎没有受到破坏。据说当时的盟军参谋部声称破坏文化艺术城市巴黎是犯罪行径，从而不容许轰炸巴黎城区。

1871年的巴黎公社失败于5月份，1936年的人民阵线组成于5月份，1968年革命的“五月风暴”和1981年社会党的密特朗大选获胜也是5月份，巴黎的5月份真不愧是神话般的5月。其中“1968年革命”不仅仅是法国巴黎的革命，还是发生在美国、西德、意大利、捷克斯洛伐克、南斯拉夫、日本、巴基斯坦等世界各国大城市和大学的一场世界性运动。[1]“1968年革命”给整个法国政界产生了深远的影响。巴黎的“1968年革命”是由学生发起并有一百多万工人参与的一场大罢工；戴高乐总统依靠下院的选举获胜度过了“五月危机”，可在1969年国民投票中因不信任案又被迫下野，其直接原因就是“1968年革命”；以“改变生活”的口号使社会党获得1981年大选胜利的成因也是“1968年革命”。至今为止还有不少巴黎人推崇“1968年革命”精神。

战后资本主义世界奉行凯恩斯的国家资本主义政策，然而这个政策的实施却导致了20世纪70年代的世界经济“石油危机”的后果。作

1 参照罗纳德·弗雷泽著，安孝相译，《1968年的声音“索要一切不可能的东西！”》（朴钟哲出版社，2002）。

为应付这场危机的措施，德国经济学家弗里德里希·冯·哈耶克提出了积极推行市场经济“看不见的手”的“哈耶克经济学”。1979年积极奉行哈耶克经济学的英国保守党撒切尔当上了英国首相，1980年美国共和党里根也当上总统并极力推行了削减社会保障，大搞市场中心主义的新自由主义政策。然而法国人却与众不同，他们推选密特朗为总统并试图以“反其道而行”的政策度过危机。面对危机，密特朗对国内的骨干企业实行国有化，积极推进地方分权制，牢牢地把握住了社会保障体制。1988年密特朗连任成功，直到1995年执政时间长达十四年。在密特朗执政期间右派在总选中获胜从而组成了右派内阁，于是法国历史上出现了两次“左右共治政府”[1]。在“左右共治”期间虽然也推行了部分国营企业转为民营化的政策，可在整个社会党执政期间法国对新自由主义的经济浪潮还是十分消极，迟迟不肯全面接受。1995年的大选中右派希拉克大获全胜当上了总统。当上总统以后希拉克与时任总理阿兰·朱佩联手试图推行新自由主义经济政策，并开始着手削减社会保障。对此，以社会学者皮埃尔·布尔迪厄为首的知识分子、学生、工人、艺术家们于1995年冬天发起总罢工制止了政府的这一行为。[2]面对气势汹汹的新自由主义世界化经济浪潮，法国人和巴黎市民与之针锋相对，毅然掀起了“以人为本的全球化”运动。[3]

法国人和巴黎人最反感的是“缺乏宽容”。2002年4月末大选第

1 即1986年3月到1988年5月和1993年3月到1995年5月在法国出现的左派总统和右派总理共同执政的政治局面。——译注

2 参照J. 杜瓦尔等著，金永模译，《法国知识分子的“12月”》(东文选，2004)。

3 参照哈拉尔特·舒曼等著，金武烈译，《课征金融交易科公民组织和世界化批判主义者想要的是什么？》(永林社，2004)。

一次投票结果为志在连任的右派希拉克以19.88%票数位居第一，获得进军终选的资格，而排斥移民政策的极右政客以16.86%的票数打败得票率16.18%的社会党候补也获得了进军终选的资格。对此，巴黎一半以上的市民上街游行，高喊“耻辱”并坚决反对极右政党参与终选。结果，在同年5月初举行的终选中希拉克以82.21%的支持率连任成功。当然，2005年秋在巴黎郊外发生的伊斯兰移民青年大规模暴动等事件说明巴黎也并不是十全十美的理想社会。对移民的社会融合问题，我们还有必要静观法国社会多种文化融合性政策的走向。

现在我们再回到20世纪下半叶的巴黎城市的变化过程。继1969年戴高乐辞职后当选为总统的乔治·蓬皮杜和1974年因蓬皮杜的去世而当选的吉斯卡尔·德斯坦，在整个20世纪70年代对城区最落后的地方雷阿勒和邻近的博堡区域进行全面改造，推掉建于12世纪的中央市场，修建了著名的蓬皮杜中心。蓬皮杜中心虽然在蓬皮杜总统死后的1977年才竣工，可为了纪念这个中心的设计者蓬皮杜本人，人们还是用蓬皮杜的名字命名了这座综合性文化中心。蓬皮杜中心内设公共信息图书馆、国立现代美术馆、音响音乐研究所和电影院、展厅、演讲厅、书店、西餐厅、咖啡馆等文化娱乐设施，深受人们的喜爱，每天前来消遣的市民和游客络绎不绝。[1]

20世纪80—90年代，在新自由主义的风潮下世界各国纷纷掀起了一股城市改造热潮。英国和美国的城市改造几乎是千篇一律，即兴建超级购物中心和文化空间，推进贵族化的城市改造（gentrification）政

1 Bernadette Dufrêne, *La Création de Beaubourg* (Grenoble: Presses universitaires de Grenoble, 2000).

蓬皮杜中心

策。然而他们的城市改造却以参与者利益最大化的运营模式进行，追求最大限度的利润是参与者的动因所在。可在同一时间进行的巴黎城市改造却带有浓厚的公共设施再建特点，并按照政府当局和社会党的意愿将重点放在了扩充文化艺术空间之上。结果城区的卢浮宫得到了翻修，废弃的火车站也被翻修成奥塞美术馆，在贫穷落后的19区和13区里分别新建了拉维莱特科学公园、音乐厅以及国立图书馆。通过城市再造工程而建成的各种文化空间，又为加强文化城市巴黎的形象和整体性添加了几分色彩。[1]

巴黎的很多群众团体和文艺团体得到政府当局的支持经常举办形式多样的文化活动和文化庆典。曾经在密特朗执政期间（1981—1986

1 Seloua Luste Boulbina, *Grands Travaux à Paris 1981—1995* (Paris: La Dispute, 2007).

年）和1988—1992年社会党的杰克·朗（Jack Lang）担任文化部长官职期间，巴黎市政当局自1982年开始规定每年6月份举办夏季大众音乐会，参加庆典的不限男女老少也不限专业非专业，更不限古典音乐还是嘻哈街舞，让所有喜欢音乐的人都能利用各种演出场所、广场公园、街头巷尾一展自己的音乐天赋。巴黎的这个大众音乐会后来越过法国普及到欧洲大陆的所有大城市。从1999年开始，巴黎又每年举办“春之诗歌”（printemps des Poètes）朗诵会，政府当局大力支持与诗歌朗诵相关的各种文化活动。从2001年开始，他们还每年举办夏季电影节和秋季电影节，电影节期间给影院以减免收税的优惠从而大幅降低票价，好让更多的市民参加电影节。在巴黎，除了这些活动以外还有很多形式的文化艺术庆典，使整个巴黎总是处于艺术的欢乐之中。

受1871年巴黎公社的影响，巴黎长期以来未能拥有通过直接选举而产生的市长，一直采取了市议员通过市议会实行地方自治的方法。直到1976年巴黎才拥有了第一个通过选举而产生的市长。在2001年的地方选举中当选为第三届市长的社会党贝特朗·德拉诺埃（Bertrand Delanoë）比前任市长更有力地推动文化政策，在稳步巩固巴黎文化艺术城市基础的同时，进一步扩大了巴黎文化艺术城市的影响力。2002年贝特朗·德拉诺埃为无钱到国外去度假的穷人和从事旅游行业的人们在塞纳河边修建了人工椰林和沙滩，使之成为“巴黎的海滩”（Paris Plages）。“巴黎的海滩”大获成功，此后年年都在塞纳河边设置了这个人工海滩。为了城市环保，巴黎市政当局于2006年在城区环路的部分区间重新启用了早在20世纪初就已经消失的电车，2007年又设置了只要申请任何人都可以使用的自助电动车。使用自助电动车半个小时内全部免费，超时部分收取极其低廉的租金，且可用信用卡支付。放置在

拉维莱特科学公园

城市道路两旁的无数辆自助电动车既方便了人们的出行，也大大减轻了城市交通负担，更重要的是有效地防止了空气污染。

联合国所属的专门研究城市居住问题的“联合国人居署”（UN-Habitat）在2008—2009年的世界城市报告书里提出了“和谐城市”的概念，并要求世界各大城市制定空间协调、社会协调、环境协调的和谐城市开发规划。[1]种种迹象表明巴黎正在越来越接近联合国人居署提出的这个和谐城市构想。一座挚爱文学艺术的城市，一座常年开展社会公益活动的城市，一座注重环境保护的城市，试问有谁还能不喜欢巴黎呢？巴黎的今天离不开巴黎人日常的生活实践、完善的民主主义以及尊重人权、宽容一切的博大胸怀，更离不开巴黎人传承和爱惜历史文化的浪漫情怀。人性化的城市，和谐的城市，艺术的城市，人人平等的城市，要想建成这样一座城市还要依靠每一个市民的努力。

1 UN-Habitat, *State of the World's Cities 2008/2009: Harmonious Cities* (London, Sterling: Earthscan, 2008).

第八章

柏林，从冷战的象征到欧洲的中心

崔浩根

1991年6月20日，德国波恩。在德国联邦下院的议事堂里，多达104名的议员轮流上台发表自己的见解，争论极为激烈。行政部和议会仍留在现在的波恩还是迁移到柏林，这是这天争论的焦点。经过11个小时马拉松式的争论终于投票表决了。338比320票，柏林获胜了。从东西德国统一开始便争论不休的定都柏林问题终于画上了句号。[1]十年后的2001年5月，随着柏林市中心地带举行总理公馆开馆仪式，历史性的柏林迁都事宜落下了帷幕。

柏林这个地名出现在历史文献上是12世纪末13世纪初的事情了，可被世人注目则是在1701年定为普鲁士首都以后。当时还没有出现“德国”这个国家，“德国”只是爱国作家的诗里出现的臆想中的词汇。

1 Hans Böhm, *Deutschland, Die Westliche Mitte* (Westermann, 1999), p.296.

普鲁士也不过是梦想德国统一的英联邦国家之一而已。

时间又过了一百七十年，1871年俾斯麦（Otto von Bismarck）率领的普鲁士军队统一德国，柏林这才成为新生德意志帝国的首都。这就是德意志第二帝国。后来柏林依次经历了第一次世界大战的开战和败战、魏玛共和国的飘摇、希特勒的上台等重大历史事件。当希特勒宣布第三帝国成立时，柏林仍然是德国的首都。可随着1945年8月5日法西斯德国的无条件投降，作为德国的首都而备受世人关注的柏林没有支撑一个世纪的时间便消失在了人们的视野里。在战胜国美英法军和苏军的分别统治下柏林陷入分裂危机，并于三年后的1948年终于分裂为东西柏林。在东德，东柏林仍旧是首都，可在西德人们并没有选择西柏林为首都，而是波恩。这是新生国家西德的首相康拉德·阿登纳（Konrad Adenauer）标榜的亲西方政策的后果。[1]直到1990年东西德国统一为止，西柏林成了被东德这个巨大的湖水所包围的一座孤岛。德国的统一就是柏林的统一，而柏林的统一又意味着柏林恢复了往日首都的威严。

现今的柏林人口约340万，人口虽然没有首尔多，可它的面积却比首尔大得多。首尔的面积是605平方千米，而柏林的面积则是891平方千米。柏林与首尔不同的地方还有一个，那就是作为首都的柏林并不是所有领域的中心。如果说柏林是政治上的首都，那么经济上的首都是法兰克福，而法制中心又是德国联邦最高法院和德国联邦宪法法院

1 David F. Patton, *Cold War Politics in Postwar Germarny* (New York: NY, 2001), p.2. 西德保守党基督教民主联合（CDU）出身的康拉德·阿登纳在冷战环境中始终推行了与西欧密切保持政治、经济、军事协作的外交政策。西德选择西部的一个小城波恩为首都也是这一理念的表现。亲西方政策（Westpolitik）在20世纪70年代初社会民主党（SPD）出身的首相维利·勃兰特（Willy Brandt）推进东方政策（Ostpolitik）之前一直是西德外交的主要倾向。

所在的卡尔斯鲁厄（Karlsruhe）。当然，统一以后经济和法律等领域的中心正在渐渐移往柏林。

边防小镇与普鲁士的首都

在1871年普鲁士统一德国之前，柏林的历史既是普鲁士的历史，同时又是统治这个英联邦国家好几个世纪的霍亨索伦（Hohenzollern）的家族史。1440年外号叫“狼牙”的霍亨索伦家族出身的弗里德里希二世[1]将柏林定为勃兰登堡公国的首都，从此柏林与霍亨索伦结下不解之缘。霍亨索伦家族的继承者们往往是先当上勃兰登堡“选帝侯”之后再当上普鲁士王，最后成为德意志帝国的皇帝统治这个地域。

当时的柏林虽说是首都其实不过是一个边缘小镇。柏林在“三十年战争”[2]中屡遭创伤，可通过宗教宽容政策和积极的移民收容政策还是保留了发展的潜力。就在法国废止保障宗教宽容的《南特敕令》[3]从而使大批的胡格诺派逃往国外的时候，普鲁士于1685年抢先一步宣布了《波茨坦敕令》（Edikt von Potsdam）。敕令破例规定赋予胡格诺移民信仰自由和十年内免税的特权，从而使六千多胡格诺教徒定居在了柏林。胡格诺教徒的移居促进了柏林商业的发展，也给柏林播下了法国文化的火种。有了这样一个开放的政策，

1 这里说的弗里德里希二世不是指以富国强兵政策巩固普鲁士政权的那个弗里德里希二世，二者是不同的两个人。包括普鲁士在内的德国多个领邦国家的历史上经常出现弗里德里希、威廉等名字，而且大多都是国王的名字，因此学习德国历史的时候很容易产生张冠李戴的错误。

2 1618—1648年间发生的由神圣罗马帝国的内战演变为全欧洲参战的一场国际性大战。——译注

3 这是1598年4月法国亨利四世（Henri IV）发表的敕令，主要内容是为了国家的统一和国民的团结以基督教为主要宗教的法国允许胡格诺和加尔文主义信徒们的信仰自由。

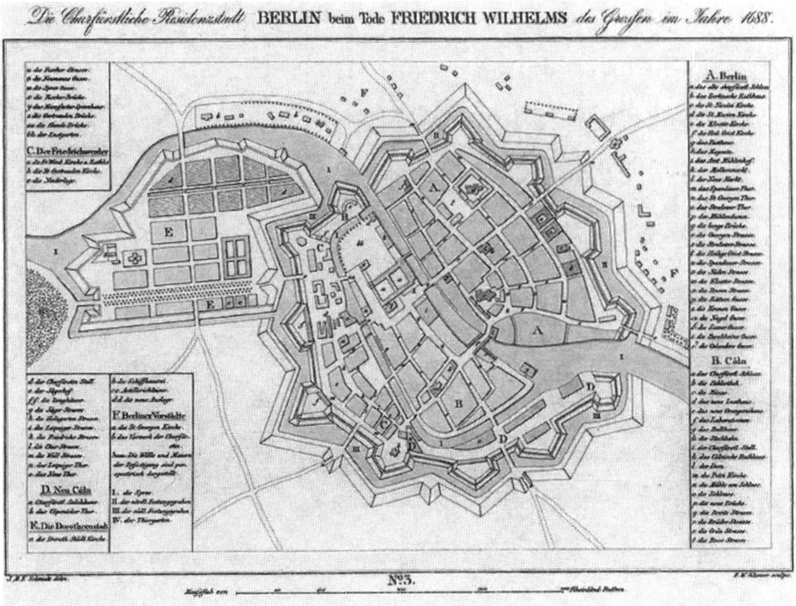

1688年的柏林版图

波希米亚、波兰、萨尔斯堡等国家和地区的移民也大批流入，使柏林的人口和城市规模不断扩大，渐渐变成了具有国际影响力的城市。

随着1701年柯尼斯堡出身的弗里德里希一世当上普鲁士国王，柏林代替柯尼斯堡成了普鲁士的首都，而1740年以启蒙专制君主著称的弗里德里希大帝（Friedrich der Grosse，1712—1786年）登上王位，又使柏林同巴黎一起成为席卷18世纪全欧洲的启蒙思想的中心，备受世人的关注。

柏林虽然于1806年被席卷欧洲大陆的拿破仑一世所占领，可由于拿破仑一世并没有直接统治而是赋予了柏林自治权，因此过去的地位和形象并没有受到影响。随着普鲁士首相俾斯麦于1871年实现统一伟业，柏林成为德意志帝国的首都，其地位也随即提升了。与此同时继英国和法国之后迟来的产业革命浪潮也加快了柏林城市面貌的改变。经济发展，人口剧增，柏林既成了德国的经济中心，又成了在产业革命中起到决定性作用的铁路中枢。通过这些变化，柏林在行政上也从勃兰登堡地区完全独立出来了。

德国最大的城市

德国政府于1920年公开发表了“柏林大城市法”(Groß-Berlin-Gesetz)[1]。这个律法为柏林的城市发展注入了润滑剂。根据这个法律，斯班道(Spandau)、夏洛滕堡(Charlottenburg)等周边的几个小城镇划归柏林，使柏林的总面积从66平方千米一举扩张为883平方千米，扩展了十二倍以上，人口也从190万增加400万，增长了一倍以上。

被分裂为东德和西德后的20世纪60—70年代也因移居奖励政策和收留亡命者政策，大批的移民涌进了柏林。这个政策的最大受惠者就是土耳其人。[2]目前柏林有25万左右的土耳其人，他们大部分住在柏林城市中心地带的克罗伊茨贝格(Kreuzberg)、新克尔恩(NeuKölln)、韦丁(Wedding)等人口密集区。柏林无疑是土耳其人在国外的最大聚集地。

---

1 这是1920年4月经普鲁士议会通过并于当年10月公布的法令。根据这条法令将柏林周边的七个独立的小城市划归柏林市，使柏林成为包括五十九个农村行政区域在内的大城市。这七个独立小城分别是Charlottenburg、Köpenick、Lichtenberg、NeuKölln、Schöneberg、Spandau、Wilmersdorf。这七座小城分别形成柏林的七个区，与原有的六个区(Mitte、Tiergarten、Wedding、Prenzlauer Berg、Kreuzberg、Friedrichshain)和新划归的七个农村行政区域(Pankow、Reinickendorf、Steglitz、Tempelhof、Treptow、Weißensee、Zehlendorf)合起来，共形成了现今柏林的二十个市区。

2 被称为“莱茵河奇迹”的高速发展时期有大量的土耳其移民流入了德国。有关这方面的问题可参照俞正熙著，《永远的异邦人：德国境内的土耳其共同体》(《德国研究》第18期，2009.12)，第148—156页。

这些开放性的政策随着德国统一后东欧社会主义阵营的崩溃而进一步强化了。20世纪90年代通过《海外侨胞法》(Aussiedlergesetze)，使前苏联的移民能够合法地进入德国境内。这个时期入境的移民虽然大多都是德国侨胞，可他们使用的却是俄语。他们是在柏林市内使用俄语的移民共同体中人数最多的群体。时至今日，移民的大部分都是欧盟所属国家出身的年轻人。

2008年12月为止居住在柏林的外国人为47万，占柏林总人口的14%，这些外国人的国籍也非常复杂，竟然来自195个不同的国家。即使是德国国籍持有者，其中也有12%的市民是外国出身的移民后代，他们的人数多达40多万，因此居住在柏林的不同国籍的人种比统计数字还要多。居住在柏林的外国人，就其人数来说除了在人数上占绝对优势的土耳其人之外，依次是波兰人(43700人)、塞尔维亚人(22251人)、意大利人(14964人)、俄罗斯人(14915人)、美国人(14186人)、法国人(13113人)、越南人(12494人)、克罗地亚人(10752人)、波斯尼亚—黑塞哥维那人(10556人)、英国人(10196人)。[1]也有不少阿拉伯人，可由于他们大部分是没有国籍的人，因此很难对其进行正确的统计，只知道他们基本上是来自巴基斯坦和伊拉克的人。

“世界之都日耳曼尼亚”的建设计划

随着1933年阿道夫·希特勒领导的纳粹党掌握德国政权，柏林也经历了一场前所未有的巨变。原来野心勃勃的希特勒居然一手

1 Amt für Statistik Berlin-Brandenburg. http://www.statistik-berlin-brandenburg.de/Publikationen/Stat_Berichte/2009/SB_A1–6_hj2–08_BE.pdf (2009.8.23) .

策划了改造柏林市使之变成“世界之都日耳曼尼亚”(Welthauptstadt Germania) 的惊世计划。[1]从策划当事人希特勒的意思来看，柏林必须作为即将诞生的强大的日耳曼世界帝国的中心而脱胎换骨，“与世界之都柏林相提并论的只有古埃及、巴比伦以及罗马。伦敦算不上是都城，巴黎也算不上都城”。[2]

“世界之都日耳曼尼亚”建设计划出台于1935年，纳粹德国直到1943年一直在实施。值得一提的是这个计划虽然因战争被迫中断，但在很大的程度上已经得到了实现。建设计划的核心在于建立一个十字交叉的巨大的城市轴，其纵轴和横轴以环城高速 (Autobahnring) 相连。最初的计划中环城高速只有两条，可后来改成四条，而纵轴与横轴交叉的正中央作为中心集会的空间建设了规模庞大的“人民大厅”(Große Halle)。

负责实施这一充满野心的计划的人就是阿尔伯特·斯佩尔 (Albert Speer)[3]。被希特勒委任为帝国首都建设总督的斯佩尔不顾柏林务实派的极力反对，野蛮地破坏了柏林原有的城市结构。直到1943年共有五万户住宅被拆迁，十五万居民一夜之间失去了自己的家园。为了收容这些无家可归的人，原先居住在柏林城区的犹太人再次被驱逐出境，结果在整个柏林市内再也看不到犹太人的身影。从城区被驱赶的并不仅仅是活着的人，随着轴线道路的扩张就连位于计划线上的公墓也难逃被铲平的厄运，直到1940年竟有一万五千具尸首被迫移葬了。

---

1 Ingrid Nowel, *Berlin. Die Neue Hauptsadt. Architektur und Kunst, Geschichte und Literatur* (Dumont, 2002), pp.64—65.

2 Werner Jochmann (ed.), *Adolf Hitler. Monologe im Führerhauptquartier 1941—1944* (München, 1980), p.318.

3 Fred Ramen, *Albert Speer: Hitler's Architect* (New York：NY, 2001), p.51.

“世界之都日耳曼尼亚”模型（图中最上端的大圆厅建筑就是“人民大厅”）

在搬迁到现在的大角星广场之前矗立在国会大厦前的国王广场上的胜利纪念柱，柱顶上的胜利女神像是耀眼的金黄色。

在这个建设计划中，作为横轴的东西大路总长五十千米，这条大路将大角星广场（Großer Stern）[1]和勃兰登堡门（Brandenburger Tor）以及菩提树下大街（Unter den Linden）连成一片，大路中部长达七千米的地段是专门为希特勒1939年的生日而建设的。为建造这条路他们居然把原先位于帝国国会大厦大会场前的国王广场（Königsplatz）上的“胜利纪念柱”（Siegessäule）也迁移到大角星广场上。[2]为了实现自己的城市建设计划迁移高达六十多米的巨大纪念柱，可见希特勒对柏林的改造工程有多么执着、多么疯狂。当这条大路竣工的时候有些媒体还称颂这条路是“胜利大路”。

1 位于蒂尔加藤中心的这座广场始建于1698年，由于从天上俯瞰很像一只大角星，于是给它取名大角星广场。

2 有关胜利纪念柱的修筑和迁移问题可参照崔浩根著，《德意志帝国的纪念物修筑热潮和民族主义》（《大丘史学》第101期，2010.11），第19—25页。

作为纵轴的南北大街设计长度为40千米，设计宽度为120米。从设计图上看，纳粹德国原定在这条大街上修建一座高117米、宽170米的巨大拱桥一直连接到南部铁路站，并在桥墩上分别雕刻第一次世界大战中战死的德国将士的名字和花环，同时还设计沿南北大街中部的两旁集中建设第三帝国和纳粹党的主要建筑。

“世界之都日耳曼尼亚”计划中最引人注目的要数气势恢宏的“人民大厅”。按照斯佩尔的设计，“人民大厅”是一座边长315米的方形穹顶建筑物，这在当时应该说是世界最大的建筑物。遗憾的是斯佩尔的这个设计未来得及问世便胎死腹中。

在城市改造工程如日中天的1936年夏，柏林举办了一场重大的庆典，那就是举世瞩目的第11届柏林奥运会。当然这次奥运会的举办与纳粹党并没有直接关联，因为早在纳粹党执政两年前的1931年就已经把第11届奥运会的主办地定在了柏林。可希特勒却没有小看这个庆典，他把这次奥运会当成是向全世界宣扬纳粹体制优越性的一个绝好机会。莱妮・里芬斯塔尔（Leni Riefenstahl）制作的电影《奥林匹亚》（Olympia）充分展示了希特勒的这一野心。对一向重视宣传煽动活动的希特勒来说，莱妮的这部电影无疑是宣扬纳粹体制的成功之作。法国和加拿大选手在开幕式上致“希特勒式的纳粹礼”也是旨在炫耀纳粹党威风的一项措施。柏林奥运会因《东亚日报》披露的“日章旗抹消事件”[1]而深深地印刻在韩国人（朝鲜人）的记忆中。在马拉松项目上，

1 1936年朝鲜半岛仍处于日本的殖民统治中，殖民地朝鲜选手参加柏林奥运会也必须以日本代表队的身份参加。在马拉松比赛中朝鲜选手孙基祯获金牌，可他穿的还是印上“日章旗”，即日本国旗的运动服。在颁奖仪式上孙基祯故意用月桂枝遮挡运动服上的“日章旗”，以无言抗议表达心中的无奈。由此引发日本弹劾《东亚日报》等朝鲜民族言论的事件。——译注

殖民地朝鲜出身的孙基祯和南升龙分别获得金牌和铜牌也是轰动柏林奥运会的一个大事件。

纳粹党执政以后历史城市柏林以极快的速度向现代化城市发展，就连“脱胎换骨”一词也觉得逊色几分。然而，1945年5月8日，当德国宣布投降的时候柏林已经是满目疮痍，伤痕累累。在美英空军的地毯式轰炸和盟军激烈的巷战攻势中柏林变成了一片废墟。如果说1945年5月8日是德国人意识中从头开始的“零时”(Stunde Null)，那么对德国建筑师来说，这一天也是从头绘制设计图的“零时”。

大屠杀留下的痕迹

1933年当希特勒掌握德国最高权力的时候，德国全域还居住着50万犹太人，仅柏林就有16万。然而，1933年的“抑制犹太人店铺运动”[1]和1935年通过的《纽伦堡种族法》[2]以及1938年的“水晶之夜”(Kristallnacht)[3]等事件给居住在柏林的犹太人带来了一场又一场噩梦般的灾难。尤其在“水晶之夜”，柏林几千名犹太人被送进柏林北部的萨克森豪森(Sachsenhausen)集中营，给犹太人带来了前所未有的冲击。

萨克森豪森集中营设立于1936年，“萨克森豪森”是这个集中营附

1 1933年3月23日希特勒自封总统并掌握了德国最高权力。为了先从经济上扼杀犹太人，希特勒于当年4月1日发动了大规模抵制犹太人商店的活动。这个事件名义上的主导人物是纳粹德国的宣传部长约瑟夫·戈培尔(Joseph Goebbels)，而总统希特勒则伪装成消极分子。

2 这是1935年在纽伦堡纳粹党全党大会上通过的一项种族歧视法。通过这次会议纳粹党以法律形式明确规定犹太人抓捕范围，为日后大规模镇压犹太人打下了理论基础。

3 “水晶之夜”指的是1938年11月9日和10日夜间发生的纳粹党对德国和奥地利犹太人商店和教堂打砸、放火以及对犹太人的监禁、杀戮事件。被纳粹党砸碎的店铺玻璃铺满街道且在月光下闪闪发光，于是纳粹党称此次事件为“水晶之夜”，而犹太人则称为“11月的大虐杀”。

旨在灭绝犹太人的“万湖会议”旧址，当时的纳粹党卫队别墅，现为历史教育纪念馆。

近的一个站名。[1]这个集中营一开始只收容德国人，后来逐渐收容其他国籍的人，直到关闭为止共收容了四十个国家的二十多万人。被收容的人除了少数反纳粹的政治犯以外，大多数是犹太人、同性恋者、被称为吉普赛人的罗姆人（Roma）和辛特人（Sinti）、精神病患者、耶和华见证人[2]。在萨克森豪森集中营里被收容的“囚犯”中至少有几千人死于饥饿与疾病、强制劳动与虐待，甚至死于纳粹分子的医学实验与有计划的种族灭绝作战。纳粹分子在这里经常拿活人进行创伤感染实验，更惨无人道的是居然给儿童强制注射乙肝病毒（Hepatitis B）以观察肝脏的病变过程。1941年秋至少有12000名苏军俘虏在这里被集体杀害。萨克森豪森集

---

1 Günter Morsch, *Mord und Massenmord im Konzentrationslager Sachsenhausen 1936—1945* (Metropol, 2005).

2 在19世纪70年代形成于美国并主张其信仰是对耶稣时代纯正基督教的继承，一个独立的国际性宗教团体。——译注

中营虽然不是波兰克拉科夫附近的奥斯维辛集中营或波兰东部的特雷布林卡、卢布林的马伊达内克那样灭绝种族的集中营，可这里也设置着毒气室和炼人炉，是名副其实的杀人现场。值得一提的是该集中营驱使144名被收容的犹太人参与伪造英镑等外国货币的作业之中。

收容在萨克森豪森集中营的人在党卫军所属的工地和附近产业基地被迫从事重体力劳动。他们又是西门子（Siemens）、戴姆勒—奔驰（Daimler-Benz）、染料工业（I. G. Farben）、电动工具（AEG）等德国军需产业重要企业的无偿劳动力。杀人与压榨的现场萨克森豪森从1993年开始成为了让人们牢记大屠杀的历史教育纪念馆。

大屠杀的痕迹在柏林南部也有一处。1942年1月20日，在位于柏林郊外美丽的万湖（Wannsee）湖边的纳粹党卫军别墅里召开了一次秘密会议，主持会议的是纳粹党卫军所属“帝国保安总局”（Reichssicherheitshauptamt）局长莱因哈德·海德里希（Reinhard Heydrich）。由于参加会议的十五个人都是政府和纳粹党各部的次官级人物，因此也叫“次官会议”。会上研究决定了被处决的最后一批犹太人的名单及其处决计划，并讨论了政府和纳粹党各机关齐心协力圆满完成这一计划的事宜。这就是历史上臭名昭著的“万湖会议”，也是后来成为犹太人大屠杀历史乃至德国历史转折点的会议。[1]

五十年后的1992年1月，万湖别墅作为学习和纪念的殿堂而向普通民众公开了。当年开过“万湖会议”的食堂成了常设展览馆，其他空间则变成图书馆、会议室、学习室。[2]

---

1 Steven Lehrer, *Wannsee House and the Holocaust* (Metropol, 2000), pp.190—196.

2 Michael Haupt, Norbert Kampe, *Gedenkstätte Haus der Wannsee-Konferenz* (Berlin, 2005), p.22.

对柏林的封锁和空运行动

在第二次世界大战结束的时候，柏林被盟军的突袭和巷战变成了一片废墟，死亡数十万人，其中平民死亡数高达十二万五千人。1945年8月根据“波茨坦会谈”苏联占领德国的东部，英国、美国和法国占领西部。首都柏林在苏联占领的东德的中心部位，可根据“会谈”内容柏林也被分为苏联管辖的东柏林和英美等西方盟国管辖的西柏林。[1]

1948年苏联和西方盟国开始显露永久分治的迹象，而柏林的第一个遭遇则是西方盟国在其占领区所进行的通货改革。战后通用的帝国马克（Reichsmark）因苏联的滥印、滥发而变成废纸，在没有通用货币的当时，人们甚至拿香烟当作实物货币进行着交换活动。看到经济已经陷入极度的混乱，西方盟国试图通过货币改革来解决柏林的经济问题和柏林人的生活问题。然而这个方案遭到苏联的拒绝，苏联明确表明不承认新的德国马克。作为对美英法三国货币改革的报复，苏联封锁了由西德通往西柏林的所有铁路和公路，由此西柏林彻底被封锁了。苏联以垄断柏林的食物和燃料的做法试图确保对整个柏林的实质性控制权。[2]

与苏联的这一行径针锋相对，美英法于1948年6月24日到1949年5月11日启动规模庞大的空运行动，也向苏联表明了任何情况下决不放弃西柏林的意图。[3]在这一期间美英运输机共出动二十万架

1 Boris Meissner, *Die Deutschlandfrage von Jalta und Potsdam zur staatlichen Teilung Deutschlands 1949* (Berlin, 1993), p.40.

2 Michael W. Wolff, *Die Währungsreform in Berlin 1948/49* (Berlin, 1991), p.359.

3 Arthur Pearcy, *Berlin Airlift* (Airlife, 1997), p.112.

次，每天向西柏林空投一万三千吨的食物和燃料。西柏林的孩子们每天为从天上掉下来的“糖衣炮弹”和“巧克力炮弹”而欢呼雀跃。美英法三国的坚决措施使得苏联感到无比尴尬，可他们又没有别的什么高招。后来苏联答应对正式移居东柏林的西柏林市民提供食物，然而从西柏林移居东柏林的市民却寥寥无几。看到美英法的态度十分强硬，苏联只好回到谈判桌上。1949年5月12日0时1分，对西柏林的封锁终于被解除，从西德出发的火车于当日5时32分到达了柏林。

其实美英的空运行动也付出了惨重的代价。如今的柏林—滕珀尔霍夫机场上仍然矗立着柏林空运行动纪念碑，纪念碑上刻有空运行动中牺牲的39名英军飞行员和31名美军飞行员的名字。此外，行动期间还发生了101起恶性事故，17架美军飞机和8架英军飞机坠毁，而花费在这场空运行动的资金则高达2.24亿美元，用现在的币值来换算足有20亿美元之多。苏联的柏林封锁计划彻底失败，1949年在西方盟国的扶持下除了西柏林以外的盟国占领区宣告西德政府的成立。作为对西方盟国的回应，苏联占领区也宣告了东德政权的成立。对柏林的封锁实际上象征着“冷战”的全面开始。

西柏林在名义上还属西方盟国的占领区，可实际上仍是西德的一部分。正因为如此，在西柏林虽然使用与西德同样的邮票，可在邮票的一角还要添加“柏林”字样。航空运输也只允许美国、英国、法国的飞机出入西柏林地区。国家的分裂和冷战的开始给柏林造成了又一次的创伤。西柏林在西德被列为特别市，可东柏林却成了东德的首都。东柏林的面积和人口虽然只有西柏林的一半，可重要的历史遗迹和纪念场所却都在东柏林。

柏林墙的修筑与拆除以及国家的统一

1989年12月25日在世界著名的乐队指挥伦纳德·伯恩斯坦（Leonard Bernstein）的指挥下，贝多芬第九交响曲中的《欢乐颂》乐曲在柏林上空奏响了。乐谱上的曲名《欢乐颂》被改为《自由颂》，管弦乐队和合唱团也不是某一家文艺团体的成员，而是由来自西德、东德以及英国、法国、美国、苏联的专业艺人组成的混合队。他们都是为庆贺长期割断西柏林和东柏林、西德和东德乃至资本主义阵营和社会主义阵营的柏林墙的拆除而从世界各地赶来的人们。

柏林墙设置于1961年。正是1961年8月13日由东德设置的这堵墙将西柏林从东柏林和周边的东德地域完全孤立出去了。柏林墙由一开始的铁丝网变成了牢固的水泥墙，水泥墙每隔一定距离设有监视塔，东德政府在正式场合称这堵墙为“反法西斯防卫墙”，而西德政府则借用前柏林市长威利·勃兰特（Willy Brandt）的话称之为“耻辱之墙”。不管怎么称呼它，世人一听到柏林一词首先想起的就是这堵墙，都把它看成是一道“不敢越雷池半步”的高危警戒线。自1961年到1989年共发生五千多人次的越墙事件，其中死亡人数约有一两百人。[1]

据记载，柏林墙是时任东德社会统一党总书记瓦尔特·乌布里希（Walter Ulbricht）在前苏共总书记尼基塔·赫鲁晓夫（Nikita Khrushchev）的提议下开始构筑的。1961年8月12日零时时分东德当局动员军队和警察全线封闭国境，开始了铁丝网的设置工程。整个西

1 有关牺牲者的具体内容可参见Hans-Hermann Hertle, Maria Nooke, *Die Todesopfer an der Berliner Mauer 1961—1989: Ein Biographisches Handbuch* (Berlin, 2009)。

这是割断东柏林和西柏林的铁丝网。1961年铁丝网刚刚设置不久，东德军官康拉德·苏曼跨越铁丝网逃往西柏林。

柏林围墙为156千米，其中这堵将柏林一分为二的墙长43千米。突如其来的墙壁使大部分东德居民无法访问西德，甚至出现了离散家族。至此，西柏林完全变成了被敌对国家包围的一座孤岛。尽管以勃兰特市长为首的西柏林市民提出抗议，可他们的抗议声并没有阻挡事态的发展，柏林墙的构筑已经成了既成事实。

1962年6月已经围起的铁丝网百米以内的建筑物被撤除，形成了被称为“死亡地带”(Death Stip)的无人区域。1965年东德当局撤掉铁丝网代之以坚固的水泥墙，1975年最终形成了统一时被拆除的墙壁状态。我们所知道的柏林墙是随着时间的流逝几经修整后的“第四代墙壁”。这“第四代墙壁”高3.6米，宽1.2米，共设有监视塔116所，地堡20座，过境关口9处。其中最有名的地方是弗里德里希大街（Friedrichstraße）和奇莫大街（Zimmerstraße）交会处的查理检查所（Checkpoint Charlie）。当时这个检查所是只有联合国相关人员和外国人通行的关口，如今已经成为象征柏林门面的旅游胜地。

1987年6月12日在纪念柏林诞生七百五十周年庆典上，时任美国总统罗纳德·里根在勃兰登堡门前演讲时作为放宽对东欧国家自由政策的暗示，敦促时任苏共中央总书记米哈伊尔·戈尔巴乔夫（Mikhail Gorbachev）拆除柏林墙。[1]可直到这个时候，包括里根本人在内谁都没有预料到柏林墙真的会崩溃。柏林墙的崩溃实在是太突然了。

1989年8月趁匈牙利开放匈牙利—奥地利边境的机会，约13000多名东德居民借口去匈牙利旅游，然后取道奥地利逃到西德去了。过境时被捕的人移送到布达佩斯，可他们拒绝被遣送回东德，要求西德驻匈牙利使馆给予庇护。同一时期捷克斯洛伐克也发生了类似的事件。紧接着东德国内爆发大规模的民众示威，时任东德最高领导人埃里希·昂纳克（Erich Honecker）被迫辞职。然而民众的示威活动并没有因此平息，越来越多的居民试图通过捷克斯洛伐克逃往西德。取代昂纳克上台的埃贡·克伦茨（Egon Krenz）为缓和事态的发展做出了允许难民访问西德的决定，然而在动荡的时局下东德部分媒体将克伦茨的意图误传为“事态已经平息，市民有可能自由过境”。受媒体的鼓舞，大量的东德居民冲破已经松懈的国境警戒线逃到了西柏林。

柏林墙的崩溃就是这样开始的。柏林墙开始拆除的时间在官方公布的年表里是1989年11月9日，可柏林墙完全被拆除还是花费了很长的时间。不管怎么样，以这个时期为契机东柏林市民开始私自用铁锤

1 Hans-Hermann Hertle, *The Berlin Wall: Monument of the Cold War* (Berlin, 2008), p.134.

和镐头拆毁墙壁，东德政府当局也逐步开放了国境哨所。由于被开放的这些国境哨所里包括波茨坦广场等重要的历史场所，使东德政府的这一举措更具象征性意义。勃兰登堡门的打开是东西德国统一的象征，而象征统一的这道门正式打开的时间是离圣诞节不远的12月22日。12月23日开始西柏林市民乃至所有西德居民没有签证也可以自由出入包括东柏林在内的东德全境。1990年6月13日东德当局作为政府行为正式开始拆除柏林墙，7月1日东德马克正式退出流通，西德马克成为东西两德的通用货币，东德对国境线的控制也彻底瓦解了。1990年10月3日随着柏林墙的崩溃实现了东西德国的统一，然而直到1991年11月，除了作为历史纪念物需要保留的若干区间和监视塔以外的柏林墙所有设施才彻底被拆除。如今保存在波茨坦广场上的柏林墙残垣断壁成了冷战时期的活的纪念物，招徕世界各国的游客。

柏林的城市风景

柏林位于德国东部，施普雷河（Spree River）横穿市区中部。从地理位置看，柏林无疑是欧洲大陆的中心点。施普雷河发源于德国东南部劳西茨山并向北流经宽阔的沼泽地，在柏林斯班道地区汇入哈维尔河（Havel）。施普雷河通过东部的通航运河直通波兰，对德国和波兰之间的贸易起着重要的作用。柏林西部由北向南流淌的哈维尔河与其说是人们司空见惯的河流，不如说是由大大小小的湖泊形成的湖水带。给柏林市民带来丰饶生活的泰格尔湖（Tegeler See）和万湖就在这条湖水带中。这些美丽的湖水流入施普雷河，水量变充裕的施普雷河又流经大米格尔湖（Großer Müggelsee）之后从柏林东部流出。就像一提起巴黎就离不开塞纳河，提起伦敦就离不开泰晤士河一样，提起柏林总会使人想起施普雷河、哈维尔河以及美丽的湖水。

柏林的历代城市建设都是以施普雷河两岸为中心进行的。柏林位于中欧平原，地势低平略有起伏，平均海拔35米，自然最高点是位于德国中部的克罗伊茨贝格，海拔高度仅66米，即使是人工假山魔鬼山(Teufelsberg)的海拔高度也不过115米。

柏林的风景犹如一个历史证人向人们诉说充满激情的德国经历。已经成为统一后德国首都的柏林处处渗透着历史记忆，如1871年创建的德意志帝国，第一次世界大战的失败后诞生的魏玛共和国，挑起第二次世界大战的纳粹帝国以及国家的分裂等。历史的痕迹因二战时盟军地毯式的轰炸而消失殆尽，可人们的记忆却永远留在这个饱经沧桑的历史古都。统一后的柏林在拆除旧建筑物的同时展开现代化城市建设，城市面貌正在日新月异。

然而从城市整体的建设看，柏林仍属于一个建设中的城市，因为过去东德统治下的东柏林地区还留存着很多类似贫民区的低矮旧建筑。柏林电视塔(Fernsehturm)是矗立于东柏林区域的欧洲大陆最高的建筑物。高368米的电视塔修建于1969年，位于游客最集中的亚历山大广场(Alexanderplatz)。登上海拔高度204米的电视塔观望台，整个柏林风景尽收眼底。然而与这座现代化建筑物形成鲜明对照的是从电视塔向东延伸的卡尔·马克思大街(Karl-Marx-Allee)，这里沿街两侧都是充满斯大林时期社会主义风格的纪念碑和公共建筑物，包括东德时期留下的马克思和恩格斯塑像。用红色砖瓦筑起的“红色市政厅”(Rotes Rathaus)也在这一带。

一提到柏林人们最容易想起的象征性建筑是什么呢？那就是勃兰

登堡门。[1]勃兰登堡门不仅是柏林的象征，而且是向人们展示德国的过去和统一后的德国未来的标志。10欧分、20欧分、50欧分的德国欧元硬币上都刻有勃兰登堡门，其理由也在于此。

勃兰登堡门附近的大屠杀纪念馆也被人们认为是柏林的象征。这座纪念馆的全称为“被虐杀的欧洲犹太人纪念馆”，也是展示德国人对过去历史反省态度的一个佐证。与别的大城市一样，柏林市中心的地段也是寸土寸金，可柏林人却在市中心辟出约两万平方米的地段修建了大型公墓。公墓分地上纪念馆和地下纪念馆，地上纪念馆是在公墓平地上竖立的2711个棺材形状的水泥柱，这是个让任何一位游客看上去都觉得十分不适的造型，然而这正是公墓设计师的初衷。因为看了地下的小规模纪念馆展示的大屠杀惨状，游客们才能感悟那种不适感的产生原因。设计这座公墓的人是世界级建筑师彼得·艾森曼（Peter Eisenman）。这座公墓自2005年竣工以来每年平均接待三百五十万游客。[2]

展现德国历史的又一个重要建筑物是同样位于勃兰登堡门附近的帝国国会大厦。帝国国会大厦曾在纳粹时代因失火而遭到部分损毁，第二次世界大战期间又遭受毁灭性的轰炸，是一座屡遭厄运的历史场所。经过20世纪50年代的大规模修整，如今成了德国的又一象征性建筑物。20世纪90年代帝国国会大厦根据英国著名建筑家诺尔曼·福斯特（Norman Foster）的设计做了一些结构调整，大厦的巨型玻璃圆顶造型就是他的技术杰作。如今帝国国会大厦已经向游客全方位开放，

1 Peter Steinbach, “Freiheit gegen Einheit. Eine falsche Konfrontation. Anmerkungen zur Revolution von 1848”, Harald Schmid, Justyna Krzymianowska(eds.), *Politische Erinnerung: Geschichte und Kollektive Identität* (Königshausen & Neumann, 2007), p.30.

2 Hanno Rauterberg, *Holocaust Mahnmal Berlin. Eisenman Architects* (Baden, 2005).

成了来自世界各地的游客一睹柏林风采的观光名所。

从勃兰登堡门到柏林城市宫（Berliner Stadtschloss）的菩提树下大街曾经是柏林最大的步行街。大街两侧矗立着无数古典风格的建筑物，柏林洪堡大学（Humboldt）的部分校舍也在这里。而弗里德里希大街则是展示“咆哮的20年代”[1]柏林兴盛期历史的神话般的大街，从大街两旁的建筑物上可以看出柏林从20世纪传统建筑转变为今日现代化建筑的城市变化轨迹。

著名的波茨坦广场也位于勃兰登堡门向南约一千米的地方，柏林墙被拆除以后经过大规模的开发，这里已经成了整个柏林市的交通枢纽。1990年以后全欧洲最为独特的大型建筑接二连三地建造于此，柏林俨然成为世界建筑家们关注的中心。游客最喜欢光顾的地方是赫尔穆特・扬（Helmut Jahn）设计的柏林索尼中心。索尼中心以独特的建筑风格和豪华的内部装饰成为柏林首屈一指的现代建筑物。

柏林市内东西走向的主干线是“6月17日大街”（Straße des 17. Juni）。这条大街的东端连接勃兰登堡门，西端与夏洛滕堡区的恩斯特—罗伊特广场（Ernst-Reuter-Platz）相连，同时又贯穿位于柏林市中心的蒂尔加滕（Tiergarten）大型森林公园。从勃兰登堡门出发沿着这条大街走下去就会看到胜利纪念柱。“6月17日大街”的原名是夏洛滕堡大街（Charlottenburger Chaussee），之所以取现在的这个怪名是为了纪念1953年6月17日发生在东柏林的一场骚乱中被苏军和东德警察杀害的遇难者。由于胜利纪念柱耸立在市内中心位置，所以柏林马拉松大会、博爱大游行等超大型群体活动经常在这里举行。这条大街在纳

1 指20世纪20年代北美地区出现的短暂繁盛期。——译注

粹时期发挥过横穿柏林东西主干道的作用，第二次世界大战结束时期还曾代替被破坏的机场起到过飞机跑道的作用。

沿“6月17日大街”走过去，在离勃兰登堡门不远的地方还有大角星广场。如今的这座广场成了“6月17日大街”等多条马路的交叉口，平均每天流经这里的车辆多达十八万车次。整个广场犹如一座岛屿，广场中心矗立着胜利纪念柱。胜利纪念柱非常高，在柏林市内很多地方都能看到它的雄姿。这座纪念柱是为纪念1871年德国统一之前，普鲁士与丹麦、奥地利、法国进行的三场战争而修建的。纪念柱原先位于帝国国会大厦前的国王广场（现今的共和国广场，Platz der Republik），可因1933年实行的“世界首都日耳曼尼亚”建设计划被强行迁移到现在的位置。柏林市民们称纪念柱顶部的金色胜利女神像为“黄金埃尔莎”（Goldelse）。胜利纪念柱的周边，还有将上述的三次战争引向胜利的俾斯麦、罗恩（Albrecht von Roon）[1]、毛奇（Helmuth Karl Bernhard von Moltke）[2]等民族英雄的铜像呈半圆状围着纪念柱坐落在那里。

被人们习惯性地称为“裤裆大街”（Ku’damm）的“选帝侯大街”（Kurfürstendamm），其名称源自古时候统治这一地区的勃兰登堡选帝侯于1543年命令铺设一条通往狩猎场的木板路而得名。如今宽阔的选帝侯大街两侧豪华商铺鳞次栉比，被称为“柏林的香榭丽舍”。在被称为“咆哮20年代”的20世纪20年代，这个地区曾以休闲和享乐中心而名噪一时，可好景不长，因紧随而来的大恐慌而消失了。德国统一以后，

1 阿尔布雷希特・冯・罗恩（1803—1879年）是普鲁士军人、政治家，19世纪60年代普鲁士政策决策层举足轻重的人物，与俾斯麦一起为德国的统一做出了巨大的贡献。

2 赫尔穆特・卡尔・贝恩哈特・冯・毛奇（1800—1891年）也是普鲁士军人，是创立近代参谋制度为德国的统一打下军事基础的人物。作为普鲁士总参谋长与俾斯麦一起为1871年的德国统一和第二帝国的创立做出了决定性的贡献。

选帝侯大街为争夺最繁华的商业地带之名曾与波茨坦广场、弗里德里希大街、亚历山大广场等商业密集区进行过激烈的角逐。

与悠久的历史渊源相匹配，选帝侯大街一带成了人们回忆德国重大历史事件的场所。这条大街东端的布赖特沙伊德广场（Breitscheidplatz）上有一座威廉皇帝纪念教堂（Kaiser-Wilhelm-Gedächtniskirche）令无数游客驻足观光。这座教堂曾在第二次世界大战中遭破坏，如今也能看到被轰炸的痕迹。离这里不远的陶恩沁恩大街（Tauentzienstraße）上坐落着一座号称欧洲大陆最大百货商店的卡迪威百货商场。这一带还有著名的西柏林市政厅。1963年正值柏林危机达到高潮的时候，时任美国总统肯尼迪（John F. Kennedy）就在这个市政厅前广场发表了一篇著名的演讲："我也是柏林的一个市民（Ich bin ein Berliner）！"当时肯尼迪的这一演讲曾令无数德国市民感激不已。历经德国历史所有荣辱与危机的选帝侯大街真不愧为一部缩小版的德国史册。

第九章
圣彼得堡，历史与文化的复合文本

金涞焕

“圣彼得堡”名称的来历

至今还有不少人把陀思妥耶夫斯基和列宁的城市“圣彼得堡”称作“列宁格勒”。说来也难怪，因为直到1991年苏维埃社会主义共和国解体，“列宁格勒”为找回自己的原名整整经历了七十七年的时间。能够回忆起苏联时期俄罗斯的人，要让他们说出前苏联最主要的城市，恐怕都会回答莫斯科和前苏联第二大城市“列宁格勒”。

事实上围绕城市名而产生的离奇曲折的故事不止于此。这座城市在成为“列宁格勒”之前还曾有过“彼得格勒”的名称。1914年第一次世界大战爆发，沙皇俄国和德国作为交战双方正打得难分难解。面对这种形势，沙皇俄国最后一个皇帝尼古拉二世认为“彼得堡”的市名过于“德国化”，于是人们将德语中代表城市的一词“堡”拿掉，代之以古俄语中意为城市的词汇“格勒”。就这样，这座城市的名字由“彼得堡”改成了“彼得格勒”。然而这个名字与皇帝尼古拉的命运一样并没有支撑多长时间，三年后的1917年，一场赤色风暴席卷俄罗斯结束了沙俄帝国的统治，七年后的1924年，这座城市再度改名，这次被改成了“列宁格勒”。列宁是发动俄国赤色风暴的首领，人们称他为“革命之父”。

到了20世纪末期，“列宁的国家”全面崩溃，围绕这座城市名字的争论又一次提到了议事日程。1991年通过市民公开投票决定恢复原来的名称。七十七年后重新找回的名字，这个名字就是“彼得堡”。然而恢复原名的提案中也有一些不同的声音。当然绝大部分普通市民为自己的城市找回原来的名称而感到欣喜，可也有一部分人却披露了自己不同的想法。亚历山大·索尔仁尼琴就是其中的一人。这是一位以描写冷战时期前苏联集中营内幕的小说《伊凡·杰尼索维奇的一天》而获得诺贝尔文学奖的俄罗斯当代作家。他认为应该利用这次机会彻底揭掉蒙在“彼得堡”名字上的“外语式”阴影，干脆起一个比原名的起源（origin）更原始（original）的名字。索尔仁尼琴提出的是“涅瓦格勒”或“斯维亚托彼得堡”等散发着极端“俄罗斯化”风味的名字。很多人对索尔仁尼琴的提案感到莫名其妙，然而还是俄罗斯现代作家米哈伊尔·库拉耶夫理解索尔仁尼琴的意图，向大家做出了解释：“距今三百年前人们刚刚听到‘圣彼得堡’名称的时候会是什么感觉呢？当时人们的感觉无异于我们现在听到‘止血棉塞（Tampax）、士力架（Snickers）等新名称的感觉’。”换句话说，是把“首尔”称为“新泽西”或“曼彻斯特”同样的感觉。

那么为什么三百年前的俄罗斯人非要把如此陌生、如此“外语化”的名字作为自己的首都名称呢？能够回答这个问题的只有一个人，他就是1703年在荷兰湾上建设以自己的名字命名的新首都的人，当时沙皇俄国的最高统治者彼得大帝（1682—1725年）。

彼得大帝的城市

彼得是将俄国命名为沙俄帝国，并自封皇帝的沙俄最高统治者。当他提出在涅瓦河岸边建设新首都圣彼得堡的计划时，几乎所有的人都觉得这是近似于疯狂的举措。彼得是领导散居在欧洲各地的俄罗斯各族人民建立“前俄罗斯国家”的改革派君主。在定都问题上他再次实施强硬的改革措施，不顾人们的反对将帝国的首都从领土中心的莫斯科迁移出来，搬到了与瑞典之间战事正酣的最前线，且无论从任何一个角度看，也不适于人类居住的一片沼泽地上。

试想在从别国手里夺来境外土地上建设自己国家的新首都，这是一个多么冒昧鲁莽的行为！可对彼得大帝来说这个“鲁莽的行为”当中也有他自己的理由。其理由颇具复合性质，彼得大帝首先看中的是波罗的海沿岸，尤其是看中了当时连接水路和陆路的要塞涅瓦河入海口所具有的重要战略意义。因为控制这一地带是有效制约当时的交战国瑞典的唯一方法。可更重要的理由是赋予这个“迁都行为”本身的“文化意义”。对俄罗斯来说圣彼得堡意味着什么呢？可以说圣彼得堡是俄罗斯面向西欧打开的第一个窗口。凝缩着彼得对西欧强烈野心的这座城市，可以说是“俄罗斯式现代风格”的典型产物，同时又是严重“歪曲”现代风格的一个见证。

彼得堡是一座什么样的城市呢？直到1703年俄罗斯在欧洲主流

创建圣彼得堡的彼得大帝

史上还是个默默无闻的国家。为了彰显俄罗斯的名望，掌权后的彼得大帝计划在荷兰湾和涅瓦河交接处的沼泽地建设一座志在引领俄罗斯走向近代化、现代化的超大型城市，这就是现在的彼得堡。2003年彼得堡迎来了自己第三百个生日，换句话说它是一座具有三百年历史的古老城市。彼得堡是以十五万人的生命为代价建设在十五万座坟墓上的城市，是与奇迹般的建设神话一起演绎反基督与恶魔神话的城市。

就像俄罗斯童话里出现的魔法城市，彼得堡以飞跃般的速度发展起来了。在西欧别的地方需要花几个世纪才能完成的事情在这里只花五十年的时间便完成了。短短的十年内，一片沼泽地上就已经有三万五千座建筑物拔地而起。沼泽地上奇迹般地出现的圣彼得堡，就连筑起这座城市的主人也不敢相信这是现实。当彼得宣布“我将在这里建设一座城市”的时候，他的这句话让人们联想到了上帝的一句命令

“那里要有光”。难怪当时民间流行这一句传说:“我们的皇帝在头脑里造好一座城市后再把它放在了地上。”

用无数个石块填平莫大的沼泽，这不能不说是奇迹般的一项工程。填平沼泽的石块当然要从外地运过来。“建筑河坝的有名的花岗岩从荷兰运来，宫廷的大理石来自意大利、乌拉尔、中东等地，辉长岩来自瑞典，粗玄岩和石板岩来自奥涅加湖，砂岩运自波兰和德国，建筑用孔石来自意大利，瓷砖来自“比荷卢”(即比利时、荷兰、卢森堡) 和德国的吕贝克。著名的彼得‘青铜骑马像’，仅其花岗岩基石就高达十二米、周长三十米、重达六十六万公斤，一千多力夫花了一年零六个月的时间将这一庞然大物送到了沼泽地。这块花岗岩被发现在距首都十三千米的一片树林里，于是搬运的时候陆路上用滑车、水路上用了特制的轮渡。用于圣伊萨大教堂的三十六根巨型花岗岩圆柱也是用这种方法运到的。”[1]除了埃及的金字塔外恐怕再也找不出运输如此大量石材的先例。这项工程到底付出了多少生命，推算起来并不那么难。因为始建不到三年间，这座城市便吞掉了近十五万鲜活的生命。

石材和白骨成了形成彼得堡城市基础的基本材料，同时又成了后来更加猖狂的“彼得堡神话”的素材。沼泽地上用石材筑起来的城市，还有填平深渊的无数具白骨，在俄罗斯东正教的祝福中诞生的这座城市自从诞生那天起一直伴随着令人毛骨悚然的诅咒。彼得大帝的首任夫人在她流放的地方说:“让它成为一座空城！”祝福与诅咒这两种不同的声音在彼得堡的神话和历史上留下了一层阴影。

1 参照奥兰多・费吉斯著，蔡继炳译，《娜塔莎之舞：俄罗斯文化史》(伊卡洛斯出版社，2005)，第41页。

面向欧洲打开的窗口

彼得堡是俄国人战胜自然和战胜自我的象征。由彼得—巴甫洛夫斯基要塞建筑物开始的建设工程经过18、19两个世纪形成了由无数条马路、广场、宫殿、庭院、尖塔、铜像、运河等组成的独特的文化空间。与长时间自然膨胀的“巨大的乡村都市”莫斯科不同，圣彼得堡的建筑和土木建设是完全根据“合理”的计划和原理进行的。据当时的记载，彼得堡是“用几何学原理建设的城市”。如果说莫斯科是俄罗斯人母亲的“心脏”，那么圣彼得堡则是俄罗斯人父亲的“头部”，而且是“残暴”的父亲头部。俄罗斯的近代史就是从这个“残暴的父亲头部”开始的。这里是俄罗斯最初的科学院诞生的地方，是最初的公共图书馆、最初的剧场、最初的植物园以及旨在平民子女教育的最初的学校开办的地方。

彼得堡以它城市本身书写了近代俄罗斯文化的新篇章。这座城市向人们展示的不仅仅是一座城市的外部形象。事实上彼得堡是为把俄罗斯人改造成欧洲人而计划的乌托邦式的文化工程学。放弃莫斯科式的“中世纪模式”选择欧洲式的“近代模式”，也就是说通过“面向欧洲打开的窗口”彻底改变文化整体性的轨迹，抛弃过去无知、落后的陋习，积极参与启蒙、进步的近代西欧世界，这就是俄罗斯追求的彼得堡式近代目标。

在这一目标的驱使之下构成18世纪俄罗斯文化主体的贵族们又是位于什么样的处境呢？用他们的话来说，就是“似乎在自己的国家里一夜之间变成了外国人”。试想通常看成“很自然”的东西一下子变成通过“学习”和“模仿”才能做到的东西，此时的感受会是什么样呢？吃、穿、喝、说等日常的行为准则就像学外语似的需要一个一个地去熟悉和掌握，这样的状况自然而然地将他们的日常生活变成“演戏般”的生活，正像他们所说的那样，每天的生活“好似在舞台上演戏”一般。彼得大帝还真的写了一部相当于这出戏的“剧本”，那就是他亲手改编的德文书《献给年轻人的礼法》。在那里，彼得对日常生活的行为准则做了详细、多样的解释，如“要时时刻刻想着自己跟外国人在一起”、“切忌随意吐出嘴里的食物，切忌用刀叉抠牙缝，切忌大声擤鼻涕”等。

彼得堡作为一座新生的城市意味着18世纪俄罗斯新文化的诞生，也就是说意味着对旧时代的全盘“否定”和“抛弃”。要说修饰18世纪的俄罗斯文化只需两个词，那就是“突如其来”和“标新立异”。俄罗斯讽刺诗人安齐奥赫·康捷米尔一句著名的诗句充分反映了这一点：“我们之所以遵从彼得大帝聪颖的教导，是因为我们一夜之间变成了新的民族。”

与此同时，近代世袭权力的统治制战胜中世纪神权的统治制，这个18世纪权力制度的转变使人们将彼得堡当成“新罗马”。彼得没有选择类似耶路撒冷式的神权中心，而是选择了由自己掌握最高权力的方式，而彼得的这一举动正是将彼得堡提升为“新罗马”的捷径。彼得堡的市徽也是模仿罗马梵蒂冈市徽的。由此圣彼得堡这个城市名还可以从两个方面去解释。“彼得”是“彼得罗”的纯正俄罗斯式名称，因此“神圣的彼得罗城市”实际上意味着“彼得的城市”。问题是“圣彼得堡”一词中的“圣”(Saint) 字根据不同的修饰语可解释为两层意思。如果按德语式的语法来解释“圣彼得罗堡”(Sankt Petersburg)，由于包含了物主代词可以理解为“神圣的彼得罗”城市，可如果按俄语式的语法来解释“圣彼得堡”(Sankt Peterburg) 则由于物主代词变得模糊，因此可以理解为“彼得的神圣城市”。这就是说圣彼得堡这个名字所包含的两层意思中，“彼得意义论”压倒了“彼得罗意义论”，而名称意义的转化直接导致了人们对彼得大帝的个人崇拜。

人们号称“出自彼得的头脑”的帝国新首都实际上是如前所述的违背地理常识的，彼得大帝超乎常规的选择。圣彼得堡不仅超出了定都于领土中心的常规，更是在领土之外设立新首都的极端事例。俄国符号学家尤里·洛特曼用有关城市空间地理配置的类型学将这一事例解释为“中央模式”（centric）与“异样模式”（eccentric）。

首先，一个国家的首都通常会按照“中央模式”选择在周边关系中处于“中心”位置的地区作为“领土中心”。这个模式往往表现为“天上都市的原型”或“周边世界的圣地”，其代表性的城市是罗马、耶路撒冷、莫斯科等。这个模式追求的当然不是开放，而是封闭，即“远离敌对的周边世界”的观点。

其次，城市在与领土的关系中也可以选择与众不同的，或者是超越通常意境的位置。斯维亚托斯拉夫（基辅大公）、查理大帝、彼得大帝属于这一类，与“中央模式”的封闭性相比较，“异样模式”倾向于开放性和“文化接触”。如果说“中央模式”的都城是介于天与地之间的“高山都市”，那么“异样模式”的都城则倾向于文化空间的变化和“海岸城市”、“河口城市”。这种模式往往因为创造性的神话，与倾向于“天与地的对立”的前者相比更强调“人工与自然的对立”。洪水等自然力因素导致城市人工建筑物土崩瓦解的故事，世界末日论，天地灭亡的预言等创造性神话都属于此类。[1]

---

1 Лотман Ю.М. Символика Петербурга и проблемы семиотики города //Ю.М.Лотман-избранные труды в тех томах. Том II. Таллин, 1992.

事实上，圣彼得堡始终展示着“异样模式”的特征。“早晚有一天这个人工城市将消失得无影无踪”，这一不吉利的“末日论神话”，自从人们为建设圣彼得堡城市而挖起第一锹的那个时刻，就已经笼罩在了城市的上空。圣彼得堡真正的历史充满各种神话，以“流言蜚语”或“天方夜谭”的形态扎根在民众的心里。那么我们如何说明圣彼得堡这一根深蒂固的神话呢？当然其根源在于建设初期就已经流行的“白骨堆上建起的城市”一说上。可更广义上的原因在于圣彼得堡的象征意义，即18世纪俄罗斯的文化符号“缺失的历史”。

如前所述，彼得时代的意识形态特征是“突如其来、标新立异的俄罗斯”，即把18世纪初俄罗斯的所作所为当作一个“出发点”或“新起点”。由此得出的结果自然是一个“过去的一切都不存在的时代，或者说是缺乏最起码的历史现实性的无知与混沌的时代”。[1]换句话说，彼得时代以前的俄罗斯应该是“没有历史的时代（乌托邦）”，彼得时代理想的俄罗斯应该与过去的一切毫无关系。在这种历史断层的意识形态下冒出各种神话是不足为奇的。充满彼得大帝时代这一历史断层的不是真实的历史，而是虚无缥缈的各种“神话”，在圣彼得堡这个人工城市发生的一切历史事件都成了各种神话的题材。

历史和神话混为一体，这并不仅仅止于神话般的故事题材。圣彼得堡自诞生之日起就拥有了自己虚构的“分身”，即拥有了给城市形象和意识形态产生影响的另一个“自我”。这个“分身”或“自我”正是“文学意义上的彼得堡”（Literary Petersburg）。这里说的“文学意

1 Лотман Ю.М. (совместно с Б.А. Успенским) , “Отзвуки концепции “Москва-третий Рим” в идеологии Петра Первого”, История и типология русской культуры, СПб-искусство, 2002.

义”绝不是单纯的城市艺术的反映，而是我们在普希金或陀思妥耶夫斯基的作品中经常看到的角色，即令人毛骨悚然的“另一个自我”（alter-ego）。

彼得堡复合文本

美国著名作家马歇尔·伯曼（Marshall Berman）在他的著作《一切坚固的东西都烟消云散了：现代性体验》一书中将彼得堡所经历的动荡的19世纪说成是“制造出20世纪第三世界的原型”，即彼得堡的19世纪是与“后来亚非拉各民族和国家所面临的所有问题针锋相对”的原型时期。伯曼在那本书里还指出，象征欠发达地区新现代主义的彼得堡这一历史经验如今变成“彼得堡病菌”流行在20世纪第三世界的拉各斯、巴西利亚、新德里、墨西哥等城市里，不仅如此，“彼得堡病菌还扩散到纽约、米兰、斯德哥尔摩、东京、特拉维夫等城市的空气之中，并在那里如幽灵般地转悠”。[1]

同时伯曼又指出了这个时期作为俄罗斯特征的又一个令人瞩目的事情，即跨世纪的这个时期“诞生了最伟大的世界文学之一”。这座城市“推出了最强力、最顽固的现代神话及其象征，如一个小小的人物、多余的人物、地下世界、工人先锋队、水晶棺、苏维埃等怪物”。

彼得堡和俄罗斯文学，这是一对密不可分的两个世界。俄罗斯的作家们就在彼得堡发现了处于阴郁世界的自己。用俄国诗人约瑟夫·布罗茨基的话说，彼得堡算是他们的一个“新世界”。如前所述，彼得堡的“神话”在俄罗斯文学史的一系列文学作品中顽强地得以再

1 参照马歇尔·伯尔曼著，尹浩炳译，《现代化的体验》（现代美学社，1994/2004），第424页。

彼得大帝的青铜骑马像

现。这种再现又形成“彼得堡复合文本”(Peterburg text) 这一独特的主题系列，而站在这个系列最前面的，是号称俄罗斯国民文学之父的普希金的文本。

普希金的叙史诗《青铜骑士》是以构成彼得堡神话的最重要的两个对立物“水”和“石”之间的矛盾为主题而写就的。代表自然的“水”和代表文化的“石”之间的矛盾是支撑城市神话的基础。彼得堡是在茫茫沼泽上用不计其数的石材堆砌起来的人工构筑物，这座石头城象征着理性和合理的结果，也就是说象征着人类的理性和立志战胜大自然的理念。虽说人类战胜了自然，可比石头 (文明) 更早存在于那里的水 (自然) 并没有消失掉。不仅如此，这里的水还不时地冲走那些石头，从而应验了当初的那句咒语:“让它成为一座空城！”人们对“冲毁一切的洪水”的幻想是所有关于彼得堡命运的故事中永恒的话题。其实堪称洪水神话的这个幻想并不是凭空而来的，而是以事实为根据的。建设在比海平面更低的沼泽地上的这座城市早在建城初期就开始遭受频繁的洪灾。

叙史诗《青铜骑士》是以1824年的大洪灾为背景的文学作品。没落的低级小官吏欧根正做着与心爱的姑娘巴娜莎结婚的幸福梦，不料突如其来的一场洪水冲走了他的一切。欧根精神失常，整天游逛在大街小巷。有一天他偶遇大街上矗立的彼得大帝的“青铜骑马像”。欧根向这个在人类生活极其不宜的沼泽地上建设城市的人，也是导致今天所有不幸的罪魁祸首发出一句咒语:“好呵，伟大的建设者。你等着！”然而这个伟大的皇帝就连一个可怜巴巴的“小人物”的愤怒也不容纳。欧根在被可怕的青铜骑士扬起铁蹄追逐的噩梦中受了一整夜的折磨，第二天早上已经变成一具冰冷的尸体飘浮在涅瓦河边。

彼得堡城市神话的核心就是城市“人为的本质”。彼得堡常被世人称为“幻影城”，而彼得堡“幻影城”的主旋律又与这个“人为的本质”息息相关。身披“合理化”、“欧洲化”外衣的彼得堡实际上不过是“空中楼阁的幻影”，人们的这个观念使得这座城市成为一座幻影和幽灵的空间。建设在沼泽上的人工城市，不知哪一天消失得无影无踪的脱离现实的城市，彼得堡的神话在另一位伟大的作家果戈理手中以“虚”与“假”的主旋律而被演绎。在小说《涅瓦大街》里果戈理写道:“啊，可别相信这条涅瓦大街。一切全是骗局，一切全是梦幻，一切都是表里不一。这条涅瓦大街时时刻刻在作假骗人！”[1]堪称19世纪现代化

1 参照果戈理著，赵周官译，《彼得堡的故事》(民音社，2004)，第282页。

首都巴黎的“俄罗斯版幻影”的涅瓦大街实际上就是彼得堡的一个象征。“这世上还有比我们首都的这条街更华丽更闪亮的大街？”在这一赞誉的背面往往展示着被歪曲和变质的自画像。美丽善良的姑娘被判为妓女的地方，纯真的画家变成吸毒者最后用刀片割喉自杀的地方，涅瓦大街就是这样一个地方。

彼得堡最精彩的复合文本无疑就是陀思妥耶夫斯基的作品。“七月初，天气特别闷热的一个傍晚，有个年轻人走出他在S胡同租借的那间斗室来到街上，犹犹豫豫地往K桥那边慢慢走去。”[1]这是陀思妥耶夫斯基著名的小说《罪与罚》的开头部分。可以说这部小说是彼得堡这座城市造就的小说，同时又是献给彼得堡这座城市的小说。从彼得堡贫民区广场向外延伸的一条街上有一个青年在不紧不慢地走着。为了准时到达在他看来“还不如虫豸”的当铺老太婆的家，他在心里数着数，一共七百三十步。闷热的天气，散发恶臭的街道，拉斯柯尔尼科夫伟大的妄想和杀人行为就在这条街上得以实现。《罪与罚》是对19世纪俄罗斯大城市以及生活在那里的人们“精神状态”的真实写照。

陀思妥耶夫斯基笔下的又一个彼得堡是“光”和“梦”的王国。彼得堡的夏夜，就像白天一样明亮得令人诧异的夜景使生活在那里的人们都变成“梦想家”。当朦胧的光线驱赶笼罩在整个城市上空的浓雾时，这个地方便换成现实和梦想混杂在一起的幻想城市。陀思妥耶夫斯基的另一部小说《白夜》在这一朦胧的夜色中展开了一个梦想家的浪漫爱情。现实和梦想的境界已经变得模糊不清的梦想家的生活中，白昼是象征这种生活的一种寓言。“只要站在这浓雾之中，执着的梦想

1 参照陀思妥耶夫斯基著，吴在国译，《罪与罚》（三星出版社，1989），第13页。

不断地浮现在我的脑海里。当这一层浓雾消失的时候，这个已经腐烂的城市是否会与浓雾一起消失呢？这座城市跟着浓雾烟消云散以后这里是否只剩下原属于芬兰的那一片沼泽地?”陀思妥耶夫斯基借用小说主人公这一“地下生活者”的话来形容了这个“地球上最抽象、最虚伪的城市”——彼得堡。事实上，彼得堡的确是由梦想家、杀手、疯子和革命家组成的19世纪俄罗斯文学的中心题材和灵感的源泉。

在彼得堡的名义下打开的欧洲之路，暴风骤雨般推进的近代化，所有的这一切令人不可避免地提出一个疑问:“俄罗斯到底是什么?”彼得堡建城不到一百年，前往西欧的象征和文化圣地法国巴黎去进行巡礼旅行的俄罗斯贵族们就已经开始向这种与欧洲不尽相同的俄罗斯式建设原理和思维方式提出质疑。俄罗斯到底是什么？俄罗斯人到底是欧洲人还是亚洲人，抑或是别的什么种族？有关对俄罗斯真面目的质疑，即到底俄罗斯属于欧洲还是欧洲属于俄罗斯，始于彼得堡的这一“令人生厌”的质问成了囊括俄罗斯艺术、历史、宗教、政治、哲学的共性问题。而其中的俄罗斯文学恰恰是这一质问的发源地、实验台和宣言文。俄罗斯文学既是以西欧的角度展示近代“俄罗斯式被颠倒的历史”的生动事例，同时又是西欧难以模仿的俄罗斯精神所获得的伟大的“民族伟业”。

红色的十月

作为俄罗斯文学特殊培育基地的彼得堡在20世纪初期又成了“革命的摇篮”。“陀思妥耶夫斯基的城市”彼得堡现在换了一个主人，彼得堡变成了“列宁的城市”。人类首次的社会主义革命，这个前所未有的“历史性实验”就是以彼得堡为舞台展开的。从1905年的“血腥星期天”开始，经过第一次世界大战最终到1917年的二月革命和十月革命，每一个充满激情的日日夜夜将彼得堡这座城市永远留在了历史的一页之中。美国左翼新闻记者约翰·里德在《震撼世界的十天》中将这一段历史描写为“革命的日日夜夜”将与“彼得堡”这个名字一起作为“人类所尝试的最疯狂的冒险”而载入史册。

值得一提的是与革命相关的彼得堡城市故事中有一个不可错过的场所，那就是“冬宫”。这座后来被改为俄罗斯国立博物馆、如今被人们称为“艾尔米塔什博物馆”的场所原先是彼得大帝的邸宅。始建于1711年的这座宫殿在彼得死后被叶卡捷琳娜二世和安娜重新修建，如今我们看到的是1741年伊丽莎白女皇即位后大规模翻修后的冬宫。代表俄罗斯建筑之精髓的这座宫殿实际上也是圣彼得堡的象征，现今已经成了俄罗斯国立博物馆和全世界游客慕名而来的观光名胜。冬宫，这座拥有一百二十个阶梯和一千八百个出入口、总长二百八十米的大长廊式文化宫殿是彼得堡的观光顶点。冬宫不愧为世界三大博物馆之一，保有藏品二百七十多万件，据说如果每分钟只看一件藏品则需要花五年的时间才能看完。

震惊20世纪的大事件之一“俄罗斯社会主义革命”把舞台选择在这座“冬宫”也有多方面的意义。众所周知，革命军攻破皇帝的居所冬宫最能显示布尔什维克革命决定性的瞬间。有关这场“夜袭”的故事在冬宫陷落之后是这样演绎的。1917年10月25日（按1918年以后使用的新历算应该是11月7日）夜，布尔什维克的领袖列宁在斯莫尔尼宫革命总部正在指挥布尔什维克军队。此时临时政府的总理克伦斯基已经暗地里逃出冬宫，只有一小队士官和突击队队员驻守这座空城。随着停靠在涅瓦河的阿芙乐尔巡洋舰一声炮响，布尔什维克军队一拥而

冬宫（艾尔米塔什博物馆）前广场

上攻入了冬宫。

> 他们的攻击目标只有一个，那就是冬宫！人们可以听得见这个被包围的要塞门前搬动重型武器的声音……远处阿芙乐尔巡洋舰参与的历史性战争即将开始。灯火辉煌的冬宫窗户上映照出为攻入冬宫而蠢蠢蠕动的暴力军的魔影……赤军已经潜入宫里展开战斗，没过多久他们开始解除守军的武装……机关枪和短枪的连发声，震耳欲聋的大炮声，魔鬼般的呼喊声最终汇成决定性战斗的交响曲。[1]

1 参照弗里德里克 · C. 科尼著，朴元容译，《十月革命：布尔什维克革命的记忆与形成》(书的世界，2004)，第131—132页。

被禁映的电影《十月》是以蒙太奇技法而著称的俄罗斯电影导演谢尔盖·爱森斯坦拍摄的。这是一部描写“历史性战争”的影片，然而电影中的“决定性战斗”场面却远离历史真实，严重歪曲了当时真实的战斗场面。这是布尔什维克十月革命后根据“人为的记忆”而拍摄出来的戏剧化的场面，是为制造“十月革命的巴士底狱”而制造的有意识的造假场面。为了拍摄《十月》中革命军攻入冬宫的场面，爱森斯坦亲自来到冬宫查看了拍摄现场。结果他意外发现当时布尔什维克军队发动突击的“左楼梯”比他想象的要小得多。面对“真实的历史”和“虚构的历史”的抉择，导演选择了后者，将攻入冬宫的拍摄现场移到皇帝例行庆典活动时使用的冬宫正门巨大的“约旦楼梯”。就这样，被称为“十月革命的凯旋路”由真实的冬宫左楼梯被这位导演擅自变为“约旦楼梯”，从此人们把这个虚构的“约旦楼梯”当成是真实的“十月革命凯旋路”。还有，1917年参与进攻冬宫的人只有几百人，可在拍摄时爱森斯坦动用了远超真实数字的五千多名退役军人。更具讽刺意义的是，在拍摄时由于众多临时演员兴奋过度不听从导演的安排，使影片中的战场伤亡人数也远超当时战斗中的真实伤亡人数。[1]那么攻入冬宫的真实情况又是怎么样的呢？

布尔什维克掌权的“十月革命”后，冬宫事实上已经变成了失去统治能力的空洞的政治中心，用托洛茨基的话来说，冬宫变成了“只剩下外壳”的空城。从政治上说，当时整个彼得堡已经处于无政府状态，因此当10月25日夜，布尔什维克革命军发动进攻的时候，“城市所有重要

1 参照奥兰多·费吉斯著，蔡继炳译，《娜塔莎之舞：俄罗斯文化史》（伊卡洛斯出版社，2005），第659页。

地方并没有什么抵抗，更没有什么战斗和伤亡者”。弗雷德里克·柯尼是通过十月革命的事例专门研究“记忆与革命的特殊关系”的学者。他在《十月革命：布尔什维克革命的记忆与形成》一书中指出，布尔什维克政府为了使他们的革命“史诗”永远印记在人们的脑海里，根据他们的需要以不同的方式、多样的角度再现了革命史。再现方式超过简单广告、戏剧等范围遍及所有艺术领域。问题是通过这种方式形成的“记忆”并不是“从上到下”迫于无奈而产生的，而是在广大民众“自愿相信”的前提下产生的。[1]苏维埃政府在巩固自己政权的过程中采取了一个绝妙的方法，即制造了一个迫使人们把布尔什维克革命当作国家起源的神话，试图以民众对布尔什维克革命的“深刻记忆”来加强自己的统治地位。这是革命城市彼得堡告诉我们的又一个非常有趣的暗示。

十月革命后的第二年，也就是1918年3月，新生的社会主义政权将自己的首都搬到了莫斯科。这次迁都无论在政治上还是在社会上其意义毫不逊色于彼得堡的诞生。就像莫斯科是彼得大帝废弃和清算的对象一样，作为新生政权布尔什维克看来，彼得堡同样是旧沙俄帝国藏污纳垢的地方。“面向西欧打开的窗口”圣彼得堡时代就这样没落下去，作为世界共产主义运动中心，崭新的莫斯科时代全面展开了。苏维埃当局为了改变新首都莫斯科的面貌对其进行了大规模的城市改造。位于莫斯科心脏地带的红场上筑起了列宁墓，具有纪念意义的各时期莫斯科“旧城主”的象征性建筑物和纪念碑在城区各处拔地而起。莫斯科在飞速发展，彼得堡则变成越来越失去光环的博物馆城市。两者之

1 参照奥兰多·费吉斯著，蔡继炳译，《娜塔莎之舞：俄罗斯文化史》(伊卡洛斯出版社，2005)，第458页。

间形成了巨大的反差。

难道彼得堡所经历的20世纪波澜壮阔的历史将就此打上一个终止符？不是的。没过多久这座城市再次成为足够点缀世界历史一页的重大事件的中心。号称充分显示俄罗斯人自负感的“伟大的卫国战争”就将在彼得堡拉开帷幕，第二次世界大战的炮火使彼得堡再次演绎出令人难以置信的神话。

列宁格勒永不陷落！

20世纪40年代末的一天，已经改名为列宁格勒的彼得堡。前苏联著名女诗人安娜·阿赫玛托娃与同为前苏联诗人的娜杰日达·曼德尔斯塔姆[1]一起散步。走着走着，阿赫玛托娃突然说出了这样一句话：“回想我的过去，我觉得我生涯中最好的时光是在无数生命相继死去、我们自己也饥寒交迫、连我儿子也被强迫奴役的悲惨岁月里度过的。”

这句话谁听了都会觉得不太好受，可她说的却是实话。20世纪30年代后半期斯大林的恐怖政治已经达到了顶峰，人们没有丝毫的自由，民众的生活处于水深火热之中。而第二次世界大战的爆发对阿赫玛托娃这样的人来说似乎是某种意义上的“解放”。战争原本是一场灾难，可这个灾难却给俄罗斯人带来了战前连想都不敢想象的言论自由和行动自由。就像前苏联作家鲍利斯·帕斯捷尔纳克回忆的那样，那个时

1 娜杰日达·曼德尔斯塔姆是20世纪初俄罗斯代表性的现代主义诗人奥西普·曼德尔斯塔姆的夫人。奥西普由于写了一首讽刺斯大林的诗而被捕，最后死在了符拉迪沃斯托克的一所临时集中营里。娜杰日达在暗地里保管丈夫遗稿的同时，于20世纪70年代初出版有关奥西普的生涯和创作的回忆录引起了极大的反响。她的回忆录不仅是对奥西普·曼德尔斯塔姆研究的重要参考资料，而且是有关斯大林时代大规模肃清运动最生动的记录之一。获得诺贝尔奖的诗人约瑟夫·布罗茨基将这本回忆录评价为“20世纪最重要的一本书”。参照娜杰日达·曼德尔斯塔姆著，洪智仁译，《回忆》(大路出版社，2009)。

代是“充满活力的时代，是重新恢复人们用共同体意识畅所欲言、无拘无束地生活的时代”。多亏眼前出现了德国这个共同的敌人，苏联人民可以在共同的斗争中得以凝聚，也可以为祖国和父母兄弟而同甘共苦。在充满爱国心和自我牺牲精神以及对敌人怀有刻骨仇恨的特定年月，列宁格勒再次以主人公的身份出现在了历史舞台上。

1941年9月16日德国人突破了列宁格勒的防线。在德军的封锁下，对列宁格勒的食物和燃料供给竟然断绝了九百天之久。直到1944年德军对列宁格勒的包围网彻底被摧毁为止，居然有一百多万的市民因疾病和饥饿死于列宁格勒，这个数字相当于战前列宁格勒人口总数的三分之一。这场被后人称为“列宁格勒围城战”(Leningrad Blockade)的事件堪称是世界战争史上前所未有的军事行动。事情的经过大体如下。

1941年8月，希特勒对列宁格勒采取了“暂缓进攻，牢牢封锁”的战略。希特勒的意图很清楚，与其占领列宁格勒担负长期喂养几百万市民的包袱，不如长期封锁这座城市使之自行灭亡。地面炮击、空中轰炸以及饥寒交迫，这是希特勒为对付列宁格勒而采用的三个手段。围城作战于当年9月开始了。9月4日第一颗炮弹击中了列宁格勒的中心地带，9月8日通往列宁格勒的最后一条陆上补给线被阻断。直到这一年的秋天，困在列宁格勒的人谁都不敢预测这次的封锁要持续多长时间。

列宁格勒被完全封锁了。到了10月初，超过三百万的人口所需食物只剩下了够吃二十天的份。1941年冬，列宁格勒已经处于苟延残喘的悲惨地步。冰雪覆盖的整个城市每天都笼罩在恐怖的寂静之中。每天上午8时至9时，中午一个小时，下午5时至6时，德军的炮弹像钟表一样准时落在列宁格勒市中心。炮弹落过的地方炸出一个大坑，第二天坑里填满冰雪、泥浆、垃圾等杂物。人们的生活几近回到了原始状态，整个列宁格勒都为寻找食物苦苦挣扎，鸟儿、小猫、老鼠等小型动物已经被人们吃没了，有些人甚至将药品当作食物来填充肚子，更有一些人将皮带等物品放在开水里煮着吃。极端的饥饿生成了新的道德戒律，极端的环境造就了“人以下的人”。在当时的列宁格勒到底发生了多少食人行为，目前还有一定的争议，可发生过食人行为是不争的事实。1942年1月，一位前往一座公寓出诊的医生留下了这样的记录。

> 我目击了一个非常可怕的情景。那是一个昏暗的房间，墙壁上挂着厚厚的冰霜，地板上也覆盖着厚厚的一层冰。椅子上面坐着一个已经断了气的少年，婴儿的摇篮里也躺着一具婴儿的尸体。床上也有一具尸体，仔细一看原来那是这座公寓的女主人。……她的女儿正在用麻布擦拭站着死去的母亲的胸脯。她们有的是饿死的，有的是冻死的。倚在门柱边的是她的邻居老太婆，老太婆已经没有力气自己站立了。老太婆神情木讷，呆呆地望着眼前的情景。第二天那个老太婆也咽气了。[1]

然而真正令人感到惊讶的还不是围城惨状，是顶住这一惨状的列宁格勒市民的意志和勇气。列宁格勒不仅没有陷落，反而正在发挥自己的“功能”。即使处于极端困苦的境地，列宁格勒的工人还在工厂生产出了用于莫斯科防御战的大炮、迫击炮以及炮弹。位于离前线不远

1 Harrison Salisbury, *The 900 Days: The Siege of Leningrad* (New York: DaCapo, 1958), p.491. 参照约翰・M.汤姆森著，金南燮译，《20世纪俄罗斯现代史》(社会评论，2004)，第444页。

的著名的基洛夫工厂里，工人们同吃同住过着共同体生活，制造出了大量的武器。

与此同时，在艾尔米塔什博物馆（冬宫）里，职员们以必死的努力转移着博物馆的藏品。有一半的藏品已经装在闷罐车里转移到了乌拉尔山脉以东区域。后来因炮击铁路线被中断，他们还把藏品转移到地下室。也有不少艺术家、作家、研究员为了防范德国人的掠夺，利用一整个冬天的时间对剩下的藏品施加了安全措施。

市民在一个接一个饿死、冻死，就是在这种极端困苦的环境下剧场和音乐厅从未关门。作曲家德米特里·肖斯塔科维奇的《第七交响曲》初稿是以门外炸响的炮击声为节拍而创作的。后来改称为"列宁格勒交响曲"的这首曲子于1942年3月5日在伏尔加市首演，同年8月便在列宁格勒正式演奏了。由莫斯科大剧院管弦乐队演奏的这首交响曲与"人类与光明终将战胜恶魔和黑暗，这是注定要实现的预言"的解说词一起通过电波传遍了俄罗斯全境。献给列宁格勒的这首曲子后来在各同盟国争相演奏，成了包括列宁格勒在内的为对抗法西斯威胁而团结起来的所有国家和民族的精神武器。1942年一年间仅在美国就上演了六十二场。[1]

要说列宁格勒围城战，就不能不提后来被称为"生命之路"（Doroga zhizni）的一条补给线。在被德军完全包围的情况下列宁格勒是如何顶住九百多个日日夜夜的呢？如果他们没有为封锁线上的一个"小小的缝隙"而付出必死的努力，列宁格勒的市民恐怕等不到次年的

1 参照奥兰多·费吉斯著，蔡继炳译，《娜塔莎之舞：俄罗斯文化史》（伊卡洛斯出版社，2005），第704页。

“生命之路”

春天了。那个小小的缝隙就是位于列宁格勒北部的“拉多加湖”。11月份湖面上刚刚结冰，列宁格勒军事委员会就决定利用这个唯一的缝隙打开一条“冰路”。就这样，在仅10厘米厚的冰面上开始放行套上马的雪橇。11月22日象征冰上“奇迹”的第一批货物运到了湖对岸的列宁格勒。从12月开始平均每天有361吨的物品通过这条“生命之路”送到了列宁格勒，到1月份冰层达到三英尺厚的时候原先杯水车薪般的供给一下子增大了。除此之外，从1月到3月，利用这条物资供给线有五十多万的列宁格勒市民被转移到了安全的地方。

1945年斯大林授予列宁格勒“英雄城市”称号。这是斯大林对列宁格勒最惨烈的围攻和反围攻战役所表示的敬意。如果1941年9月列宁格勒陷落或者不攻自破，那么德军肯定会将主力转向南部一带撕破莫斯科绷紧的防线，从而打破双方僵持的局面一举攻入莫斯科。没想到“旧首都”保卫战竟成了“新首都”保卫战的决定性一战。封锁期间到底死了多少人，其准确的数字并没有公开，落入德军手中的难民数根本没有统计。人们只知道当封锁被解除的时候，列宁格勒里只剩下六十四万九千人。然而，留在列宁格勒里的还有一个重要的东西，那就是列宁格勒市民通过九百天的日日夜夜向人们展示的不屈的意志和令人难以置信的勇气。“特洛伊陷落了，罗马也陷落了，只有列宁格勒永不陷落！”这句充满自负感的话打开了列宁格勒市民新的历史篇章。[1]

重新回到圣彼得堡

作为第二次世界大战的战胜国，苏联加快了莫斯科再建工程的步伐。20世纪50年代初期首都莫斯科一改过去落后的面貌，城市主干线两旁斯大林模式的高楼大厦拔地而起、鳞次栉比，显示了社会主义体制的威力。1950年莫斯科的工业产值已经达到战前的两倍，人口也达到了六百万。

值得关注的是从那以后的状况，也就是说当莫斯科已具备名副其实的苏维埃首都面貌之后，列宁格勒所面临的遭遇。此后列宁格勒的状况是什么样的呢？是失去帝国首都的风采而变成衰败不堪的废都？回答是否定的。如果用逆向思维来推理的话，从彼得堡把自己的“中心地位”让给莫斯科的那一瞬间起，反倒找回了彼得堡神话的真正内含。

从诞生那天开始，便深深打下“异国性”烙印而被迫追求“抽象性”和“虚构性”的彼得堡，从“新生帝国”苏维埃完全封闭、深度压抑的环境中解脱出来，开始变成了位于莫斯科对立面的“文学彼岸”(literary outworldliness)。说穿了，彼得堡变成了“苏维埃体制以外的让人静心

1 Svetlana Boym, *The Future of Nostalgia* (Basic Books, 2001), p.129.

养性的场所和享受世界文化气息的场所”。[1]

第二次世界大战结束后，苏维埃政权开展了一场旨在反西方、反自由的所谓与“资产阶级世界大同主义”彻底决裂的斗争。然而在“苏维埃式的民族主义”愈演愈烈的形势下，列宁格勒却成了在苏维埃黑色帷幕下能过安稳日子的“世外桃源”。事实上，当时暗地里进行的所谓“苏维埃地下文化运动”，其大部分是以列宁格勒为中心发生的。在“国境外”建设起来的边缘城市（marginality）彼得堡，因地处两个不同文化的接汇处而困惑不已的彼得堡，这座备受争议的城市如今反倒迎来了从“帝国中心”这一沉重的枷锁中摆脱出来尽显“世界大同主义”之潜力的大逆转机会。这一有趣的变化再次彰显了彼得堡这座城市的历史和文化的丰厚底蕴。

1991年，当列宁格勒找回自己过去的名字，终于由市民选举其首届民间市长的时候，人们看到了这座城市再也不会以“种族渊源”（ethnicity），而是以“城市文化”来决定城市整体性的希望。在苏联解体后，彼得堡也和俄罗斯其他城市一样经历了混乱和动荡交织在一起的二十年，那么在这个时间内彼得堡为建设更开放的城市民主主义而做出的努力到底实现了多少，这是值得我们深思的问题。如今，在号称“新彼得”的普京政权登场以后，彼得堡将何去何从，2003年举办了声势浩大的三百周年庆典之后，彼得堡的未来又将如何发展？在如此复杂多变的形势中，要预测彼得堡的未来并不是一件容易的事情。

1 事实上，彼得堡早在帝国时期开始就是全球化气息比俄罗斯任何一个城市都浓厚的地方。彼得堡全部人口的85%是俄罗斯人，其他的15%不是不同民族就是外国人。作为“境外”的首都，彼得堡的开放程度仅从纳夫斯基大街上的各种不同宗教寺院（基督教、路德教、佛教、犹太教、伊斯兰教）也可见一斑。

可在这里有一点是令人深信不疑的。就像别的世界城市一样，彼得堡的发展也绝不会停留在简单的城市意义上。彼得堡是历史的记忆历历在目的文化多棱镜，是历史与文化的复合文本。正是从这个层面上说，彼得堡也是全人类所共有的宝贵文化财产。创造彼得堡这座城市的俄罗斯人有必要好好读一读这个复合文本，就是我们这些“局外人”也有必要好好读一遍。

第十章
芝加哥，“最美国式”的城市

朴振斌

“最美国式”的城市

在美国最能代表国家形象的城市到底是哪一座呢？纽约、华盛顿哥伦比亚特区、费城、芝加哥、洛杉矶、亚特兰大……美国大城市多得很，恐怕一时半会儿数不完，而且每座城市都有自己的特点，从不同的角度来看，它们都可以成为代表美国的城市。纽约是美国的经济中心，同时也是拥有人口最多的城市；华盛顿哥伦比亚特区是美国名副其实的首都，同时也是政治中心；费城是象征美国起源的历史城市；芝加哥是美国中西部的关口；洛杉矶是“美利坚之梦”的象征，也是加利福尼亚最大的城市；亚特兰大是美国南部最大的城市。这些都是保留美国部分历史和文化的城市，也是从某一个层面上代表美国形象的城市。

那么让我们选择“最美国式”的城市该选哪一座呢？要是给这些城市投票的话，上述的所有城市都会给自己投一票的，当然有更多的人会选择纽约。因为纽约既是包罗从殖民地到现在的美国全部历史的城市，同时又是拥有美国现代社会所有问题的城市。从这一点上说纽约才是“最美国式”的城市也不是没有道理的。正因为如此外国人去美国旅游，纽约是他们的必经之地。可也许有人还会把洛杉矶看成“最美国式”的城市。因为洛杉矶是最能反映美国作为移民国家真面目的城市，而且还具备未来产业发展的雄厚基础，所以很多人都认为洛杉矶才是最能代表“完全西方化”的美国式城市。

可在这里作者还是想把芝加哥看作是“最美国式”的城市。事实上，芝加哥在历史上没有纽约那样悠久，在城市建设上也没有洛杉矶那样现代。芝加哥是一座建于1833年的年轻城市。然而别看它的历史短，其发展速度却是别的城市无法比拟的。19世纪的芝加哥发展之快几乎成了“快速发展”的代名词。据美国人口普查，芝加哥在建市不到二十年的时间内城市人口已经排行全国第九位，过了三十年以后城市人口位居全国第二位。总体上，从1840年到1890年的短短五十年内芝加哥人口增长了两百倍以上。[1]

作者之所以把芝加哥列为“最美国式”的城市，其主要理由就是上述的快速发展。美国作为一个国家在建国不到一百二十年的时间内成了世界最大的产业国家，其年生产总值甚至超过欧洲所有产业国家年

1 建市初期的1833年，芝加哥人口仅200，可在1840年的人口普查中已经增长到4460，人口排行全国第九十位。1850年为29963，一跃挤入前二十四位，1860年排第九位（112172），1870年排第五位（298977），1880年排第四位（503185）。到了1890年，芝加哥人口突破100万（1099850），一跃提升为全美人口第二大城市。

生产总值之和。由此来看，美国本身就是以快速发展取得成功的国家。美国的发展堪称是人类发展史上的一个伟大创举。美国的历史之短是众所周知的，可就是在至今不到二百三十年的历史时间内战胜世界各经济强国实现了世界最强国的梦想。可以说，芝加哥的快速发展实际上正是美国快速发展的一个缩影。

芝加哥的又一个特征就是十分强劲的城市活力。而美国发展的原动力正是出自这种城市活力，也就是美国人常说的“开拓者精神”。正因为芝加哥具备了十分强劲的城市活力，所以才把这座城市列为“最美国式”的城市。1983年，历史学家弗雷德里克·杰克逊·特纳(Frederick Jackson Turner)在芝加哥举办的美国历史学会年会上发表《新垦地在美国历史上的重要性》一文，力挺“西部开发”在美国历史上所具有的重大意义，说美国的历史就是向西部膨胀的历史。用他的话来说，所谓美国人就是来自欧洲各国的移民通过开拓荒凉的西部土地和驯服当地土著居民的过程中形成的人种，而作为美国特征的开拓者精神、个人主义、民主主义等也是出自这块荒野的产物。特纳所说的“开拓者精神”正是美国作为一个国家的本质特征，而作为西部开拓前沿阵地的芝加哥正是代表这一本质特征的城市。

芝加哥拥有很多的别称。芝加哥毗邻大海般浩瀚的五大湖之一密歇根湖，由于一年四季常有湖风吹来因此叫作“风之城”；由于芝加哥是全美仅次于纽约的第二大城市，因此拥有“全美第二城”的别称；由于芝加哥又是畜产、屠宰、肉类加工的中枢，因此又叫作“世界杀猪场”；由于暴力团伙的活动十分猖獗，也有人称芝加哥为“巨肩之城”；由于城市整体充满活力，因此又冠以美名“劳动的城市”。下面围绕着上述若干别称来观察一下芝加哥的历史。

城市的开拓与发展

芝加哥的发展背后有一座巨大的靠山，那就是美国广袤的“中西部”(Middle West)。芝加哥最初是以作为中西部主要产业的畜牧业、林业、谷物业的集散、中介、购销中心得以发展的。芝加哥还有一个特殊的称号，即“门户之城”(Gateway City)，这个称号就是来自芝加哥对中西部物资的集散、中介、购销所起的中心作用。周边的五大湖和四通八达的水陆交通给芝加哥提供了能够作为贸易中心得以发展的得天独厚的条件。再加上1820年修筑的伊利运河(Erie Canal)连接纽约的哈得逊河，产生了芝加哥和纽约共同发展的互动效果。

发生在19世纪中叶的这一变化使芝加哥成为新的“梦之地”，并为实现“美利坚之梦”打下了坚实的基础。美国领土一直在膨胀，每个时代都有新的开拓地要开发。19世纪中后期芝加哥作为开拓地的中心成了向新的居住者提供就业机会并以此给国家注入新的活力的地方。铁路线在不断延长，运输能力在不断增强，这些因素为中西部的发展做出了极大的贡献。芝加哥就位于其中心。[1]

然而发生在1871年的一场大火灾给芝加哥的发展热潮泼了一盆冷水。那年的夏天特别干旱，10月份发生的大火给芝加哥带来了灭顶之灾。火灾遍及市区5631平方米的范围，共烧毁一万八千幢建筑物，相当于全市人口三分之一的十万人失去家园，近三百名市民失去性命，无数文物和艺术品受损。这是一场足以使一座城市毁于一旦的悲

1 进入现代化后尽管交通手段由铁路转化为航空，可“交通要塞”仍具有重要的意义。直到2005年，芝加哥奥黑尔国际机场的航运次数仍占世界之首，进出旅客人次总量也为世界第二位。

惨事件。

然而，大火没有烧毁芝加哥的未来，芝加哥也没有因一场大火而消沉下去。大火过后芝加哥立即着手城市修复，其重建工作和恢复速度之快令世人瞠目结舌。芝加哥在不到五年的时间内就恢复了城市原来的模样，向世人证明了任何艰难困苦也阻挡不了芝加哥发展步伐的决心。芝加哥的恢复不是对原来旧城的简单恢复，而是现代化意义上的恢复，他们成功地造就了更华丽、更壮观的新城市。芝加哥至今还被世人誉为城市规划和现代建设的典范，其理由就在这里。新的工程理念和新的建筑技术使得这座城市作为独特的现代化式建筑向世界露出了崭新的面貌。芝加哥的这种“逆转效果”引发了世界的关注。芝加哥用自己的实力成功地将这场大火灾危机转化为充满朝气的城市活力。

芝加哥灾后的迅速崛起引起了全世界的普遍关注。19世纪后期不仅是美国人，欧洲的众多游客都将自己的观光旅游目的地锁定在了芝加哥。每个来过芝加哥的人都竖起大拇指称赞芝加哥，也有不少人用书面形式留下了自己的旅行记录。英国著名记者约翰·冷爵士（Sir John Leng）就是其中的一个人。1876年他用自己的所见所闻描写了芝加哥的街景。

> 数英里长的街道两旁矗立着众多高楼大厦，街道上人头攒动、热闹非凡，每个人的脸上都充满生机和活力。三天三夜的大火烧毁四平方英里内的所有东西，没有税务局、邮电局、法院、证券交易所、火车站、银行、饭店、报社、仓库还有商店等所有公共设施的城市会是什么样子可想而知。令人惊奇的是在不到五年的时间内居然使这些公共设施全部得以恢复，那还是比原先更先进更美丽的

1871年大火灾后的废墟

博览会主会场“白城”全景

设施。我们从这个街景当中可以看得出芝加哥人的特性，即令人叹服的激情和活力。[1]

纽约是世界最大的城市，因此几乎所有的纽约人都傲慢和自信。

1 John Leng, *America in 1876* (Dundee: Dundee Advertiser Office, 1877), pp.73—74.

1893年一位纽约出身的新闻工作者也为芝加哥的壮举发出感慨。

从客观上讲芝加哥的确缺乏历史城市所具有的特征，可它却以魅力四射的特性弥补了自身的这一缺陷。……身为纽约人的我，也不能不为芝加哥城热闹非凡的人潮和激情四射的活力所折服。……我在那里（芝加哥）惊奇地发现了他们的人口和商业影响力将会持续增长的证据。……我这样说并不意味着我已经失去了作为纽约人的自信心和自负感，可我不得不坦言我从心底里尊敬芝加哥人。[1]

没错，从这座充满激情和活力的城市中，我们也可以看出每个芝加哥人都具有能够压倒任何一个外地人的某种巨大的潜力。芝加哥的确是一个与众不同的城市，就连以傲慢而著称的纽约人也被那里“热闹非凡的人潮和激情四射的活力”所折服。

芝加哥人还做了一件轰动全美国的壮举，这个事件也足以让芝加哥成为代表美国的城市。那个壮举就是1893年为纪念哥伦布到达美洲四百周年而举办的“1893年芝加哥哥伦布纪念博览会”（The Columbian Exposition of 1893）。当1890年美国政府举办纪念哥伦布到达美洲四百周年博览会的决定一经出台，美国国内几乎所有的大城市都为承接这项大工程而展开了激烈的竞争。首当其冲的当然是纽约，且几乎是稳操胜券。然而纽约人最后未能战胜韧劲十足的芝加哥人，芝加哥通过不厌其烦的争论和热情洋溢的游说终于获得了世博会的举办权。也许当时的美国政府也认为最能代表哥伦布挑战精神和开拓意志的城市，不一定是像纽约这样的“老城市”，而应该是背靠希望的土地——广袤的西部大地的“新城市”芝加哥。就这样，19世纪末芝加哥成了代表美国精神的城市。

可以说这次的博览会实际上是美国结束对美洲大陆内部的征服，开始向太平洋方向扩张，走向世界帝国之路的象征。当时美国已经从

1 Julian Ralph, *Our Great West* (New York: Harper & Bros., 1893), pp.1—2.

传统的孤立主义外交政策中摆脱出来，积极推进对亚太地区的开发和扩张策略。为此，19世纪90年代美国策划和制造了许多事端，如占领夏威夷、抢夺亚洲市场、旨在确保海外领土的西班牙战争等。美国政府在芝加哥博览会上展出了他们通过积极的膨胀政策而收容的不同种族和民族的群相，借机向全世界显示美国在自己的领土上完全可以打造一个新世界的野心。可见芝加哥博览会不仅仅是显示美国威力的一次盛会，而且是打开美国新的帝国时代的一个象征。打开美国历史新篇章的壮举在芝加哥发生，这对芝加哥来说是具有深远意义的重大事件。

这次博览会结束以后美国还披露了一个惊人的事实。已经上升为新的帝国象征的芝加哥以极度膨胀的自信心将博览会主会场建设成了一座小城市。以博览会主会场的名义建设的“白城”是一座用大理石修筑的庞然大物，无论是周围的人工湖还是位于湖心的雄伟壮丽的建筑物，都在展现着古希腊罗马帝国的威容。这次博览会的意图很清楚，那就是美国想要告诉世界他们将继承古代文明的传统，在即将到来的20世纪成为引领全世界的领军人物。主会场“白城”对面还设置了展示各个种族及其文化的展馆。展馆里按文明起源顺序展示各个种族的发展过程和现状，堪称“人类学教育场所”和“人类动物园”。[1]无论是芝加哥位于大陆中心的优越地理位置还是芝加哥的发展代表美国式发展模式，除了芝加哥以外在全美国还真的找不出能够向世界展示美国在世界上的重要地位的城市。

1 James Gilbert, *Perfect Cities: Chicago's Utopias of 1893* (Chicago: University of Chicago Press, 1991), pp.75—130.

芝加哥屠宰产业、劳工问题

在世博会的热潮中也有一些专门观察芝加哥另一面的人。1893年意大利作家乔赛普·贾科萨（Giuseppe Giacosa）访问芝加哥后留下了这样的记录："这一个星期内我在芝加哥所看到的只有黑暗。城市上空弥漫着煤烟、雾霾、粉尘，所到之处人满为患，且都是阴郁、哀伤的表情。"[1]工业化时期作为贬低英国城市恶劣环境的一个词"令人震惊的城市"（The Shock City）经常被人们用在了对芝加哥的描述上。的确，芝加哥的快速发展与缺少各种社会基础设施形成明显的反差，拥挤不堪的城市每时每刻都在空气污染、环境脏乱、人口过密的痛苦中呻吟着。那么贾科萨看到的芝加哥是与别的城市一样由工业化导致的副产物呢，还是由芝加哥特有的快速发展所导致的副产物呢？

在"令人震惊的城市"芝加哥里最令人震惊的无非是那里的屠宰场。西部的大平原将活猪和活牛源源不断地运送到芝加哥，于是屠宰、包装等肉类加工业成了芝加哥的主要产业之一。芝加哥南部的牧场区（the Stockyards）和帕金镇（Packingtown）是屠宰场集中的地方，这里充满血腥味，天天上演"血腥的杀戮"，人们只能用"残酷"和"血腥"来比喻这个地方。前来参观访问的游客，尤其是外地游客无不为其惨状所震惊。[2]

---

1 Guiseppe Giacosa, "Chicago and Her Italian Colony" , in *As Others See Chicago* (Chicago: University of Chicago Press, 2004) , p.276.

2 William Cronon, *Nature's Metropolis: Chicago and the Great West* (New York: Norton & Norton, 1991), pp.207—208.

> 接下来游客们又来到了剔完精肉后处理剩余部位的楼下车间。当游客们进到用内脏制作香肠的车间里，只觉得一股刺鼻的腥臭味扑鼻而来，人们纷纷捂着鼻子退了出去转到了别的车间。下一个是制造肥皂和固体油脂的车间，那里也在蒸煮各种肉类垃圾，游客们还是忍受不了恶臭退出来了。……这里是分工极为细化的工厂。第一道工序是屠宰，屠夫手持短刀一刀扎进牲畜的喉咙里，其速度之快，只见刀光一闪，活生生的一头牛就已经变成直挺挺的尸体转入下一道工序，留下一摊深红色的鲜血。尽管有好几个人手拿铁锹清除血迹，可还是清不掉两厘米厚的血迹。[1]

当代著名的“扒粪派”[2]作家厄普顿·辛克莱，在他的小说《屠场》里详细描述了帕金镇的屠宰过程。腥风血雨中有无数条生命被屠宰，然后被埋藏在华丽的芝加哥大街背后，这是一件令人毛骨悚然的事实。值得一提的是就像小说《屠场》的主人公是斯洛伐克人一样，在帕金镇从事屠宰业的人全都是来自不同国家的移民集团。1900年芝加哥是全美外国移民所占比重最大的城市，他们分别来自波兰、瑞典、捷克、挪威、荷兰、丹麦、克罗地亚、斯洛伐克、立陶宛、希腊等国家，同时也是世界上第二大捷克人居住城、第三大挪威人和瑞典人居住地、第四大波兰人居住的城市。[3]

---

1 参照厄普顿·辛克莱著，蔡光锡译，《屠场》(东方出版社，1991)，第40—42页。

2 muckraker，即专门揭露社会丑恶一面的记者、作家等群体。——译注

3 George Warrington Steevens, *The Land of the Dollar* (New York: Dodd, Mead & Co., 1897), pp.14—15. 当时芝加哥三分之二的人口是外国出生的人。

乔·希尔制作的IWW歌本

这些人都是心怀极大的期盼和希望来到了芝加哥，可芝加哥到底有没有给他们创造挣钱的机会了呢？作为移民劳动者没有一个人能够做出肯定的回答。美国劳工史上永载史册的1877年铁路工人大罢工、1886年无政府主义者发起的干草市场炸弹恐怖袭击等重大事件都是在芝加哥发生的。这充分说明了当时芝加哥劳工条件的苛刻程度。

看到这里我便隐约猜测到了芝加哥的劳资纠纷有多么严重。由于美国出身的工人十有八九都站在雇主一边认为移民工是外国人和侵入者，因此芝加哥的劳资纠纷雪上加霜更趋恶化。工人对八小时工作制的要求被芝加哥市政当局看成是“舶来品”而忽略掉了。[1]

1 Frank Harris, *The Bomb* (New York: Mitchell Kennerley, 1909), p.77.

小说《炸弹》(*The Bomb*) 是重现芝加哥干草市场炸弹恐怖事件的一部作品。小说里的主人公将当时的情况说明如下:“作为一个生性软弱的新闻记者，我之所以能够成为敢于引爆炸弹的无政府主义者，原因只有一个，那就是毫无人性的芝加哥社会资本主义剥削结构。当然核心原因在于对移民工的歧视。”

要求提高工人待遇的示威被当局规定为违法行为而遭到镇压，于是劳工运动发展为向警察投掷炸弹的恶性事件。干草市场炸弹事件发生后，芝加哥成了全美有名的移民劳工运动中心和无政府主义者的城市。参与干草市场炸弹事件的六个人被当局处以死刑，事态发展到了付出“殉教者”的地步。芝加哥的劳工运动并没有以此结束，后来美国劳工史上最激进的组织“世界产业工人联盟”(Industrial Workers of the World，简称IWW，又名Wobblies) 创立的地方就是芝加哥，为这个联盟创作主题歌的著名“工人作曲家”乔・希尔 (Joe Hill) 被暗杀的地方也是芝加哥。芝加哥快速发展的背面还笼罩着劳工运动的先驱付出生命代价的阴影。

以政治嗅觉灵敏而著称的英国诗人、小说家拉迪亚德・吉卜林 (Rudyard Kipling) 在他的一首诗里描写了芝加哥这个“是非之地”上不可避免地发生的某种邪恶的气息。

> 我是如何敲开芝加哥的，芝加哥又是如何敲开我的。
> 那是宗教、政治还有屠猪和废墟中的城市化身。
>
> 我知道你有多么奸诈和贪欲。
> 我还知道你的欲望有多么膨胀，你的行为有多么固执。

被暗杀后成为劳工运动化身的乔·希尔漫画

> 我还知道你引以为豪且最爱炫耀的天然资源
> 是多么徒有虚名的东西。[1]

事实上，1893年世博会华丽雄伟的主会场背后还隐藏着无数工人的斗争和牺牲。1892—1893年在美国史上是经济危机极为深刻的时期。面对每况愈下的经济环境，负责世博会主会场建设的工人不断地闹罢工，博览会主会场的竣工日期不得不一拖再拖。这就是1492年哥伦布到达美洲的四百周年纪念庆典不是在1892年举办而是在1893年

1 Rudyard Kipling, *From Sea to Sea: Letters of Travel, Part Ⅱ* (New York: Charles Scribner's Sons, 1906), p.230.

举办的原因。由于博览会主会场没有按时竣工，一场国际性的大庆典也只好推迟一年举办了。举世瞩目的芝加哥城市发展的背后居然埋藏着被城市发展所排斥的无数劳工的血汗和泪水。

新黑人的芝加哥

20世纪初，又有一股新势力集团大规模地涌入了芝加哥这个混沌的城市。与不断膨胀的人口相比，芝加哥城市基础设施仍然相差甚远，每个人的成败功绩也存在着巨大的反差。可对南部黑人来说芝加哥还是充满梦想和机遇的土地。奴隶解放宣言已经发布了，但种族歧视和暴力仍旧十分猖獗，黑人只好离开南部另寻活路，再加上借第一次世界大战而迎来经济大发展契机的北部城市形成了巨大的就业空间，所有这些都成了驱使大批黑人北上谋生的诱因。这就是美国历史上著名的"黑人大迁移"(Great Migration)时代。美国著名的黑人诗人兰斯顿·休斯(Langston Hughes)在他的《单程车票》(*One Way Ticket*)中写道：

看到吉姆·克劳法和残忍的人，我已经厌倦了。
看到处以私刑以后逃跑的人，还有怕我的和我怕的人，
我又感到恐惧。
我背起我的全部家当上了路，手拿一张单程车票。
我要朝北方走去，也许朝西方走去。
不管怎么样，我已经离开了那里！

芝加哥成为黑人大迁移的目的地，理由有两个。首先芝加哥是包括铁路在内的南北交通枢纽。芝加哥是自从奴隶制实施时起暗地里帮

叫卖芝加哥地区黑人报纸《芝加哥卫报》的黑人报童

黑人逃亡的“地下铁路”的终点站，也是在整个中南部地区铁路网汇集的唯一大城市。由于有了这个有利条件，对凡是逃亡北部的黑人来说芝加哥是首选之地。另一个重要理由是先来北部定居的黑人积极向南部黑人宣传北部，鼓励南部黑人移居北部芝加哥。芝加哥地区的黑人报纸《芝加哥卫报》(*Chicago Defender*)以南部黑人为对象实施了有组织的宣传活动，并帮助他们与先来北部定居的南部黑人取得联系，以便形成一个黑人联络网。结果从1916年到1920年的四年内多达七万五千名南部出身的黑人来到了芝加哥，于是原先只有四万左右的黑人一下子增加到十一万以上。1920年到1930年期间又增加了一倍。[1]

1 James Grossman, *Land of Hope: Chicago, Black Southerners, and the Great Migration* (Chicago: University of Chicago Press, 1989), pp.66—97.

到达北部的黑人都是新黑人，即他们都是自称“新黑人”（new negro）[1]的满怀新的自负感的黑人。说他们是“新黑人”首先是因为他们是已经脱离南部奴隶制束缚的黑人，其次从辈分上看，他们是尚未品尝过奴隶制的新生代黑人，再次他们当中有不少是参与第一次世界大战为美国流血战斗过的爱国市民。美国著名黑人作家艾兰·洛克（Alain Locke）大胆地宣扬：“过去的黑人作为人类已经不存在了，他们只是一个神话。”用洛克的话来说，来到北部城市的黑人已经从旧世界的压抑、欺凌和榨取中获得了自由，正在以“再生的自我尊重感和自立心开创黑人共同体生活的新局面”。[2]

我们不难猜出他们背井离乡前往芝加哥谋生的时候都怀揣着什么样的期待和希望。他们来到芝加哥不久就找到了工作，更令他们不可思议的是这里的劳动强度居然与白人相等。还有一点，来到这里他们发现这里不像南方，黑人用不着向那些与自己毫不相关的白人点头哈腰。他们看到即使是黑人只要努力工作就有晋升的机会，能够在人格上得到尊重。平生头一回得到人类般的待遇，这对他们来说简直是欣喜若狂的事情。[3]

在北部城市获得的新的地位使新黑人充满对国家的忠诚之心和对社会的信赖之意。为回报国家和社会，无数黑人青年踊跃参加第一次

---

1 奴隶制下的黑人和取消奴隶制以后出生的黑人之间的差异，可参照Leon F. Litwack, “Hellhounds”, in James Allen, John Lewis, Leon F. Litwack, Hilton Als, *Without Sanctuary: Lynching Photography in America* (Santa Fe, NM: Twin Palms Publishers, 2000), pp.8—37。

2 Alain Locke, “Enter the New Negro”, *The Survey Graphic*, vol.VI, no.6 (March 1925), pp.631—634.

3 更详细的内容可参照朴振斌著，《1919年芝加哥种族暴动与城市问题》（《美国史研究》第26期，2007），第102—103页。

世界大战走在了战争第一线。芝加哥一个参战黑人勇士回忆道：

> 我们付出的是最伟大的牺牲……我们之所以爱戴那面旗帜，是因为它象征我们的自由。这里没有什么污点。我们是怀揣“最纯真的心”来到这里的。我很想看看我们的国家为遵守宪法和《独立宣言》内容而生活的情景。[1]

北部与南部不一样，对黑人来说简直是世外桃源。人格上得到保障，还有为国家分担过战争的痛苦，这些意识使大迁移时代的黑人进一步加强了作为一个市民的自我意识。可是他们来到芝加哥以后才发现这里也不是黑白完全平等的世界。这里虽然没有公开的种族歧视法和公开处刑，也不存在公共场所公开污辱黑人或对黑人公开采取暴力行为的现象，可作为种族隔离社会（segregated society）芝加哥也没有两样。这里种族偏见仍旧存在，种族主义潜规则仍在实行，看不见的种族隔离线仍旧存在。这个看不见的种族隔离线就是所谓“文雅的种族主义”（polite racism）。正是这些意识形态仍然把黑白两种人分为东西两部分。

最大的差别出现在黑人和白人的居住地差异上。随着黑人人口的增加，黑人集中居住的地方已经开始突显了。1910年芝加哥黑人人口的78%集中在南区的一条街上，当地白人称之为“黑色地带”（black belt）。1920年的人口普查清楚地告诉人们后到的大部分黑人都以这个“黑色地带”为中心居住的事实。在这条“黑色地带”上坐落着黑人教

---

1 Carl Sandburg, *The Chicago Race Riots* (New York: Harcourt, Brace and Howe, 1919), p.9.

会、黑人爵士吧、黑人基督教青年联合会（YMCA）、黑人人权保护团体“城市联盟”（Urban League）办公室，还有黑人报纸《芝加哥卫报》办公室等黑人团体设施。事实上，芝加哥黑人的日常生活就是局限在这个狭小的“黑色地带”[1]。

不仅如此，芝加哥黑人在职业上也享受着非常有限的自由。健壮的男性劳动力几乎千篇一律都在屠宰市场寻找工作，同样，几乎所有的黑人女性都进入白人家庭当保姆或女仆。黑人大部分都是非熟练工，因此在职业链条上黑人只好处于最底层，且往上晋级是比上青天还要难的事情。虽然“大迁移”之前来到北部定居的自由人出身的黑人当中也有挤进中产阶层的人，可他们占的比重毕竟只是全体黑人人口的极小一部分。因此，黑人与最底层的贫民在芝加哥同样是备受歧视的社会阶层。[2]

理想和现实之间的矛盾往往以纠结和暴乱的形式得以表现，芝加哥也不例外。然而出乎意料的是，芝加哥的暴乱不是来自黑人而是来自白人。1916—1917年间芝加哥白人开始对黑人公然采取暴力行为，主要是白人暴徒无缘无故地对黑人施以暴力。在1918年3月到1919年7月间共发生二十五起黑人住房和黑人不动产被炸事件，案发地点大多是白人居住区的黑人住所和黑人租住的白人住宅以及专给黑人和白人牵线搭桥的房地产中介所等。每次事故发生就有恐吓跟随：“我们要把这座公寓炸到天上去，若不想被炸飞赶紧滚出这个地方。”都是些常见

1 Grossman, *Land of Hope*, pp.123—128.

2 Grossman, *Land of Hope*, pp.181—207; Sandburg, *The Chicago Race Riots*, p.75.

的恐吓信。[1]

进入1919年夏季，黑白两种人的对立已经达到了一触即发的地步。7月29日导火索终于被点燃，矛盾随即爆发。在密歇根湖边戏水的一个黑人少年无意中游到白人游泳区内，被白人砸过来的石头击中而淹死。湖边虽然没有什么特定的标志物，可那里还是存在一条“看不见的种族界线”。事件发生后白人警察根本不理黑人指认犯罪嫌疑人的举动，试图以简单驱散双方人员的办法草草了事。于是要求以正当的法律措施严惩犯罪嫌疑人的黑人和围观的白人之间发生了冲突，冲突很快发展为两伙人的群殴。

消息一传五，五传十，越传越膨胀，很快传遍了全市，附近为数不少的白人涌到了湖边。在兴奋与愤怒中相遇的黑人与白人的冲突由拳来脚往上升到相互投掷石头、砖块的地步，整个芝加哥一下子变成了无法地带。警察束手无策，暴力事件一直持续了四天四夜。最后直到州防卫军的出动，事态才得到平息，然而，此时已经酿成了23个黑人死亡、15个白人死亡、双方共537人受伤以及几百家住宅和商铺受损的惨剧。[2]1919年的芝加哥种族暴乱是在近代城市发展过程中由不同种族集团之间难以调和的两极分化所导致的一个极端事例。

暴乱虽然被平息，可矛盾并没有因此得到解决。1920年，一名游客在观光记录中道出了自己在芝加哥所体会到的充满对立和紧张气氛的感受。

---

1 William Tuttle, Jr., *Race Riot: Chicago in the Red Summer of 1919* (Urbana and Chicago: University of Illinois Press, 1996), pp.175—176, 233—236.

2 Chicago Commission on Race Relations, *The Negro in Chicago: A Study of Race Relations and a Race Riot* (Chicago: University of Chicago Press, 1922), pp.595—602.

> 芝加哥没有和平。芝加哥的过去和未来，就像蜕了旧皮又披上新皮的蛇一样，在创造马上要遗弃的新传统的同时又创造一个新枷锁，使整个城市始终处于无秩序的状态之中。这座城市是恐怖与光明同时存在的城市，是充满野性、不知疲倦的城市。……城市的各个部门就像没有交通工具的街道一样没有相互间的联络和配合。……这里只有发泄欲望和控制欲望的空间，却没有替弱势阶层说话的空间。同样，这里只有没完没了的争斗，却没有向往和平的温馨和憧憬。我觉得芝加哥没有和平……[1]

芝加哥暴力城市的臭名随着20世纪20—30年代以阿尔·卡彭（Al Capone）为首的芝加哥暴力集团（The Outfit）的活跃进一步传开了。芝加哥暴力集团以其特有的攻击性和残忍性打败纽约众多的暴力组织提升为禁酒时期最具代表性的暴力团伙，至今让很多人误认为芝加哥是世界黑手党中心。20世纪初，来自纽约的意大利系暴力团伙掌握芝加哥市内的各种人力市场和零售业并将自己的势力扩展到周边地区，甚至扩展到远方的加利福尼亚地区。这个暴力团伙掌握全市赌博、卖淫以及禁酒时期的酒类制造和流通，他们通过非法领域的暴力运营除掉竞争对手，以至达到了制约公共权力的地步。毫无疑问，1919年暴乱时显现的芝加哥的紧张气氛和种族之间的不和谐给这个臭名昭著的暴力团伙提供了滋生的温床。

公众文化从来都是非常敏感的。芝加哥也并不例外。以芝加哥为背景的美国电影往往以暴力团伙、罪犯、杀人案件为主要题材，这并不

1 Walter Lionel George, *Hail Columbia!* (London: Chapman & Hall, Ltd., 1923), p.47.

是偶然的。以现实中发生的事件为题材的电影《义胆雄心》、《公众之敌》、《芝加哥》、《猎物》、《毁灭之路》、《蝙蝠侠：黑暗骑士崛起》等都在反映这座充满阴谋与犯罪之城的过去和现在。

芝加哥的快速发展暴露出了诸多城市问题，但问题被暴露出来也促进了芝加哥的改革。以解决移民和贫民问题为目的的全美“社会睦邻运动”开始的地方正是芝加哥。美国女权运动和反战和平运动之母，美国第一位因争取妇女、黑人权利而获诺贝尔和平奖的女性劳拉·简·亚当斯（Laura Jane Addams）最初移民定居的地方就在芝加哥，亚当斯为社会改革而设立的女性睦邻组织“霍尔馆”（Hull House）就位于当地的贫民区。通过“社会睦邻运动”，亚当斯为那些有才华但苦于找不到机遇的女性创造了共同交流、互助互利的平台。她的努力没有白费，亚当斯的“社会睦邻运动”普及到全国各地，通过运动培养了无数女权运动家，更重要的是“霍尔馆”成了美国社会福祉学的鼻祖。从这里也可以看出芝加哥不愧为进步主义时代（Progressive Era）城市改革的典范。[1]

现代芝加哥

社会隔阂与社会改革的共存作为芝加哥永恒的主题一直延续到今天。在历经20世纪30年代的大萧条和第二次世界大战后冷战时期相对安静的日子，芝加哥于20世纪60—70年代再次迎来了新的腾飞期。同一时期在美国的大部分地区经济持续恶化，城市人口大量流失、企业

---

1 Robyn Muncy, *Creating a Female Dominion in American Reform, 1890—1935* (New York: Oxford University Press, 1991).

资产大量转移。在这样一个大环境下唯独芝加哥能够迎来经济腾跃，这不能不说是一个奇迹。西尔斯大厦、怡安中心、约翰汉考克中心等形成现代芝加哥城轮廓的高楼大厦就是在这个时期建成的。

芝加哥的城市发展，与在芝加哥市民中深深扎下根的民主党组织“芝加哥机器”(Chicago Machine) 是分不开的。该组织将芝加哥进步的白人精英、各种移民集团以及大迁移期间聚集起来的黑人招致麾下，在芝加哥打下了坚实的社会基础。尤其针对大萧条这场危机，纠结社会进步人士和部分社会集团形成了所谓的“新政治同盟”(New Deal Coalition)。“芝加哥机器”以其出众的组织管理能力和廉洁的政治手段牢牢控制着芝加哥，在1992年以来的五次总统选举中坚定不移地为美国民主党投票，而芝加哥市长一职自1931年以后一直由民主党人士担任。

自1955年至1976年，长达二十一年间一直担任芝加哥市长职务的理查德・J. 戴利 (Richard J. Daley) 是忠实的民主党党员，而后任市长理查德・迈克尔・戴利 (Richard Michael Daley) 则是理查德・J. 戴利的儿子。迈克尔自1989年至2011年间连任五届市长职务，虽然年头很长但还是没有超过父亲的履职时间。

在民主党治理下，芝加哥最辉煌的业绩当数千禧公园的建设。千禧公园位于芝加哥市商业中心卢普区内格兰特公园西北角，1998年开工，经过六年的建设于2004年完工。由于这座位于市中心的公园吸引了无数游客的目光，何况登上这座公园便可将芝加哥全貌和美丽的密歇根湖尽收眼底，因此竣工不久便成了芝加哥新的象征物。也有人说这是自哥伦布纪念博览会以后芝加哥发生的最大的变化，目前已经成为了芝加哥市内最有名的观光名胜，引来世界各地无数游客。

千禧公园以开放的空间和多样的设施形成绝妙的和谐，世界很多著名的城市规划专家和公园设计专家无不为之竖起大拇指。公园的中心广场上坐落着杰·普利策克露天音乐厅（Jay Pritzker Pavilion），以设计西班牙毕尔巴鄂的古根海姆美术馆而著称的弗朗克·盖瑞（Frank Gehry）设计的这个音乐厅虽然设有舞台和观众席，然而朝天敞开的天棚与公园的自然景物浑然一体，给人一种心旷神怡的开放感觉。由于每当举办音乐会时公园到处都能听到音乐厅里传出来的音乐声，因此当局干脆取消门票并向所有人开放。仅从这一点上也可以说是很有创意性的设计。

公园内最引人注目的是三层楼高的不锈钢椭圆形“云门”（Cloud Gate）。由于拱形门的形象既像巨大的水银珠，又像一粒巨大的豆粒，因此芝加哥人给它送了“大豆”的美称。球体表面像一面哈哈镜，照得周边的高楼大厦和前来观光的人时而变得细长时而变得矮胖，引起人们极大的兴趣。除此之外还有利用视频艺术搭设的能够映现各种影像的“皇冠喷泉”（Crown Fountain）。由于这一切都可以免费观光，所以这座公园也以其人性化而备受游客的喜爱。千禧公园地下的芝加哥最大的停车场也是看点之一。千禧公园最初规划的是建设一处城市停车场，而建成后的公园相当于一座位于停车场之上的大型“屋顶公园”。

千禧公园展示出的卓越的开放性和亲民性向人们诉说着这个空间的历史发展过程。千禧公园所在地格兰特公园之所以保存到现在，是因为具有先见之明的市民自芝加哥城市诞生之日起便极力主张湖边土地公共化的结果。每当有人提出将这些地方私有化的时候他们和他们的后代就站出来予以阻止，主张这个地方应该是“永久开放、洁净、自由的空间”。邮购的创始者、亿万富翁艾伦·蒙哥马利·沃德（Aaron

Montgomery Ward）是为拆除建在公园里的非法建筑先后两次把市政当局告到法庭的一个热心市民。有了他不懈的努力，市政当局只好规定任何人不准在公园里修筑大型建筑物。沃德虽然已经与世长辞，可芝加哥人都说他的在天之灵仍旧监视着格兰特公园。作为不动产，这里的土地可谓是寸土寸金，然而芝加哥却把这样的宝地划出来用在了公共设施上。全体市民站出来监督市政当局防止其将公共领域私有化，这就是千禧公园的历史意义所在。

千禧公园内的大部分设施和景物是以芝加哥的大户或名人的名字命名的。凯悦酒店的老板杰·普利策克投资建成的杰·普利策克露天音乐厅是以投资者的名字命名的，皇冠喷泉也是按出资最多的人的名字命名的。诸如美国电话电报（AT&T）、味好美（McCormick）、麦当劳、箭牌糖果（Wrigley）、波音、大通等也是以赞助商的名字命名的。公园建设共花了4.75亿美元，其中除了2.7亿由市财政拨付以外其他的建设资金都是由赞助商资助的。坊间也有一些人批评这种命名法纯属商业炒作，可如果没有他们的赞助，像千禧公园这样的公众空间就不可能出现在芝加哥街头。众多的企业和富豪慷慨解囊共建城市公共设施，这恰好说明了迈克尔市长的政治手腕和人格魅力，也是芝加哥民主党组织为芝加哥城市建设做出长期努力的结果。

2009年1月，在芝加哥开启政治生涯的贝拉克·侯赛因·奥巴马就任美国第44届总统，写下了美国历史上第一位黑人总统的新篇章，芝加哥也造就了一位伟大的市民。奥巴马于1996年被选入伊利诺伊州议会，他的出现使美国黑人人权问题发生了划时代的变革。奥巴马的出身和经历往往被人们与亚伯拉罕·林肯相提并论。宣布奴隶解放宣言，通过南北战争统一全美国的林肯至今仍旧是最受美国人爱戴的总统之一，也正因为如此，奥巴马不顾党派的不同仍旧把林肯当作自己最尊敬的政治家。

如果说林肯在美国中西部的关口伊利诺伊州，望着广袤的西部土地做出了民主主义国家美国再也不能扩散奴隶制的决心的话，那么奥巴马则在芝加哥的贫民区通过社会改革运动培育了社会的正能量。两个伟人的心愿都是一个，即彻底消除黑白隔阂与贫富差距，使美国变得更美好、更和谐。这也许是以开拓和改革起家的芝加哥整体性的又一个表现。

参考文献

第一章

高东焕著,《古朝鲜时代首尔都市史》,太学社,2007

高东焕、高石圭等著,《首尔商业史》,太学社,2000

金光佑著,《大韩帝国时期的城市规划—汉城府城市改造工程》,首尔特别市史编纂委员会编,《乡土首尔》第50期,1990

金佰英著,《支配与空间:殖民地城市帝国日本》,文学与至诚社,2009

金元培著,《开发理念与泡沫城市》,韩国都市研究所编《韩国城市论》,博英社,1999

首尔特别市史编纂委员会编,《首尔六百年史》第六卷,首尔特别市,1996

孙正木著,《日本占领期城市规划研究》,日志社,1990

廉福圭著,《日本统治下京城都市规划的构思与施行》,首尔大学博士学位论文,2009

禹东先著,《对"假家"文献的研究》,《大韩建设学会论文集》19—8,2003

李京顺、郑斗熙编，《壬辰倭乱，东亚三国战争》，人文出版社，2007
李泰振著，《高宗时代的再照明》，太学社，2000
全民朝著，《SEOUL，1969—1990》，瞳光社，2006
全雨容著，《深深的首尔》，石枕社，2008
朝鲜总督府编，《朝鲜》，1925
韩明基著，《丁卯・丙子胡乱与东亚》，蓝色历史，2009
许秀烈著，《没有开发的开发：日本统治时期朝鲜经济开发的现象与本质》，银杏树，2005
许荣焕著，《定都六百年的首尔地图》，凡友社，1994
洪淳民著，《古朝鲜宫阙的故事》，青年社，1999

第二章

藤谷隆史著，韩石正译，《灿烂的君主》，2003
罗兰・巴特著，金周焕、韩恩京译，《符号帝国》，散策者，2008
朴三宪著，《从东京的明治神宫看近代日本“国体”观念的空间化》，《仁川学研究》第11期，2009
朴三宪著，《从东京府养正馆的“国史绘画”看“国体”观念的视角化》，《东亚世界中的日本思想》，东北亚历史财团，2009
朴三宪著，《明治初年太政官文书的历史意义》，《独岛、郁陵岛研究》，东北亚历史财团，2010
国民礼法研究会编，《昭和国民礼法：文部省制定》，帝国书籍协会，1941
东京都政策企画局调整部编，《为泡沫时代的负遗产打上终止符》，东京都，2003
明治神宫编，《明治神宫丛书》第十四卷，造营编（3），国书刊行会，2003
首都迁移反对会编，《对首都迁移说NO！》，Vol.12，2003
西周著，《（表纸）别纸 议题草案》，田皮彰校注，《日本近代思想大系1：开国》，岩波书店，1991

冈部精一著,《定都东京的真相》,仁友社,1917
入江克己著,《近代天皇制与明治神宫竞技大会》,《运动会与日本近代》,青弓社,1999
佐佐木克著,《江户成为东京之日:明治二年的迁都东京》,讲谈社,2001
德富苏峰著,《苏峰丛书第一册:皇室与国民》,民友社,1928
藤森照信著,《明治的东京计划》,岩波书店,2006
原武史著,《增补 皇居前广场》,筑摩学术文库,2007
高木博志著,《近代天皇制与古都》,岩波书店,2006
前岛密著,《鸿爪痕》,《日本人的自传》,平凡社,1981

第三章

朴振汉著,《近代城市大阪的象征物和记忆空间的形成:"大阪城天守阁"再建事业(1928—1931)》,《仁川学研究》第11期,2009
E. 塞登斯蒂卡著,许浩译,《东京故事》,移山出版社,1997
《角川日本地名大辞典27:大阪府》,角川书店,1983
《大阪府史第5卷:近世篇1》,大阪府,1985
高木博志著,《近代天皇制与古都》,岩波书店,2006
桥爪绅也著,《现代都市的诞生:大阪的街、东京的街》,吉弘文馆,2003
宫元健次著,《建筑家秀吉》,人文书院,2000
大阪城天守阁编,《特别展:大阪城的近代史》,大阪城天守阁特别事业委员会,2004
大阪市史编撰所编,《大阪市的历史》,创元社,1999
大阪每日新闻社编,《大大阪纪念博览会志》,大阪每日新闻社,1925
牧英正著,《昭和的大阪城天守阁筑造》,《大阪市公文书馆研究纪要》5,1993
神山登著,《近世初期大阪的风景·风俗图:大阪城四百年特集》,《大阪春秋》第34期,大阪春秋社,1982
竹内诚著,《大系 日本的历史10:江户与大阪》,小学馆,1989

芝村笃树著，《都市的近代：大阪的20世纪》，思文阁出版，1999

津田三郎著，《秀吉英雄传说之谜：从日吉丸到丰太阁》，中央公论社，1997

齐藤善之著，《为什么大阪的经济地位变低了》，《新视点日本的历史：第5卷近世篇》，新人物往来社，1993

第四章

林语堂著，金贞姬译，《京华烟云》，移山出版社，2001

白永瑞著，《中国现代大学文化研究》，日照阁，1994

申圭焕著，《国家、城市、卫生：20世纪30年代北京市政府的卫生行政与国家医疗》，ACANET，2008

朱耀廷编，《华夏文明的核心：古代都城》，辽宁师大出版社，1996

郑永浩，《电影〈大红灯笼高高挂〉中的性欲和权力欲》，《中国语文学论文集》第35期，2005

崔长顺著，《有关中国四合院的平面结构和空间结构特征的研究》，《韩国居住文化论文集》第14—15期，2003

Madeleine Yue Dong, *Republican Beijing: The City and Its Histories* (Berkeley: University of California Press, 2003)

Mingzheng Shi, "From Imperial Gardens to Public Parks: The Transformation of Urban Space in Early Twentieth-Century Beijing", *Modern China*, Vol.24 no.3 (July 1998)

《北京旧影》，人民美术出版社，1989

杜丽红著，《清末北京卫生行政的创立》，余新忠编，《清以来的疾病、医疗和卫生：以社会文化史为视角的探索》，三联书店，2009

北平市政府秘书处编，《北平市统计览要》，1936

史明正著，《走向近代化的北京城》，北京大学出版社，1995

申圭焕著，《民国时期北京的卫生改革与"环境暴动"》，《中国近代史研究》第42期，2009

张肇基著,《北京四合院》,中国北京美术摄影出版社,1996

黄宗汉著,《老北京天桥的平民文化》,《北京社会科学》第三期,1996

第五章

金承旭著,《近代上海城市空间与记忆的曲折》,《中国近代研究》第41期,2009

老枪著,许悠英译,《中国城市现状报告书》,hans出版社,1999

斐京焕编,《20世纪初上海人的生活与近代性》,知识产业社,2006

李炳仁著,《20世纪30年代上海的商圈与地域社会》,《20世纪初上海人的生活与近代性》,知识产业社,2006

全仁甲著,《上海人的"摩登"与生活文化:〈生活周刊〉分析》,《20世纪初上海人的生活与近代性》,知识产业社,2006

Lee, Leo Ou-fan, *Shanghai Modern: the Flowering of a New Urban Culture in China, 1930—1945* (Harvard University Press, 1999)

Nara Dillon and Jean C. Oi (ed.), *At the Crossroads of Empires: Middlemen, Social Networks, and State-building in Republican Shanghai* (Stanford University Press, 2007)

Wen-hisn Yeh, "Shanghai Modernity: Commerce and Culture in a Republican City", Frederic Wakeman Jr. and Richard Louis Edmonds (ed.), *Reappraising Republican China* (Oxford University Press, 2000)

《上海市政机关变迁史略》,上海通社编,《上海研究资料》,上海书店,1984

《上海市政的分治时期》,上海市通志馆编,《上海市通志馆期刊》,1934

《上海港史(古、近代部分)》,人民交通出版社,1990

高桥孝助、古厩忠夫编,《上海史:巨大都市的形成与居民的营生》,东方书店,1995

郭建英绘,陈子善编,《摩登上海:三十年代洋场百景》,广西师范大学出版社,2001

罗苏文著,《近代上海:都市社会与生活》,中华书局,2004

梅朋、傅立德著，《上海法租界史》，上海社会科学院出版社，2007
斯波义信著，《中国都市史》，东京大学出版社，2002
上海城市规划志编纂委员会编，《上海城市规划志》，上海社会科学院出版社，1999
上海市黄浦区档案局编，《福州路文化街》，文汇出版社，2001
薛永理著，《旧上海棚户区的形成》，施福康编《上海社会大观》（中国近现代社会史料丛书），上海书店出版社，2000
杨东平著，《城市季风：北京和上海的文化精神》，东方出版社，1994
余子道著，《国民政府上海都市发展规划述论》，《上海研究论丛》第9期，1993
王文英、叶中强编，《城市语境与大众文化：上海都市文化空间分析》，上海人民出版社，2004
熊月之编，《上海通史第一卷导论》，上海人民出版社，1999
郑祖安著，《百年上海城》，学林出版社，1999
周振鹤编，《上海历史地图集》，上海人民出版社，1999
朱华著，《上海城市发展和规划的历史回顾》，苏智良编，《上海：近代新文明的形态》，2004
邹依仁著，《旧上海人口变迁的研究》，上海人民出版社，1980
胡根喜著，《老上海四马路》，学林出版社，2001
忻平著，《从上海发现历史：现代化进程中的上海人及其社会生活》，上海人民出版社，1996

第六章

李永石著，《19世纪伦敦：社会史上的风景》，《内部与外部》第9期，2000
李永石著，《18世纪初伦敦商人的生活世界》，《社会与历史》第60期，2001
李永石著，《维多利亚后期英国社会与犹太人问题》，《英国研究》第12期，2004
Boswell, James, *The Life of Samuel Johnson* (London: Pitman, 1911 ed.)
Cain, P. J. and Hopkins, A. G., *British Imperialism I: Innovation and Expansion,*

1688—1914 (London: Longman, 1993)

Fishman, William J., "Allies in the Promised Land: Reflections on the Irish and the Jews in the East End", in Kershen, A. J. (ed.), *London, the Promised Land?* (Aldershot: Avebury on Behalf of the Centre for the Study of Migration, 1997)

Friedlander, D., "London's Urban Transition, 1851—1951", *Urban Studies*, vol.11, no.2 (1974)

Garside, P. L., "London and the Home County", in Thompson, F. L. M. (ed.), *The Cambridge Social History of Britain 1750—1950* (Cambridge University Press, 1991)

Godley, Andrew, "Leaving the East End: Regional Mobility among East European Jews in London, 1880—1914", in Kershen, A. J. (ed.), *London, the Promised Land?* (Aldershot: Avebury on Behalf of the Centre for the Study of Migration, 1997)

Mitchell, B. R., *British Historical Statistics* (Cambridge University Press, 1988)

Olsen, D. L., "House upon House", in Dyos, H. J. and Wolff, Michael (eds.), *Victorian City* (London: Routledge and Kegen Paul, 1973)

Owen, David, *The Government of Victorian London* (Cambridge, Mess.: Harvard University Press, 1982)

Porter, Roy, *London: A Social History* (Cambridge, Mess.: Harvard University Press, 1994)

Potter, Beatrice, "The Dock Life of East London", *Nineteenth Century*, vol. 22 (Oct. 1887)

Potter, Beatrice, "East London Labour", *Nineteenth Century*, vol. 24 (Aug. 1887)

Stone, Lawrence, *Family, Sex and Marriage in England 1500—1800* (New York: Harper & Row, 1977)

Thompson, F. M. L., *The Rise of Suburbia* (Leicester University Press, 1982)

Wrigley, E. A.,“A Simple Model of London's Importance in Changing English Society and Economy, 1650—1750”, *Past and Present*, no.37 (1967)

National Statistics Online. http: //www.statisticsgov.uk/census2001/profiles/00bg.asp

http: //en.wikipedia.org/wiki/London_Borough_of_Tower_Hamlets

http: //en.wikipedia.org/wiki/London_Borough_of_Hackney

第七章

罗纳德·弗雷泽著，安孝相译，《1968年的声音“索要一切不可能的东西！”》，朴钟哲出版社，2002

马克·吉罗德著，闵有基译，《城市与人类：中世纪到现代的西方城市文化史》，与书同步出版社，2009

迈特·松田著，《皇帝的偶像：法国人对拿破仑纪念碑的记忆变化》，杰里弗·K编，闵有基、崔浩根、尹永辉译，《国家与记忆：从国民国家观点看集团记忆的连续与隔阂》，民主化运动纪念工作会，2006

闵有基著，《城市理论与法国城市史研究》，深山出版社，2007

闵有基著，《法国社会住宅政策发展中巴黎市议会的作用1880—1914》，《法国史研究》第10期，2004

闵有基著，《19世纪巴黎东部诸广场上的纪念物与城市政治符号学》，《符号学研究》第23期，2008

闵有基著，《巴黎文学艺术家铜像的建立与城市整体性的形成1880—1914》，《法国史研究》第23期，2010

闵有基著，《为城市公共开发的环境运动与社会主义式的协力：20世纪初巴黎城郭用地的应用》，《中央社论》第31期，2010

瓦尔特·本雅明著，赵亨俊译，《巴黎拱廊街》，新潮出版社，t.2, 2005—2006。Walter Benjiamin, (Rolf Tiedemann ed.), *Das Passagen-Werk* (Frankfurt am Main: Suhrkamp Verlag, 1982)；Jean Lacoste trad, *Paris, Capitale du XIX*^{e}

siècles (Paris: Editions du Cerf, 1989).

J.杜瓦尔等著,金永模译,《法国知识分子的"12月"》,东文选,2004

克里斯托·勒费比尔著,姜周宪译,《咖啡的历史》,hyohyung出版社,2002

哈拉尔特·舒曼等著,金武烈译,《课征金融交易科公民组织和世界化批判主义者想要的是什么?》,永林社,2004

Bardet, J.-P., Bourdelais, P., Guillaume, P., Lebrun, F., Quétel, C., *Peurs et Terreurs face à la Contagion: Choléra, tuberculose, syphilis XIX*[e]*—XIX*[e] *siècles* (Paris: Fayard, 1988)

Boulbina, Seloua Luste, *Grands Travaux à Paris 1981—1995* (Paris: La Dispute, 2007)

Braham, Allan, *The Architecture of the French Enlightenment* (London: Thames and Hudson, 1980)

Chevalier, Louis, *Classes laborieuses et classes dangereuses à Paris pendant la premire moiti du XIX*[e] *siècle* (Paris: Plon, 1958)

De Andia, Béatrice, *Les Expositions Universelles à Paris de 1855 à 1937* (Paris: Action artistique de la ville de Paris, 2005)

Dufrêne, Bernadette, *La Création de Beaubourg* (Grenoble: Presses universitaires de Grenoble, 2000)

Fierro, Alfred, *Histoire et dictionnaire de Paris* (Paris: Robert Laffont, 1996)

Guerrand, Roger-Henri, *Moeurs citadines: Histoire de la culture urbaine XIX*[e]*—XIX*[e] *siècles* (Paris: Quai Voltaire, 1992)

Hugo, Victor, "Introduction", *Paris-Guide 1867 par les principaux écrivains et artistes de la France* (Paris: Librairie internationale, 1867)

Journal official, le 2 janvier 2010

Libération, le 25 juin 2008

Margairaz, M., Tartakowsky, D., Lefeuvre, D., *Le front populaire* (Paris: Larousse, 2009)

UN-Habitat, *State of the World's Cities 2008/2009: Harmonious Cities* (London, Sterling: Earthscan, 2008)

第八章

俞正熙著，《永远的异邦人：德国境内的土耳其共同体》，《德国研究》第18期，2009.12

崔浩根著，《德意志帝国的纪念物修筑热潮和民族主义》，《大丘史学》第101期，2010.11

Haupt, Michael, Kampe, Norbert, *Gedenkstätte Haus der Wannsee-Konferenz* (Berlin, 2005)

Hertle, Hans-Hermann, *The Berlin Wall: Monument of the Cold War* (Berlin, 2008)

Hertle, Hans-Hermann, Nooke, Maria, *Die Todesopfer an der Berliner Mauer 1961—1989: Ein Biographisches Handbuch* (Berlin, 2009)

Jochmann, Werner (ed.), *Adolf Hitler. Monologe im Führerhauptquartier 1941—1944* (München, 1980)

Lehrer, Steven, *Wannsee House and the Holocaust* (Metropol, 2000)

Meissner, Boris, *Die Deutschlandfrage von Jalta und Potsdam zur staatlichen Teilung Deutschlands 1949* (Berlin, 1993)

Morsch, Günter, *Mord und Massenmord im Konzentrationslager Sachsenhausen 1936—1945* (Metropol, 2005)

Nowel, Ingrid, *Berlin. Die Neue Hauptstadt. Architektur und Kunst, Geschichte und Literatur* (Dumont, 2002)

Pearcy, Arthur, *Berlin Airlift* (Airlife, 1997)

Ramen, Fred, *Albert Speer: Hitler's Architect* (New York: NY, 2001)

Rauterberg, Hanno, *Holocaust Mahnmal Berlin. Eisenman Architects* (Baden, 2005)

Schmid, Harald, Krzymianowska, Justyna (eds.), *Politische Erinnerung:*

Geschichte und Kollektive Identität (Königshausen & Neumann, 2007)

Wolff, Michael W., *Die Währungsreform in Berlin 1948/49* (Berlin, 1991)

第九章

果戈理著，赵周官译，《彼得堡的故事》，民音社，2004

娜杰日达・曼德尔斯塔姆著，洪智仁译，《回忆》，大路出版社，2009

陀思妥耶夫斯基著，吴在国译，《罪与罚》，三星出版社，1989

洛特曼，《彼得堡的象征学与城市符号学的诸问题》；洛特曼等著，《时空的符号学》，开放的书籍，1996

马歇尔・伯尔曼著，尹浩炳译，《现代化的体验》，现代美学社，1994/2004

奥兰多・费吉斯著，蔡继炳译，《娜塔莎之舞：俄罗斯文化史》，伊卡洛斯出版社，2005

约翰・M. 汤姆森著，金南燮译，《20世纪俄罗斯现代史》，社会评论，2004

弗里德里克・C.科尼著，朴元容译，《十月革命：布尔什维克革命的记忆与形成》，书的世界，2004

Лотман Ю.М. Символика Петербурга и проблемы семиотики города // Ю.М.Лотман-избранные труды в тех томах. Том II. Таллин, 1992

Лотман Ю.М. (совместно с Б.А. Успенским), "Отзвуки концепции "Москва-третий Рим" в идеологии Петра Первого", История и типология русской культуры, СПб-искусство, 2002

Boym, Svetlana, *The Future of Nostalgia* (Basic Books, 2001)

第十章

朴振斌著，《1919年芝加哥种族暴动与城市问题》，《美国史研究》第26期，2007

厄普顿・辛克莱著，蔡光锡译，《屠场》，东方出版社，1991

Allen, J., Lewis, J., Litwack, Leon F., Als, H., *Without Sanctuary: Lynching Photography in America* (Santa Fe, NM: Twin Palms Publishers, 2000)

Chicago Commission on Race Relations, *The Negro in Chicago: A Study of Race Relations and a Race Riot* (Chicago: University of Chicago Press, 1922)

Cronon, William, *Nature's Metropolis: Chicago and the Great West* (New York: Norton & Norton, 1991)

George, Walter Lionel, *Hail Columbia!* (London: Chapman & Hall, Ltd., 1923)

Giacosa, Guiseppe, "Chicago and Her Italian Colony", in *As Others See Chicago* (Chicago: University of Chicago Press, 2004)

Gilbert, James, *Perfect Cities: Chicago's Utopias of 1893* (Chicago: University of Chicago Press, 1991)

Grossman, James, *Land of Hope: Chicago, Black Southerners, and the Great Migration* (Chicago: University of Chicago Press, 1989)

Harris, Frank, *The Bomb* (New York: Mitchell Kennerley, 1909)

Kipling, Rudyard, *From Sea to Sea: Letters of Travel, Part II* (New York: Charles Scribner's Sons, 1906)

Leng, John, *America in 1876* (Dundee: Dundee Advertiser Office, 1877)

Locke, Alain, "Enter the New Negro", *The Survey Graphic*, vol.VI, no.6 (March 1925)

Muncy, Robyn, *Creating a Female Dominion in American Reform, 1890—1935* (New York: Oxford University Press, 1991)

Ralph, Julian, *Our Great West* (New York: Harper & Bros., 1893)

Sandburg, Carl, *The Chicago Race Riots* (New York: Harcourt, Brace and Howe, 1919)

Steevens, George Warrington, *The Land of the Dollar* (New York: Dodd, Mead & Co., 1897)

Tuttle, Jr., William, *Race Riot: Chicago in the Red Summer of 1919* (Urbana and Chicago: University of Illinois Press, 1996)